Winfried Hofmann
Unsere Heiligen als Schutzpatrone

Winfried Hofmann

UNSERE HEILIGEN ALS SCHUTZPATRONE

Legenden und Biographien

marixverlag

Genehmigte Lizenzausgabe für Marix Verlag GmbH, Wiesbaden 2004
Copyright @ by Verlag Friedrich Pustet, Regensburg 1987
Covergestaltung: Thomas Jarzina, Köln
Bildnachweis: akg-images, Berlin
Gesamtherstellung: GGP Media GmbH, Pößneck
Printed in Germany

ISBN: 3-937715-47-9
www.marixverlag.de

Inhalt

7	Einführung	121	Laurentius
11	Adelheid	125	Leonhard
16	Agatha	130	Luzia
20	Agnes	134	Magnus von Füssen
23	Andreas	139	Margareta
27	Anna	142	Maria Magdalena
32	Antonius (Mönchs-vater)	146	Markus
		150	Martin
36	Apollonia	154	Matthias
39	Barbara	158	Mauritius
42	Bartholomäus	162	Michael
46	Blasius	166	Nikolaus
50	Brigida von Kildare	171	Odilia
55	Christophorus	175	Oswald von North-umbrien
59	Dorothea		
62	Florian	179	Petrus
66	Georg	184	Quirinus von Neuß
69	Gertrud von Nivelles	189	Rochus
73	Gregor der Große	193	Sebastian
77	Hedwig von Andechs	197	Stephanus
82	Helena	203	Thomas
87	Hubert(us)	207	Ulrich
92	Jakobus	213	Urban
97	Johannes	217	Valentin von Terni
102	Johannes der Täufer	221	Vitus (Veit)
106	Josef	226	Walburga
110	Juliana von Lüttich	231	Wendelin
114	Katharina von Alex-andrien	235	Wolfgang
118	Lambert(us)	238	Heiligenfeste im Jahreslauf

EINFÜHRUNG

»So hat Gott in der Kirche die einen als Apostel eingesetzt, die andern als Propheten, die dritten als Lehrer; ferner verlieh er die Kraft, Wunder zu tun, sodann die Gaben, Krankheiten zu heilen, zu helfen, zu leiten, endlich die verschiedenen Arten von Zungenrede.«
Seit dem hl. Augustinus beruft man sich auf diese Stelle des ersten Korintherbriefes (12,28), um die unterschiedlichen Funktionen einzelner Heiliger und ihrer Patronate zu begründen, doch läßt sich die Heiligenverehrung als solche auf frühere Belege in der Heiligen Schrift zurückführen. Sie ergibt sich aus der Verehrung, die man im Alten Bunde besonders begnadeten Personen erwies, wie Elias (vgl. Sir 44,14f; 1 Kön 18,7) oder Elisäus (vgl. 2 Kön 2,14ff; 4,37). Diese Heiligen bitten bei Gott für die Menschen, wie es das Traumgesicht 2 Makk 15,12–16 mit der Fürbitte der verstorbenen Onias und Jeremias für Judas belegt. In diesem Tun werden sie den Engeln gleichgesetzt (vgl. Sach 1,12; Tob 12,12; Offb 8,4), deren Kult an vielen Stellen der Schrift erwähnt und gebilligt wird. Das Vertrauen auf ihre Fürbitte gründet sich auf ihr enges Verhältnis zu Gott wie zu uns Menschen und auf den Einfluß ihres Gebetes bei Gott.
Am Anfang der christlichen Heiligenverehrung steht die Verehrung der Märtyrer, die im Osten im 2. und im Westen im 3. Jahrhundert einsetzt. Die Gläubigen versammelten sich an ihren Gräbern, feierten die Eucharistie und priesen die Heiligen mit Opfer und Gebet. Später errichteten sie an und über den Gräbern zu ihren Ehren Kirchen (Martyria, Memoriae) und Altäre. Bereits im ausgehenden Altertum wurde die Verehrung ausgedehnt auf asketische oder als Kirchenfürsten bedeutende Heilige, die nicht Märtyrer wa-

ren (Antonius Abt, Martin von Tours), und allmählich entwickelte sich eine bestimmte Ordnung von Heiligen. An ihrer Spitze stand die Gottesmutter, es folgten Apostel, Märtyrer, Bekenner, Jungfrauen und weitere Gruppen, wie sie dann in die Allerheiligenlitanei Eingang fanden. Im Laufe des Mittelalters entfaltete sich die Verehrung der Heiligen zu ihrer höchsten Blüte und bestimmte alle Bereiche des öffentlichen und privaten Lebens in einem Ausmaß, das für uns Heutige nur noch schwer vorstellbar ist. Heilige, die nach mittelalterlichem Recht eigene Rechtspersonen waren, wurden Patrone von Kirchen, Kapellen, Altären, Diözesen, Ordensgemeinschaften und Bruderschaften, von Ländern und Völkern, Provinzen, Ortschaften und Einzelhäusern. Sie wurden angerufen als Schutzherren für Stände und Berufe, bei Krankheiten von Mensch und Tier, als Patrone über das Wetter wie über einzelne Monate oder Tage. Sie begleiteten den Menschen als Namenspatrone durch das Leben und sind über die Vornamen in zahllose Familiennamen eingegangen. Die Heiligenverehrung fand ihren Niederschlag in der Liturgie wie in der bildenden Kunst, in der Geschichtsschreibung wie in der Pflanzenkunde oder der Volksmedizin, im Volksschauspiel wie, besonders, in Volksfrömmigkeit, Sitte und Brauch. Deshalb sind die Erkenntnisse der Heiligenforschung für die Erforschung von Geschichte, Landeskunde, Volkskunde, Namenkunde und eine Reihe anderer Disziplinen von unschätzbarer Bedeutung.

Die Hauptform der kirchlichen Heiligenverehrung besteht seit der Frühzeit in der Feier des Festes, in der Regel des Todestages des Heiligen als seines Geburtstages für den Himmel. Mit Gebet, Gesang und Opfer zu Ehren eines Heiligen, seiner Reliquien oder seines Bildes wurde seine Fürbitte erfleht, die wegen seiner engen Verbundenheit mit Christus besondere Wirksamkeit besitzt.

Später traten weitere kultische Ausgestaltungen hinzu, wie die Weihe von Wasser, Wein, Brot, Öl, Hafer oder anderer Sakramentalien, daneben Bittgänge, Flurritte und Prozessionen, wobei der Kult aus dem engeren kirchlichen Raum heraustrat, jedoch auch von außerkirchlichen Inhalten und Formen beeinflußt wurde.

Diese Ausgestaltung des Heiligenkultes kam dem Sinnenhaften, stärker im Konkreten Verwurzelten des Volkes entgegen, dessen Heiligenverehrung natürlich und unkompliziert ist. Der einfache Mensch findet oft leichter Zugang zur Gottesmutter oder einem Heiligen als zu einem jede menschliche Vorstellung übersteigenden allmächtigen Gott. Die Heiligen begegnen ihm ganz konkret in ihren Bildern, Statuen und Bildstöcken, er trägt sie auf Medaillen und Amuletten bei sich; in ihrem Namen gesegnete Sakramentalien helfen ihm in bestimmten Notlagen. Die Heiligen stehen ihm als Menschen nahe, ihre Patronate sind aus ihrem menschlichen Schicksal, wie Vita oder Legende es erzählen, abgeleitet. Er lebt in der Gewißheit, daß er für jedes persönliche Anliegen einen bestimmten Heiligen anrufen kann, der ihm helfen wird. Die Heiligen sind Teil seines Lebens, weil sie eng mit dem Volkstum seiner Heimat verbunden sind.

Die manchmal übergroße Verehrung der Heiligen, verbunden mit einem übertriebenen Wunderglauben, hat in der Vergangenheit nicht selten dazu geführt, daß die Heiligen nicht nur um Fürbitte, also um Vermittlung bei Gott angerufen wurden, sondern statt Gott als die, welche die menschlichen Bitten erhören können. Oft drangen ferner in das Brauchtum der Heiligenfeste auch vor- oder außerchristliche, besonders jahreszeitlich bedingte Elemente ein, so daß mancher Brauch stärker vom Termin des Festes als von der Person des Heiligen bestimmt ist. Selbst zahlreiche, oft erneuerte Verbote der Kirche haben den dadurch bedingten »Aberglauben« nicht immer verdrängen können, so daß die volkstümliche Heiligenverehrung ein sehr komplexes Gebilde darstellt.

Am Beispiel unserer volkstümlichsten Heiligen gibt das vorliegende Buch einen repräsentativen Überblick über die Entstehung und die Formen der Heiligenverehrung. Es ist entstanden aus einer Artikelserie über Ursprünge und Wesen der Volksfrömmigkeit, die im Laufe des letzten Jahrzehnts im »Ruhrwort«, der Bistumszeitung für das Bistum Essen, erschienen ist und deren Form bewußt beibehalten worden ist.

ADELHEID (5. Februar)

»Gott hat sie gezählt zu seinen Erwählten, die unablässig eintreten für sein Volk. Durch Kraft- und Wunderzeichen hat er dies ganz offen kundgemacht.«
So lesen wir in dem an den Kölner Erzbischof Anno II. (1056–1075) gerichteten Prolog der Lebensbeschreibung der hl. Adelheid, die im Jahre 1056 von Bertha, der Tochter des Edelmanns Frumold und seiner Gattin Eveza, verfaßt wurde. Bertha war im Kloster von Vilich erzogen worden und eine gebildete Frau, die zwar die Heilige selbst nicht mehr gekannt hatte, sich bei ihrer Darstellung jedoch auf die Berichte der älteren Schwestern, namentlich der Kämmerin Engilrada, sowie auf Urkunden stützen konnte. Daraus formte sie ihre für die damalige Zeit sehr zuverlässige Vita, die sie in einer literarisch ansprechenden lateinischen Reimprosa schrieb.
Nach den vorliegenden Quellen wurde Adelheid zwischen 965 und 970, wahrscheinlich auf Burg Golten in Geldern, geboren. Ihre Eltern waren der als Edelmann oder Graf bezeichnete Megingoz und Gerberga, die Tochter Herzog Gottfrieds von Jülich. In sehr jungen Jahren bereits wurde das als zart geschilderte Kind den Schwestern des Klosters St. Ursula in Köln zur Erziehung anvertraut und zeichnete sich durch seine intensive Beschäftigung mit der Philosophie aus.
Adelheids Leben nahm eine unvorhergesehene Wende, als ihr einziger Bruder Gottfried, wohl im zweiten Böhmenfeldzug von 977, sein Leben verlor. Die Eltern ließen den Leichnam in die Heimat überführen, stifteten mit dem Erbteil des Sohnes eine Kirche mit Kloster in Vilich gegenüber von Bonn, wo Gottfried seine letzte Ruhestätte fand,

und bestimmten Adelheid zur Leiterin des Klosters. Dieses Kloster, das in Urkunden Kaiser Ottos III. 987, Papst Gregors V. 996 und Kaiser Heinrichs II. 1003 in seinem Besitzstand bestätigt wurde, lebte zunächst nach der sogenannten Regel des hl. Hieronymus, bis Adelheid kurz nach 1000 die Benediktinerregel einführte.

Um diese Zeit wurde Adelheid mit einer weiteren verantwortungsvollen Aufgabe betraut. Nach dem Tode ihrer Schwester Bertrada, der Äbtissin des Klosters St. Maria im Kapitol in Köln, bat Erzbischof Heribert von Köln (990–1025) sie, dieses Amt zusätzlich zu übernehmen. Als sie aus Bescheidenheit ablehnte, wurde sie vom gerade in Aachen weilenden Kaiser zur Nachfolgerin ihrer Schwester bestimmt. Seither leitete sie die beiden Klöster in Vilich und Köln und war dazu dem ihr eng verbundenen Erzbischof eine hochgeschätzte Ratgeberin.

Wenn sie auch beide Klöster mit derselben Liebe und Strenge führte, so scheint ihr Herz doch mehr an Vilich gehangen zu haben. Als Äbtissin wird Adelheid als streng, doch gütig geschildert. Sie kümmerte sich wie eine Mutter um ihre Mitschwestern und die ihr zur Erziehung anvertrauten jungen Mädchen. Sie sorgte, namentlich in den Hungersnöten der Jahre 1000, 1005, 1006 und 1009, aufopferungsvoll für die Armen, die sie persönlich mit betreute; und einmal schenkte sie heimlich einem Bettler ihre eigenen Schuhe. Ein weiteres Anliegen war ihr die gute Ausbildung ihrer Schutzbefohlenen, und oft wohnte sie selbst prüfend dem Unterricht bei.

Ihre Strenge führte, folgt man der Vita, zu manchmal wundersamen Ergebnissen. Wenn einmal eine der Schwestern im Chorgesang falsch sang, dann mahnte Adelheid sie und gab ihr auch wohl einen Klaps, und »dann wurde sie für die Zeit ihres ganzen weiteren Lebens mit schöner Stimme beschenkt und sang nun lieblich und klar«. Ebenso schalt sie Schwestern, »die an langwieriger Krankheit litten, sie vergeudeten nutzlos die Zeit, wenn sie nicht die Hände regten. Alsbald nach dem scheltenden Wort erhielten diese vom Herrn die Gnade der glücklichen Heilung.« Bei anderer Gelegenheit ließ sie die Kellnerin rufen, die gerade Wein zapfte. Diese lief sofort los, ohne in der Aufregung das Faß zu verschließen. Erst als sie vor ihrer Äbtissin stand, bemerkte sie voller Schrecken den Spund in ihren Händen, doch Adelheid tröstete die Entsetzte, ging mit ihr in den Weinkeller – und es war nicht ein einziger Tropfen ausgelaufen.

Nach einem arbeits- und segensreichen Leben starb Adelheid während eines Besuches in ihrem Kölner Kloster am 5. Februar, wahrscheinlich des Jahres 1015, an einem plötzlichen Halsleiden. Ihr Leichnam wurde, geleitet von Erzbischof Heribert, zahlreichen Ordensgeistlichen und einer großen Volksmenge, nach Vilich überführt und im Kreuzgang des Klosters beigesetzt.

Schon bald nach Adelheids Tod wurden zahlreiche wunderbare Heilungen von ihrem Grabe berichtet, das Pilger von nah und fern anzog. Im Jahre 1208 wurde ihr Leib erhoben und in einer neuerrichteten Kapelle der Kirche, dem Adelheidis-Chörchen, feierlich beigesetzt und ein Altar zu ihrer Ehre errichtet. Bereits 1222 wird Adelheid in einer Urkunde Erzbischof Heriberts eine Heilige genannt und die jährliche Feier ihres Festes am 5. Februar erwähnt, der in der Erzdiözese Köln und in der ehemaligen Diözese Utrecht ein Feiertag war. Ihr Kult drang über das Rheinland hinaus nach Holland, Belgien und Frankreich. Am 12. August 1583 wurden Kirche und Kloster von den Truppen des Gebhard Truchseß in Brand geschossen, und ehe der Wiederaufbau vollendet war, gingen die Gebäude im Dreißigjährigen Krieg im Oktober 1632 erneut in Flammen auf. Dank der tatkräftigen Äbtissin Amöna Margaretha von Burdtscheidt (1627–1653) gelang es, bis 1641 Kirche und Kloster weitgehend wiederherzustellen. Damals jedoch mußte man feststellen, daß das Grab der Heiligen leer war, ohne daß bis heute geklärt werden konnte, wohin der Großteil der Reliquien gelangt ist.

In der Folgezeit verlagerte sich die volkstümliche Verehrung vom Grabe weg zu dem etwa 2 km von der Stiftskirche entfernten Adelheidisbrunnen oder -pützchen, der dem Ort Pützchen den Namen gab. Dieser Brunnen ist einer alten Überlieferung nach, die wir zuerst bei dem berühmten Hagiographen Johannes Bolland(us; 1596–1665) im ersten Februarband seiner »Acta Sanctorum« (Antwerpen 1658) finden, durch ein Wunder der hl. Adelheid entstanden. Diese habe einst an dieser Stätte die lauten Klagen von Bauern gehört, die wegen einer damals herrschenden schrecklichen Trockenheit auf der Suche nach Wasser ihr Vieh dorthin getrieben hätten. Voller Mitleid habe Adelheid darauf Gottes Hilfe angerufen und ihren Stab in die Erde gestoßen. Bald sei ein klarer Wasserstrahl hervorgebrochen, der seither fließe. Dieses Wasser heile oft durch Gottes Gnade fiebrige Krankheiten.

Die Vita berichtet zwar nicht von diesem Wunder, doch ist die Überlieferung lange vor dem 17. Jahrhundert bekannt, denn bereits in einer Urkunde vom 26. Januar 1367 wird ein heiliger Brunnen erwähnt, der »Adelheydts putz« oder »S. Alen brun«. Im 17. Jahrhundert bestand bei diesem Brunnen eine Kapelle, und 1679 war die Zahl der Pilger so groß, daß die Äbtissin für deren Betreuung einen eigenen Priester bestellte. 1688 übertrug der Kurfürst und Pfalzgraf Johann Wilhelm von Pfalz-Neuburg die Kapelle dem Karmeliterorden, der bald mit dem Bau eines Klosters und einer großen, der hl. Adelheid geweihten Kirche begann, die 1706 fast vollendet war, aber erst 1760 durch den Paderborner Weihbischof Joseph Franz von Gondola konsekriert wurde. In dieser Zeit nahm der Zustrom von Pilgern, vor allem aus Köln, einen erneuten Aufschwung. Die Zahl der Wunderheilungen wuchs, und allein das von den Karmelitern herausgegebene Pilgerbüchlein »Heylsamer Brunnen« verzeichnet deren für den Zeitraum 1677/78 über vierzig.

Besondere, mit Ablaß verbundene Festtage waren neben dem 5. Februar in Pützchen das Fest Mariä Geburt am 8. September, in Vilich das Fest Peter und Paul am 29. Juni. In Pützchen entwickelte sich allmählich der zweite Sonntag im September zum Hauptfest, das Einzelpilger und Prozessionen aus den nahegelegenen Städten Köln und Bonn, aus dem nördlich von Bonn gelegenen Vorgebirge, aus der Eifel und dem Bergischen anzog und mit ihnen Händler, Viehhändler und Kirmesleute, so daß seit dem 18. Jahrhundert der »Pützchensmarkt« zu einem bis heute lebendigen Volksfest wurde, das jährlich etwa eine Million Menschen besuchen.

Unter all diesen Besuchern sind auch heute noch viele, die zum Adelheidisbrunnen pilgern, um das als wundertätig bei Augenleiden geschätzte Wasser zu schöpfen. Die Sacra Congregatio in Rom hat für die Erzdiözese Köln eine eigene Segnung dieses Wassers und von Brot gestattet, die zum ersten Male 1881 in der Pustet-Ausgabe des Rituale Romanum gedruckt worden ist. Da Adelheid zwar seit vielen Jahrhunderten als Heilige verehrt, aber nicht offiziell heiliggesprochen worden war, strengte die Erzdiözese Köln 1914–1918 einen Heiligsprechungsprozeß an, und 1966 wurde der Kult der Heiligen von Papst Paul VI. bestätigt.

Dargestellt wird Adelheid als Äbtissin; im Mittelalter mit einem Buch, das auf die Benediktinerregel hinweist; später mit einem Kirchenmodell, dem Äbtissinnenstab für das Quellwunder, den Broten für ihre Armenspeisungen und, vereinzelt, mit einem Weinkrug, der auf das Weinwunder deutet.

AGATHA (5. Februar)

»O heil'ge Agatha, ich bitt' dich dieses Jahr / Daß wir behütet werden vor Feuersgefahr /Und auch vor allen Unglücksfällen / Im Fruchtfeld wie auch in den Ställen.«

So lautet ein auf einem sogenannten Agathazettel aus Tettnang in der Nähe des Bodensees überlieferter Spruch, der einige besonders bekannte Patronate der hl. Agatha nennt.

Die Heilige ist eine der ganz bedeutenden Heiligen der altchristlichen Zeit, die früh in den Kanon der Messe aufgenommen wurde. Ihr Martyrium ist bezeugt durch eine durchgängige kirchliche Tradition wie durch das Martyrologium Hieronymianum, ein Mitte des 5. Jahrhunderts in Oberitalien zusammengestelltes, nach Kalendertagen geordnetes Verzeichnis von Heiligen mit den damals bekannten Angaben über ihr Leben und ihre Verehrung. Darüber hinaus wissen wir jedoch nichts über die Heilige außer dem, was die zur Grundlage der Volksverehrung gewordene fromme, doch ungeschichtliche Legende erzählt.

Ihr zufolge stammte Agatha aus einer vornehmen sizilianischen Familie in Catania und bekehrte sich früh zum Christentum. Wegen ihrer Schönheit und ihres Reichtums wurde sie vom Stadtpräfekten Quintian umworben, den sie jedoch abwies. Darauf wurde sie, ähnlich wie die hl. Agnes, verhaftet und einer Kupplerin übergeben, die sie zur Unzucht verführen sollte. Als sie dennoch standhaft blieb, wurde sie einem Richter ausgeliefert und grausam gemartert, indem man sie folterte und ihr mit glühenden Zangen die Brüste herausriß. Dem Tode nahe wurde sie in den Kerker gebracht, wo ihr in der folgenden Nacht der hl. Petrus erschien und ihre Wunden heilte. Als sie erneut vor den Richter geführt wurde und erklärte, daß Christus, der

Gottessohn, sie geheilt habe, wurde sie auf spitze Scherben und glühende Kohlen geworfen, bis der Tod sie erlöste. Das – geschichtliche – Martyrium hat unter Kaiser Decius stattgefunden, wohl um das Jahr 250.

Bald nach ihrem Tode setzte ihre Verehrung ein, zunächst in Catania, wo sie der Legende nach Kranke und Besessene geheilt und das sie von Pest und Hungersnot befreit und durch ihren Schleier vor den Flammen und Lavaausbrüchen des Ätna gerettet hat. Außerhalb Catanias, dessen Schutzpatronin sie ist, und über Sizilien hinaus finden wir Zeichen einer frühen Verehrung in Rom, wo unter Papst Symmachus (498–514) die Arianerkirche S. Agata dei Goti errichtet wurde.

Nach Deutschland, wo sie vor allem im schwäbisch-alemannischen Raum verehrt wird, dürften schwäbische Ritter im Gefolge der Staufer, die durch die Heirat Kaiser Heinrichs VI. mit Konstanze 1186 Süditalien und Sizilien unter ihrer Vorherrschaft vereinigten, ihre Verehrung übertragen haben.

Die hl. Agatha ist vor allem Patronin in Feuersgefahren. Die Akten berichten, daß die Einwohner von Catania immer dann, wenn der Ätna seine Lavamassen über die Stadt zu ergießen drohte, den Schleier der Heiligen in feierlicher Prozession zum Berge trugen, um durch ihre Fürbitte das Unheil von der Stadt abzuwenden. Auch bei uns steht sie als Feuerpatronin neben Donatus, Florian und anderen Heiligen. An zahlreichen westfälischen Bauernhäusern kann man den Spruch lesen: »Sankta Agatha, Christi Braut / Dies Haus soll sein dir anvertraut / Schütz es vor Feuer und vor Brand / Dazu das ganze Vaterland.«

Als »Feuersmagd« wurde Agatha von den Bergleuten sowie in Glashütten und Hammerwerken verehrt. Auch die Glockengießer erwählten die Heilige zu ihrer Schutzherrin, wobei an den von ihr gebändigten feurigen Lavastrom zu denken ist, der dem der flüssigen Bronze beim Glockenguß ähnelt. Wegen dieses Patronats wurden auch zahlreiche Glocken, besonders Brandglocken, der hl. Agatha geweiht.

Vor allem im oberdeutschen Raum haben sich viele spätmittelalterliche Brauchtumsformen bis in unsere Zeit erhalten. So sollten gegen das Feuer neben geweihten Lichtmeßkerzen am Tage der hl. Agatha geweihte Kerzen schützen. Diese »Aitenkerzen« steckte man früher im Badischen am Abend auf ein sogenanntes Aitenbrett, und zwar für jedes Familienmitglied eine, zündete sie an, und wessen Kerze zuerst abgebrannt war, der, glaubte man, müsse als nächster sterben.

Neben den Kerzen spielten die eingangs erwähnten Agathazettel eine besondere Rolle. Mit einer Segensformel und dem Bild der Heiligen versehen, brachte man sie an Wohn- und Stallgebäuden an, damit sie gegen Feuersgefahr und andere Übel Schutz bieten sollten.

Dazu trat das am Tage der Heiligen gebackene Agathabrot, das man neben Korn, Mehl, Wein, Wasser und Früchten ebenfalls an ihrem Tage weihte. Geiler von Kaisersberg erwähnt es 1516 als Mittel gegen das Feuer, das man in die Flammen warf oder gegen Feuer im Hause aufbewahrte. Später entwickelte es sich zu einem Allheilmittel, das man Mensch und Tier, vor allem gegen »hitzige« Krankheiten, gab. Man reichte es aber auch neueintretenden Dienstboten als Einstandsbrot oder den Kindern, die in die Fremde gingen, als Mittel gegen Heimweh. Es sollte die Äcker vor Ungeziefer und Korn»brand« schützen, man legte es ins Butterfaß, wenn die Butter nicht geraten wollte, oder es sollte, ähnlich wie das Johannishaupt, ins Wasser geworfen zeigen, wo ein Ertrunkener lag.

Man hat in verschiedener Weise versucht, das Brot im Agathabrauchtum zu erklären. Man hat es aus der Legende abgeleitet, nach der Agatha Catania von einer Hungersnot befreit habe. Andere sehen darin – wozu es eine Reihe vergleichbarer Parallelen gibt – eine Mißdeutung der bildlichen Darstellungen, auf denen ihre ausgerissenen Brüste auf einer Schüssel abgebildet liegen. Diese rundlichen Gegenstände habe man später als Brote aufgefaßt und in ihren Kult übertragen.

Mit diesem Zug ihres Martyriums steht noch ein weiteres Patronat in Zusammenhang. Sie wurde nämlich Beschützerin der Frauen, vor allem bei Brustkrankheiten. Im Badischen wallfahrteten Frauen, um Kindersegen zu erlangen, am Festtag der Heiligen zu ihren Heiligtümern, weil das Zutrauen zu dieser sehr vielseitigen Heiligen gerade in diesem Raum überaus groß war.

Für die Beliebtheit und Bedeutung der hl. Agatha sprechen endlich zahlreiche bildliche Darstellungen, oft als Feuerpatronin, wobei ihre Attribute ein brennendes Haus und eine Fackel sind. An ihr Martyrium erinnern Darstellungen, auf denen wir eine Palme, die zangenähnlichen Marterwerkzeuge oder aber ihre herausgerissenen Brüste, manchmal auf einer Schüssel, sehen.

AGNES (21. Januar)

»Agnes ist soviel als agna und ist gesprochen das Lamm; denn sie ist so sanft und demütig gewesen wie ein Lämmlein.«

So beginnt Jacobus de Voragine in seiner »Goldenen Legende« die Lebensbeschreibung der hl. Agnes, deren Namen wir heute jedoch nicht mehr auf lateinisch agna = weibliches Lamm, sondern auf griechisch hagné = heilig, rein, keusch zurückführen. Beide Bedeutungen freilich entsprechen dem Bild, das uns die phantasievoll ausgeschmückte, historisch wenig aussagekräftige Legende vermittelt.

Danach stammte Agnes aus einer vornehmen römischen Familie. Als sie dreizehn war, begegnete ihr auf dem Weg aus der Schule Symphronus, der Sohn des Stadtpräfekten, verliebte sich in das schöne junge Mädchen und warb um sie. Da sie Christin war und ihr Leben Christus geweiht hatte, wies sie Symphronus ab und wurde deshalb als Christin beim Stadtpräfekten angeklagt. Weil sie sich weigerte, den heidnischen Götzen zu opfern, wurde sie zum Leben in einem Bordell verurteilt. Man riß ihr die Kleider vom Leibe, um sie nackt dorthin zu führen: »Aber der Herr ließ ihr Haar so dicht wachsen, daß ihr Leib davon besser gedeckt war denn mit Gewand.« Im »Haus der Schande« angekommen, hüllte ein Engel Agnes in ein lichtes Gewand, und dann »ward die Stätte der Schmach zum Ort des Gebets, und wer dem himmlischen Glanz Ehre gab, ging reiner von dannen, als er gekommen war.« Als der Sohn des Präfekten kam und sie anrühren wollte, wurde er zur Strafe von einem »bösen Geist« erwürgt. Auf Bitten des Präfekten erweckte Agnes den jungen Mann durch ihr Gebet zum Leben, worauf er sich zum Christentum bekehrte. Darauf wurde Agnes zum

20

Tode verurteilt und in ein »gewaltiges Feuer« geworfen, das ihr jedoch nichts anhaben konnte. Erst ein Schwert machte ihrem Leben ein Ende.

Acht Tage wachten ihre Freunde an ihrem Grab, da erschien dort »ein Reigen von Jungfrauen, die trugen Kleider von strahlendem Gold«. In ihrer Mitte stand Agnes »im goldenen Kleid mit einem Lämmlein zu ihrer Rechten, weißer denn der Schnee« und sprach: »Weinet nicht, als wäre ich tot, sondern freut euch mit mir und preiset mein Glück, denn ich throne in einem lichten Reich mit all diesen Jungfrauen.« Und die Legende fährt fort, daß wegen dieser Erscheinung das Fest der hl. Agnes zweimal gefeiert werde, nämlich am 21. und am 28. Januar.

Die Legende, die in lateinischer und griechischer Fassung in dieser oder ähnlicher Form ausgebildet erscheint, ist in ihrer historischen Aussage so unbestimmt, daß wir nicht wissen, ob das Martyrium der Heiligen unter Valerian um 258/59 oder unter Diokletian um 304 stattgefunden hat. Allerdings wird die Heilige schon wenige Jahrzehnte später historisch greifbar und in der Depositio Martyrum von 354, in einem Epigramm des Papstes Damasius (355–384) sowie von Ambrosius und Prudentius erwähnt. Unter dem 21. und 28. Januar erscheint sie im Martyrologium Hieronymianum und wird bald ebenso in den römischen Meßkanon wie in die griechischen Synaxarien (liturgische Bücher mit Lebensbeschreibungen der Tagesheiligen) aufgenommen.

Ein weiteres sichtbares Zeichen der von Rom im 4. Jahrhundert ausgehenden Verehrung der Heiligen ist die Kirche Sant'Agnese fuori le mura, die Konstantina, Tochter Konstantins, an der Via Nomentana über deren Grab errichten ließ und die unter Papst Honorius I. (625–638) neu gebaut wurde. Dort werden jährlich am Festtag der Heiligen zwei Lämmer gesegnet, aus deren Wolle die Pallien (weißwollene, mit sechs schwarzen Kreuzchen verzierte Schmuckbinden, Amtszeichen der Metropoliten) gefertigt werden. Eine weitere Kirche in Rom, Sant'Agnese in Agone, wurde im 8. Jahrhundert an der Stelle des Martyriums der Heiligen auf dem Stadion des Domitian gebaut.

Von Rom aus breitete sich der Kult der hl. Agnes im Laufe des Mittelalters aus, erreichte im 14. Jahrhundert die Niederlande und Deutschland und im folgenden Jahrhundert den gesamten europäischen Raum. 966 gelangten Reliquien nach Utrecht und 1048 durch Papst Damasius II. nach Brixen. Aufgrund ihrer Legende wurde Agnes zur Patronin der Jungfrauen und Kinder, der Verlobten, des Trinitarierordens, vereinzelt von Heimen für Arbeiterinnen, ferner der Gärtner.

Im Volksglauben bringt der Festtag der hl. Agnes den Frühling. »Wenn Agnes en Vicentius (Vinzenz; 22. Januar) kummen,/wörd neuer Saft en de Bom vernummen«, heißt es am Niederrhein. Die ersten Lerchen sollen kommen, und die Bienen schwärmen aus. In der Etschgegend wie im Wipp- und Eisacktal meinte man, die Vögel würden »heiraten«, und im Badischen erwartete man, daß die Hühner gut legen würden, wenn man sie mit den ersten Küchlein, die aus der Pfanne kamen, fütterte. Endlich durfte man, so im Rheinland, bis zum Tag der hl. Agnes seine Neujahrswünsche überbringen.

Sehr zahlreich sind die bildlichen Darstellungen der Heiligen, die wir seit dem 4. Jahrhundert in Rom und seit dem 6. Jahrhundert im übrigen Italien finden. Frühe Abbildungen zeigen Agnes ohne Attribute in Orantenhaltung, in Tunika und Dalmatik gekleidet. Allmählich bildet sich dann die bis heute gültige und überall verbreitete Form heraus: die Heilige in jugendlichem Alter mit den allgemeinen Märtyrerattributen Krone und Palme sowie den persönlichen, Scheiterhaufen und Lamm.

ANDREAS (30. November)

»Meas, deas! Hl. St. Andreas, / Laß mir erscheinen den Herzallerliebsten meinen, / In meiner Gewalt, in seiner Gestalt, / Wie er geht, wie er steht, / Wie er mit mir vor den Altar geht. / Laß ihn erscheinen bei Bier und Wein, / Soll ich mit ihm glücklich sein; / Soll ich mit ihm leiden Not, / Laß ihn erscheinen bei Wasser und Brot!«

Über Jahrhunderte sind Verse dieser Art, namentlich von jungen Mädchen, am Andreasabend an den hl. Andreas gerichtet worden, um das künftige Liebesglück in Erfahrung zu bringen. Wie auch sonst häufig läßt sich dieser Brauch schwerlich aus dem Leben und Wirken des so Verehrten erklären. Andreas, schon früh »der gütigste der Heiligen« genannt, stammt wie sein jüngerer Bruder, der Apostelfürst Simon Petrus, aus Betsaida, einem kleinen Städtchen am See Gennesaret östlich der Jordanmündung. Später zog er mit Petrus in das nahegelegene Kafarnaum, wo sie vom Fischfang lebten. Nach Joh 1,35–42 war Andreas zunächst Jünger Johannes des Täufers, wurde bald von diesem an Jesus verwiesen, dem er als Erstberufener der Apostel seinen Bruder Petrus zuführte. Nachdem beide noch eine Zeitlang ihrem bisherigen Beruf nachgegangen waren, folgten sie nach dem reichen Fischfang ihrem Herrn endgültig und ganz als »Menschenfischer« (vgl. Mk 1,16f).

Mit Petrus und dem zweiten Brüderpaar Jakobus dem Älteren und Johannes dem Evangelisten wird Andreas in den vier Apostelverzeichnissen der Heiligen Schrift stets in der ersten der drei Viererreihen genannt, wobei Matthäus (10,2) und Lukas (6,14) ihm den Rang unmittelbar nach seinem Bruder einräumen. Auch im Kanon der heiligen

Messe wird sein Name gleich nach dem der Apostelfürsten Petrus und Paulus aufgeführt.

Die Heilige Schrift erwähnt Andreas noch einige Male, so anläßlich der wunderbaren Brotvermehrung (Joh 6,8f) der Todesankündigung Jesu (Joh 12,22) und der Ankündigung der Zerstörung des Tempels (Mk 13,3), doch schweigt sie über sein weiteres Leben und Wirken. Nach den Berichten der Kirchenschriftsteller Origenes (185–254), Eusebius (270–339), Hieronymus (350–420) und Nikephorus (750–829) predigte und missionierte Andreas in den Landschaften südlich und östlich des Schwarzen Meeres, Pontos und Skythien, auf dem Balkan und endlich in Griechenland bis nach Achaia im Peleponnes.

Nach glaubwürdigen Berichten aus dem 4. Jahrhundert erlitt er während der Regierungszeit Kaiser Neros (54–68) unter dem Statthalter Aegeas (Aegeates) am 30. November des Jahres 60 (oder 62) den Märtyrertod am schräggestellten Kreuz. Anlaß soll der Legende nach gewesen sein, daß Andreas die Frau des Statthalters heilte, bekehrte und zur ehelichen Enthaltsamkeit veranlaßte. Zwei Tage lebte er nach einer Geißelung betend und predigend am Kreuz, ehe er verschied.

Die Reliquien des Heiligen kamen 356 in die Apostelkirche von Byzanz und 1208 nach der Eroberung von Konstantinopel nach Amalfi südlich von Neapel; das Haupt gelangte 1462 nach St. Peter in Rom, bis Papst Paul VI. es im Jahre 1964 nach Patras in Griechenland zurückgab. Andreas wurde Landespatron von Griechenland (Achaia), Rußland und Schottland und wegen seiner Herkunft Schutzherr der Fischer und Fischhändler. Weil er der Legende nach 1098 den von den Sarazenen in Antiochia eingeschlossenen Christen erschien und ihnen die heilige Lanze brachte und sie darauf einen glänzenden Sieg erfochten, wurde er auch Patron der Kämpfenden.

Im Brauchtum freilich ist die geschichtliche Person des Heiligen völlig überdeckt von der Stellung seines Festtages an der Schwelle des Kirchenjahres und der Adventszeit, die am ersten Sonntag nach dem 26. November beginnt. Am Andreastag, dem 30. November, begannen vielerorts bereits die sogenannten Klöpfelnächte, die mit ihren lärmenden Umzügen maskierter Gestalten in die von Totenkult, Dämonenabwehr und Fruchtbarkeitszauber geprägte Mittwinterzeit einführen. Vereinzelt ziehen bereits Sternsinger um.

In Böhmen pflegten die Kinder nachts ihre Strümpfe aus dem Fenster zu hängen, um Gaben zu erhalten. In Teilen Thüringens war der Andreastag Einkehrtag wie sonst der Nikolaustag. Verkleidet erschien der Heilige und bescherte die Kinder mit Äpfeln, Nüssen und Pfefferscheiben.

Wie zu Barbara und Luzia stellte man am Andreastag Zweige von Obstbäumen, besonders der Kirsche sowie von Ebereschen, ins Wasser. Blühten sie am Weihnachtsfest oder zeigten sie eine bestimmte Farbe, so bedeutete dies Glück in der Liebe und Segen für Stall und Haus.

Ganz im Vordergrund des Brauchtums am Andreastag und vor allem der Andreasnacht standen jedoch nach Zahl, Vielfalt und Bedeutung die Orakel, mit denen man die Zukunft hinsichtlich der Aussichten auf Liebe und Ehe erforschen wollte. Namentlich die jungen Mädchen wollten zu gern den Schleier lüften, der über den künftigen Ereignissen liegt. Häufig knieten sie sich vor das Bett und sprachen Gebete oder Verse wie den eingangs zitierten. Oder sie gossen Blei oder Eiweiß ins Wasser, klopften an den Hühnerstall oder rüttelten, wie in Mitteldeutschland, an Zäunen.

Es ist viel gerätselt worden, warum gerade der hl. Andreas häufiger als andere als Heiratsvermittler oder auch um Kindersegen angerufen worden ist. Man wollte in ihm, sicher zu Unrecht, den Nachfolger des altgermanischen

Gottes Fro sehen, des Gottes der Liebe, Ehe und Fruchtbarkeit. Man hat ebenso hingewiesen auf die Bedeutung seines Namens (griech. andreios = mannhaft) wie auf die Worte der Antiphon im Festoffizium des Tages: »Concede nobis hominem justum« – »Gewähre uns den gerechten Menschen«. Bedeutsamer jedoch scheint die Tatsache zu sein, daß das Fest des Heiligen den Beginn des Kirchenjahres bringt und daher viel Orakelbrauchtum, auch anderer Art, an sich gezogen hat.

So weisen die Wetterregeln zu Andreas, der um gutes Wetter angerufen wird und dessen Attribut, das Andreaskreuz, als blitzabwehrend gilt, deutlich Jahresanfangscharakter auf. Das Wetter des Tages gilt als maßgebend für den ganzen Winter. Um das Wetter des kommenden Jahres zu erfahren, schnitt man früher eine Zwiebel in zwölf Stücke, bestreute sie mit Salz und legte sie in einer Reihe hin, wobei jedes Stück einen Monat bezeichnete. Der Monat, auf dessen Stück das Salz besonders feucht war, sollte nasses Wetter bekommen.

Dargestellt wird der hl. Andreas in der bildenden Kunst als Apostel und Glaubensverkünder mit Schriftrolle und Buch. Daneben führt er als Attribute Fisch und Fischernetz sowie vor allem ein Kreuz mit schräggestellten Balken (crux decussata), das nach ihm Andreaskreuz genannt wird.

ANNA (26. Juli)

»Keiner noch hat je umsonst zur hl. Anna gerufen / Jedem gewähret sie stets, was er verlanget von ihr / Lasset uns also die Mutter voll Huld hoch ehren und lieben / Da sie jeglichen Wunsch ihrer Getreuen erfüllt.«

Mit diesen Versen pries der berühmte, 1508 in Wien, einem Kultzentrum der hl. Anna, verstorbene Humanist Konrad Celtis die hochverehrte Volksheilige. Doch war es ein weiter Weg bis dahin; denn da die Evangelien von der Herkunft der Gottesmutter und ihrer Kindheit schweigen, bildeten sich früh legendenhafte Berichte, die sogenannten Proto- oder Pseudoevangelien, die diese Lücken auf ihre Weise zu schließen versuchten. Aus einem von ihnen, dem aus der 2. Hälfte des 2. Jahrhunderts stammenden Protoevangelium des hl. Jakobus, erfahren wir zum ersten Male Namen und Geschichte der Eltern Mariens.

Nach dieser Überlieferung stammte Anna (hebräisch Hanna = die Begnadete), ebenso wie ihr Mann Joachim, aus davidischem Geschlecht und gebar erst nach über 20 kinderlosen Ehejahren und im Anschluß an eine Verkündigung durch einen Engel ihre Tochter Maria, die dem Herrn im Tempel aufgeopfert wurde. Diese Berichte wurden im 5. und 6. Jahrhundert in Marienlegenden weiterverbreitet und wirkten auf den Kult der hl. Anna ein, der im Osten seit dem 6., im Abendland seit dem 8. Jahrhundert greifbar ist. Ihr Fest wird in Neapel bereits im 10. Jahrhundert gefeiert, seit dem 12. Jahrhundert ist es an zahlreichen Orten nachweisbar und um 1350 im ganzen Abendland verbreitet. Das hängt mit einer stärkeren Verehrung der Gottesmutter und vor allem deren unbefleckter Empfängnis zusammen, die sich ja in der Mutter Anna vollzogen hatte. Urban VI. sah das Fest 1378 für ganz England vor und Gregor XIII. (1572–1585) im Jahre 1584 für die ganze Kirche. Letzterer erhob das Fest zum gebotenen Feiertag, als er auf wunderbare Weise auf die Fürbitte des Franziskanerbruders Innocenz von Clusa (Annaeus) von schwerer Krankheit geheilt wurde. Neben ihrem Festtag am 26. Juli ist Anna von den Wochentagen der Dienstag geweiht, weil sie an einem solchen geboren und gestorben sein soll. Deshalb zündete man früher ihr zu Ehren oft am Dienstag eine Kerze an und hielt Annenandachten ab. Reliquien der Heiligen werden in zahlreichen Orten verehrt, in Deutschland besonders in Düren ein Teil der Hirnschale, der sich bis 1501 in Mainz befunden hat, in Österreich eine Hand in der jesuitischen Annakirche in Wien.

Im ausgehenden Mittelalter zählt Anna, besonders im deutschsprachigen Raum, zu den beliebtesten Heiligen überhaupt. Zahlreiche Kirchen werden ihr geweiht, z. B. im Rheinland und in Westfalen über 60, in Böhmen, von wo der Kult nach Österreich wirkte, fast 90. Berge und Städte tragen ihren Namen und wurden zu vielbesuchten Wallfahrtsorten: Annaberg bei Haltern in Westfalen, Annaberg bei Burrweiler in der Vorderpfalz, Annaberg bei Sulzbach in der Oberpfalz, Annaberg im Erzgebirge, Annaberg in Oberschlesien, seit 1563 das Zentrum der schlesischen Annenverehrung, Springborn im Ermland und Annaberg in Niederösterreich, um von den 53 Gnadenstätten Österreichs nur die älteste und wohl bedeutendste zu nennen.
Gefördert wurde der Kult außer von einigen Orden wie den Karmeliten und Kapuzinern namentlich von zahlreichen Annabruderschaften, die nach Anfängen im 13. Jahrhundert im 15. und 16. Jahrhundert ihre größte Blüte erlebten. Ihnen gehörten viele Kaufleute an, deren Gut und Leben auf Land- und Seereisen vielerlei Gefahren ausgesetzt war. So besaß die Hansestadt Lübeck nicht weniger als fünf Annabruder-

schaften, Erfurt drei. Die Frankfurter Annabruderschaft zählte mehrere tausend Mitglieder, ähnlich der in Straßengel in Graz vor noch nicht allzu langer Zeit. Namhafte Persönlichkeiten zählten zu ihren Mitgliedern, so unter vielen anderen in Worms Kaiser Maximilian, der »letzte Ritter« (1459–1519).

Im 19. und 20. Jahrhundert entstanden sodann mehrere religiöse Genossenschaften von sogenannten Annaschwestern oder Annatöchtern, die sich besonders erzieherischen oder sozial-karitativen Aufgaben widmeten.

In ihren vielfältigen Patronaten erscheint Anna vor allem als Beschützerin der Frauen und als mütterlich helfende Heilige. Junge Mädchen riefen sie an um einen Mann, so in Westfalen oder in der Schweiz. In der Ehe ist Anna, die nach der Überlieferung selbst lange Zeit kinderlos blieb, Zuflucht der unfruchtbaren und kinderlosen Frauen, die zu ihr beten, um durch ihre Fürbitte Kindersegen zu erlangen, sowie besonders der Schwangeren und Gebärenden. Aus dem Mittelalter sind Gebets- und Segenstexte mit ihrem Namen für diese Frauen überliefert, die als »Briefe«, wohl Gebetszettel, von den Hoffenden mit sich getragen wurden. Auch Annenmessen wurden für sie gelesen. Bei Wallfahrten opferten Frauen häufig als Votivgabe – meist metallene – Kröten, die im Volksglauben Symbol für die Gebärmutter sind. Die Wöchnerin empfing, namentlich in Westdeutschland, vor dem Annenaltar den Muttersegen.

Als mütterliche Heilige beschützte Anna weiter die Witwen und die ärmeren Stände, wie das Gesinde vom Stallknecht bis, in früheren Zeiten, zum Schleppenträger der geistlichen Fürsten, dann Arbeiterinnen, Näherinnen und, in Flandern, Spitzenklöpplerinnen. Daneben wurde sie Patronin der Besenbinder, Böttcher, Drechsler, Flachshändler, Kaufleute, Müller, Schneider, Seiler, Spitzenmacher, Stockmacher, Weber und der Feuerwehren. Vielleicht wegen ihres Wetterpatronats wurde sie auch Patronin der Schiffer, und die Elbeschiffer baten sie vor allem in der Annakapelle der Franziskaner an der Elbebrücke in Torgau um Schutz bei Wassergefahr.

Von besonderer Bedeutung wurde ihr Patronat über den Bergbau, vor allem den Silberbergbau, und die Bergleute. Für die Bildung dieser Schutzherrschaft war wohl entscheidend die Stelle aus dem Evangelium der Annamesse, wo es heißt: »Mit dem Himmelreich ist es wie mit einem Schatz, der in einem Acker vergraben war« (vgl. Mt 13,44). Da die Bergleute aber, wie es aus ihren Liedern immer wieder klingt, im Berg einen verborgenen Schatz suchen, ergab sich leicht ein Anknüpfungspunkt. Hinzu mochte kommen, daß, wie Christus mit der goldenen Sonne, Maria mit dem silbernen Mond verglichen wurde, Anna somit die Mutter des Schatzes und des Silbers, das die Bergleute schürften, war. Zahlreiche Segen schreiben ihrer Hilfe gute Abbaustellen zu. Und so wurden in Bergbaugebieten, vor allem solchen mit Erz- und Silberbergbau, häufig St.-Anna-Kirchen erbaut. Ihren Tag begingen die Bergleute Mitteldeutschlands und Böhmens in ihrer Feiertagstracht mit Messe und Prozession, woran sich Festmahl, Musik und Tanz anschlossen.

Auch bei mancherlei Krankheit wandte sich das Volk vertrauensvoll betend an Anna. Als Heilmittel diente bei uns seit dem Ausgang des Mittelalters das geweihte Annenwasser, die »aqua sanctae Annae«. Es wurde angewandt gegen das Fieber, gegen die »Franzosen« (Lues), gegen Kopf-, Brust- und Bauchweh, gegen Besessenheit und alle möglichen Übel und Nöte. Das Wasser aus den Annenbrünnlein und -quellen an ihren Kultstätten sollte Blinde heilen. Auch die Gicht glaubte man mit Hilfe der hl. Anna durch Bannsprüche, in denen sie die personifizierten »Gichter« wegweist, heilen zu können. In der Pestzeit wurde sie auch gegen diese Geißel der Menschheit angerufen, und schließlich schützte sie, wie auch Christophorus,

30

vor einem plötzlichen, unvermuteten Tode und half, wie Antonius von Padua, Verlorenes wiederfinden.

Die einstige Bedeutung des Annentages als eines hohen Festtages hat sich lange, vor allem im süddeutschen und österreichischen Raum, wenn auch mehr im profanen Bereich, erhalten. Neben kirchlichen Feiern, wie Messen und Prozessionen, gewannen weltliche Lustbarkeiten, zum Teil als Fortführungen der Feiern vom vorhergehenden Jakobstage, die Oberhand, wie abendliche Bälle und Illuminationen in den Städten, Schützenfeste, Volksspiele und Feuer auf ländlichen Höhen. Besonders reizvoll müssen die nächtlichen Serenaden zu Ehren der »Annerln« in Wien gewesen sein, denn nach den Worten des Romantikers Zacharias Werner »wimmelt's von Musikanten, die angeführt vom Chor verliebter Fanten, der schönen Annen Lob erschallen lassen«.

Der Annentag auf der Höhe des Jahres bedeutet weiter für die Bauern einen wichtigen Wetterregel-, Merk- und Lostag, vor allem im Hinblick auf die beginnende Ernte.

Die überaus große Bedeutung der hl. Anna zeigt sich endlich auch in der Vielzahl bildlicher Darstellungen, von denen besonders die »Anna selbdritt«-Bilder populär geworden sind: Anna trägt die Gottesmutter und das Jesuskind, ein schönes Symbol für eine große, mütterliche Heilige.

ANTONIUS, Mönchsvater (17. Januar)

In seiner »Italienischen Reise« berichtet Goethe unter dem 18. Januar 1787 aus Rom:
»Gestern, also am Feste des heiligen Antonius Abbas, machten wir uns einen lustigen Tag ... Sankt Anton, der Abt oder Bischof, ist Patron der vierfüßigen Geschöpfe, sein Fest ein saturnalischer Feiertag für die sonst belasteten Tiere, sowie für ihre Wärter und Lenker. Alle Herrschaften müssen heute zu Hause bleiben oder zu Fuß gehen, man verfehlt niemals, bedenkliche Geschichten zu erzählen, wie ungläubige Vornehme, welche ihre Kutscher an diesem Tage zu fahren genötigt, durch große Unfälle bestraft worden. Die Kirche liegt an einem so weitschichtigen Platz, daß er beinahe für öde gelten könnte, heute ist er aber auf das lustigste belebt. Pferde und Maultiere, deren Mähnen und Schweife mit Bändern schön, ja prächtig eingeflochten zu schauen, werden vor die kleine, von der Kirche etwas abstehende Kapelle geführt, wo ein Priester, mit einem großen Wedel versehen, das Weihwasser, das in Butten und Kübeln vor ihm steht, nicht schonend, auf die munteren Geschöpfe derb losspritzt, manchmal sogar schalkhaft, um sie zu reizen. Andächtige Kutscher bringen größere oder kleinere Kerzen, die Herrschaften senden Almosen und Geschenke, damit die kostbaren, nützlichen Tiere ein Jahr über vor allem Unfall sicher bleiben mögen. Esel und Hornvieh, ihren Besitzern ebenso nützlich und wert, nehmen gleichfalls an diesem Segen ihr beschieden Teil.«
Das von Goethe so anschaulich geschilderte und auch bei uns weitverbreitete Patronat über das Vieh läßt sich aus der Lebensbeschreibung des Heiligen nicht erklären. Diese ist von seinem Freund, dem Bekennerbischof Athanasius (295

bis 373), in Form eines Briefes an Mönche »in der Fremde«
geschrieben: Nach ihr ist der hl. Antonius, der Abt, der
Einsiedler oder auch der Große genannt, etwa 251/52 in
Mittelägypten geboren. Nach dem Tode seiner wohlhaben-
den Eltern, die ihn christlich erzogen hatten, übernahm er
zunächst die Erziehung seiner jüngeren Schwester. Dann
aber begann er ein Leben als Einsiedler. Sein Vorbild wirkte
stark auf die jüngeren Einsiedler, derer er sich annahm und
die er durch Wort und Beispiel lehrte und stärkte. Sein Ruf
drang, gegen seinen Willen, bald weit über die Stille seiner
Einsiedelei hinaus, und er mußte den Großteil seiner Zeit
zahllosen Ratsuchenden widmen, die ihn aufsuchten oder
ihm schrieben. Bezeugt ist sein Briefwechsel mit Kaiser
Konstantin und dessen Söhnen.
Hochverehrt starb Antonius, etwa 356/57, im Alter von 105
Jahren. Erst 561 wurde sein Grab entdeckt und der Leib erst
nach Alexandrien, 637 nach Konstantinopel gebracht und
im 10./11. Jahrhundert nach Frankreich überführt, wo er
nach einem Aufenthalt zu St.-Didier-de-la-Mothe endlich
1491 in Arles beigesetzt wurde. Von dort breitete sich der
Kult des Heiligen nach Norden aus und strahlte über das
Elsaß und die Pfalz bis in das Ostseegebiet und nach Osten
bis in die Schweiz und nach Tirol.

Sehr bald genoß der Heilige eine starke volkstümliche Verehrung, die besonders durch die Antoniusbrüder gefördert
wurde, eine 1095 von einem französischen Edelmann aus
Dankbarkeit für die Heilung seines Sohnes vom sogenannten »Antoniusfeuer« gegründete Laiengenossenschaft, deren Mitglieder seit 1218 drei Gelübde ablegten. 1297 wurden sie als Augustiner-Chorherren bestätigt. In der Zeit
ihrer größten Bedeutung unterhielten die Antoniusbrüder
369 Spitäler in Europa, in denen zunächst vom »Antoniusfeuer« Befallene und später Haut- und Geschlechtskranke
gepflegt wurden. Im Jahre 1502 verlieh Kaiser Maximilian

ihnen den schwarzen Reichsadler mit dem Antoniuskreuz als Wappen. Seit 1777 mit den Maltesern vereinigt, existierte der Orden bis zur Säkularisation im Jahre 1803.

Das bedeutendste Patronat des hl. Antonius klang schon an: Man schrieb ihm Macht über eine nach ihm benannte Krankheit zu, das »Antoniusfeuer«, eine rotlaufartige epidemische Krankheit, die Menschen und Tiere befiel, mit einer brennenden Röte begann und bei Menschen zum Absterben von Händen und Füßen führte. Bis ins 15. Jahrhundert wurden am Antoniustag Wasser und Wein geweiht und den vom »Antoniusfeuer« Befallenen gereicht. Auch gegen die Pest und andere Krankheiten wurde der hl. Antonius angerufen.

Aus dem erwähnten Patronat gegen das »Antoniusfeuer« leitet sich später das allgemeine Patronat gegen Viehkrankheiten ab. In besondere Beziehung wird Antonius zu den Schweinen gebracht, und das Schwein ist sein häufigstes Attribut auf bildlichen Darstellungen. Man hat dieses Schwein deuten wollen als Abbild des Teufels, der – nach dem Bericht des hl. Athanasius – den hl. Antonius in mancherlei Gestalt versucht hat. Das Tier weist aber wohl eher hin auf das Patronat des Heiligen und seine Beziehungen zu Ackerbau und Viehzucht. Denn die nach ihm benannten Antoniusbrüder waren wie andere Mönche gute Vieh-, vor allem Schweinezüchter, die vielfältige Vorrechte genossen und z. B. ihre Schweine in den Eichenwaldungen der Gemeinden weiden lassen durften. Damit die Schweine nicht so leicht verlorengingen und beim Durchzug der Herden durch die Dörfer die Ankunft gemeldet wurde, trugen die Schweine Glöckchen, Antoniusglöckchen genannt, um den Hals.

Viele Gemeinden hielten ein sogenanntes »Tönlschwein«, das seinen Stall an der Kirche hatte und mit einem Glöckchen um den Hals frei durch die Straßen und Gassen lief, sein Futter suchte, und das so unbekümmert, daß der Ausdruck »frech wie ein Antoniusschwein« sprichwörtlich wurde. Solche Antoniusschweine wurden am 23. Dezember oder am Tage des Heiligen geschlachtet und ihr Fleisch an arme Familien verteilt.

Das Schweinepatronat des Heiligen ist das volkstümlichste und hat ihm Namen wie Swiene- oder Fickeltüns in Westfalen, Säustünnes im Rheinland, Su- oder Säuantoni in Baden und in der Schweiz oder Fackentoni in Tirol eingetragen. Danach ist er auch Patron der Metzger, der Schweinehirten und der Bürstenmacher geworden.

An den lange geübten Brauch, am Antoniustag Brot segnen zu lassen, das als heilkräftig für Mensch und Tier galt und nicht schimmeln sollte, erinnert heute noch die Aufschrift »St.-Antonius-Brot für die Armen« auf Opferstöcken in unseren Kirchen.

Viele bildliche Darstellungen zeigen den hl. Antonius in den oft phantastisch ausgestalteten Versuchungsszenen. Seine Attribute sind sonst die roten Flammen, die an das Antoniusfeuer erinnern, das Schwein, der Abts- oder der Pilgerstab mit einer Glocke und das T- oder Tau-Kreuz (nach dem griechischen Buchstaben Tau), das eine Stilisierung der Krücke bedeutet und als Antoniuskreuz in das Wappen der Antoniusbrüder gelangte. Es galt auch als Symbol des Lebens und wurde als Amulett gegen die Pest und gegen Schlangenbiß getragen.

APOLLONIA (9. Februar)

»Damals stand die an Jahren vorgerückte Jungfrau Apollonia in hohem Ansehen. Auch diese ergriffen sie und brachen ihr durch Schläge auf die Kinnbacken alle Zähne heraus. Hierauf errichteten ihre Verfolger vor der Stadt einen Scheiterhaufen und drohten ihr, sie lebendig zu verbrennen, wenn sie nicht mit ihnen die gottlosen Worte aussprechen würde. Sie aber sprang, auf ihre Bitten etwas losgelassen, von selbst eiligst in das Feuer und verbrannte.«

Dies ist der eher nüchterne Wortlaut eines Briefes über das Martyrium der hl. Apollonia in Alexandrien im Jahre 249 unter der Herrschaft des Kaisers Philippus Arabs (244–249). Der Brief stammt von Bischof Dionysius von Alexandrien und wird von Eusebius in seiner Kirchengeschichte (VI, 41) überliefert. Da die offensichtlich allen bekannte Selbstverbrennung Apollonias in der Zeit der Christenverfolgungen als Beweis dafür angeführt wurde, daß es erlaubt sei, der Verfolgung oder Entehrung durch einen freiwilligen Tod zu entgehen, bemerkt der hl. Augustinus in seinem »Gottesstaat« (I, 26) dazu einschränkend, daß Apollonia sich nur auf höheren Antrieb in die Flammen gestürzt habe.

Die Legende hat den kurzen Bericht des Bischofs Dionysius im Laufe der folgenden Jahrhunderte in vielfältiger Weise ausgeschmückt. Am bekanntesten und folgenreichsten wurde eine gegenüber dem ursprünglichen Bericht geringfügige Änderung, nach der man der Heiligen bei ihrem Martyrium die Zähne mit einer Zange ausgerissen habe, denn damit wurde die Grundlage für das Zahnpatronat der Heiligen gelegt. Eine andere, spätere Legende machte Apollonia zu einer Königstochter, die auf Geheiß ihres heidnischen Vaters gemartert worden sei. Wiederum eine andere Legende erzählte, Apollonia sei eine Schwester des Laurentius gewesen, die nach Ägypten ausgewandert sei, wo sie als Einsiedlerin gelebt und unter Kaiser Decius (249–251) das Martyrium erlitten habe.

Zu diesen Legenden gesellte sich eine seit dem 15. Jahrhundert überlieferte legendäre Passio einer römischen Senatorentochter, die unter Kaiser Julian Apostata (361–363) das Martyrium erlitten haben soll. Da ihre Leidensgeschichte der der hl. Apollonia von Alexandrien bis in die Einzelheiten gleicht und ihr Fest ebenfalls der 9. Februar ist, fällt es schwer, im Einzelfalle, etwa bei bildlichen Darstellungen, zu unterscheiden, um welche der beiden es sich handelt.

Im Volksglauben gilt Apollonia seit dem Mittelalter, was eine mailändische Bleimünze aus dem 13. Jahrhundert belegt, als die bis heute meistverehrte Heilige bei Zahnleiden. In Deutschland wurde sie, wie eine Reihe von Passionalen bezeugen, gegen alle Schmerzen des Hauptes und der Zähne angerufen, und die über viele Jahrhunderte starke Verbreitung ihres Namens als Taufname beweist die hohe Wertschätzung, die sie genoß.

Das Zutrauen in ihre Fürbitte war so groß, daß man glaubte, ein tägliches Vaterunser zu ihr würde Zahnschmerzen erst gar nicht aufkommen lassen. Eine Überlieferung aus Sachsen erzählte, wer sich nur den Mund mit Wasser aus dem Apolloniabrunnen auf dem Kapellenberg fülle, würde nie im Leben Zahnweh bekommen. Um die Anrufung der Heiligen bei Zahnschmerzen wirksamer zu machen, trug man ihr Bild um den Hals gehängt. Aus der Volksmedizin übernahm man die Übertragung des Leidens mit Hilfe eines Gegenstandes und verband sie mit der Anrufung. In Baden trugen von Zahnweh Geplagte den Löffel, mit dem sie täglich aßen, in ein »Bildhüsli« oder »Löffelkäpili« (Löffelkapellchen) und legten ihn einer Statue der Heiligen zu Füßen. Ebenso war es Brauch, daß Mütter die Hemdchen oder Kittelchen ihrer Kinder, die schwer zahnten, dort aufhängten.

Als Ursache von Zahnweh wie von anderen Leiden sah man früher einen Wurm an, weshalb man gegen die »Würmer in den Zähnen« Heilkräuter verwandte. In Bayern nahm man dazu den »Apollonienwurz« (Aconitum napellus), den man um den Johannistag sammelte. Im oberen Tessin bediente man sich zum gleichen Zweck einer weißen, glockenförmigen Blume, die nach der Heiligen Fior di Sant'Apollonia hieß. Man kochte sie auf und inhalierte die aufsteigenden Dämpfe, die »kleine, haarige Würmchen« aus den Zähnen zogen, mit denen zugleich die Zahnschmerzen vergehen sollten.

Außer bei Zahnschmerzen wurde Apollonia, die auch Patronin der Zahnärzte ist, vereinzelt, so in Schlesien, gegen Flechten angerufen.

Apollonia wird als meist ältere vornehme Jungfrau dargestellt. Ihre Attribute sind seit dem Beginn des 14. Jahrhunderts fast ausschließlich Zange und Zahn, wobei letzterer sich meist zwischen den Greifern der Zange befindet; auf deutschen Darstellungen ersetzen manchmal Hammer und Meißel die Zange. Gelegentlich führt die Heilige ein Buch als Attribut, weil sie nach einer ebenfalls späteren Legende den Ungläubigen das Evangelium gepredigt haben soll; selten daneben die Märtyrerpalme.

Seit dem 15. Jahrhundert zeigen die bildlichen Darstellungen Apollonia auch als Fürstin mit einer Krone, doch dürfte es sich dabei um Verwechslungen mit der hl. Apollonia aus Rom handeln. In der Barockzeit endlich sehen wir Apollonia, nach der oben erwähnten Legende, als Einsiedlerin dargestellt, vor einem aufgeschlagenen Buch kniend, neben sich auf dem Boden die Zange und die ausgerissenen Zähne; dazu auf demselben Bild im Hintergrund noch ihre Selbstverbrennung.

BARBARA (4. Dezember)

»St. Barbara mit dem Turm, / St. Margareta mit dem Wurm, / St. Katharina mit dem Radl, / Das sein die drei heiligen Madl.«

Gemeinsam mit den hll. Margareta und Katharina bildet die hl. Barbara innerhalb der Schar der Vierzehn Nothelfer die Gruppe der »heiligen Madln«; mit ihnen zusammen wurde sie häufig Patronin von Glocken, namentlich von Wetterglocken, die bei Unwettern geläutet wurden, weil insbesondere Barbara um Schutz gegen Blitz und Ungewitter angerufen wird. Daher wurde sie auch Patronin der Glöckner.

Dieses wie ihre zahlreichen anderen Patronate lassen sich aus der romanhaft ausgeschmückten Legende der Heiligen ableiten, die seit dem 9. Jahrhundert bezeugt ist und Ende des 15. Jahrhunderts um eine Reihe von Motiven erweitert wurde. Danach war Barbara die Tochter eines reichen heidnischen Kaufmanns, Dioskoros, aus Nikomedien, dem heutigen Ismid östlich von Konstantinopel. Wegen ihrer großen Schönheit schloß ihr Vater sie in einen Turm ein, um sie vor Nachstellungen und Entführungen zu schützen. Hier bekehrte sie sich zum Christentum und ließ in ihre Badestube als Symbol der Dreifaltigkeit ein drittes Fenster brechen. Als ihr Vater von einer Reise zurückkehrte und sie ihm den Grund für ihr Tun erklärte, wollte er sie in blindem Zorn töten, doch gelang es ihr zu entfliehen. Sie entkam den Verfolgern, weil sich wunderbarerweise ein Berg vor ihr öffnete und sie verbarg. Doch ein Hirte verriet sie ihrem Vater, der sie fangen und einkerkern ließ. Sie wurde gegeißelt, mit Fackeln gebrannt und schließlich von ihrem eignen Vater enthauptet, der dafür vom Blitz erschlagen wurde. Als

Tag ihres Todes wird der 4. Dezember des Jahres 306 überliefert.

Vor ihrem Tod betete Barbara für alle, die der Leiden Christi und ihres Martyriums gedenken, und bat für diese, daß sie vor einem jähen Tod, vor der Pest und vor der Verurteilung Gottes bewahrt blieben. Die Erhörung dieser Bitte führte im Mittelalter dazu, daß die Heilige in die Schar der Vierzehn Nothelfer aufgenommen und als Sterbepatronin verehrt wurde.

Daß die Legende von Barbaras Eingeschlossensein im Berg erzählt, begründet ihr wohl bekanntestes Patronat, das über die Bergleute. Seit dem ausgehenden Mittelalter wird Barbara in den Bergbaugebieten von Sachsen, Schlesien, Böhmen, Lothringen und in den Alpen sowie seit dem 19. Jahrhundert auch im Ruhrgebiet in besonderer Weise verehrt und ihr Tag festlich begangen. Im Salzburgischen erhielten die Knappen des Goldbergwerkes in der Rauris das Barbarabrot, einen Striezel aus Pfefferkuchenteig. Vielerorts ließen die Bergleute am Barbaratag ein Licht brennen, denn das bewahrte nach altem Bergmannsglauben vor einem Tode unter Tage.

Wegen des Turmes in der Legende wurde Barbara auch Beschützerin der Türme und Festungen wie der Baumeister und Maurer. Auch die Artilleristen wählten sie zur Patronin, und ihr Bild schmückte Artilleriekasernen und Offizierskasinos dieser Truppengattung. Die Schutzherrschaft über die Artillerie wird außer auf dem Turm (als Pulverturm) auch auf den in der Legende erwähnten Blitz (beim Abschuß der Kanonen) zurückgeführt, der die Heilige ferner zur Patronin von Berufen machte, die mit dem Feuer zu tun haben, wie Gießer oder Köche.

Beliebt wurde etwa um 1800 der Brauch, am Barbaratag Zweige, vor allem des Kirschbaums, zu schneiden, im Hause ins Wasser zu setzen und auf ihr Aufblühen zum Weihnachtsfest zu hoffen. Denn das sollte Glück bringen. In Zahl und Pracht der Blüten glaubte man die Aussichten für das kommende Jahr sehen zu können, sei es in bezug auf die Ernte, auf Hochzeit oder die Geburt eines Kindes. Selbst Zauberkraft schrieb man den Zweigen dort zu, wo man sie mit zur Christmette nahm.

Die große Beliebtheit der Heiligen hat ihren Ausdruck in einer Vielzahl bildlicher Darstellungen gefunden, die sie als vornehme Jungfrau in der Mode der jeweiligen Zeit zeigen. Als Attribute führt Barbara zunächst die allgemeinen Märtyrerkennzeichen Krone, Palme, Kreuz und Buch. Dazu treten, nach dem Legendenbericht, der Turm, in der Regel mit drei Fenstern, sowie die Fackel, mit der sie bei ihrem Martyrium gebrannt wurde. Zu ihren Füßen hockt oft, als Sinnbild des besiegten Heidentums, die verkleinerte Gestalt ihres Vater Dioskoros. Gelegentlich eignet ihr als Patronin der Artillerie eine Kanone oder ein Kanonenrohr. Daneben finden wir auch eine Straußenfeder, die einem noch nicht erwähnten Legendenmotiv zufolge der Jesusknabe ihr als Symbol der Jungfräulichkeit überreicht habe, die nach späterer Deutung jedoch die Rute sein soll, die sich bei ihrer Geißelung in eine Straußenfeder verwandelt habe.
Und als besonders wichtiges Attribut führt Barbara endlich einen Kelch mit oder ohne Hostie: ein augenscheinlicher Hinweis auf ihr einst wohl wichtigstes Patronat als Helferin in der Todesstunde, dem sie ihre Aufnahme in die Schar der hochverehrten Vierzehn Nothelfer verdankt.

BARTHOLOMÄUS (24. August)

Der hl. Bartholomäus erscheint in der Heiligen Schrift nur in den Apostelverzeichnissen der Synoptiker Matthäus, Markus und Lukas (vgl. Mt 10,3; Mk 3,8; Lk 6,14), weiter noch an einer Stelle der Apostelgeschichte (1,13). Dem Schriftzusammenhang nach ist Bartholomäus identisch mit dem bei Johannes (1,45 ff; 21,2) erwähnten Nathanael. Jesus nennt diesen einen echten Israeliten, »einen Mann ohne Falschheit« (Joh 1,47). Mit einigen anderen Erwählten darf er eine Erscheinung des Auferstandenen erleben (vgl. Joh 21,1–14).

Über das weitere Leben und Wirken des Bartholomäus, über das die Heilige Schrift sich ausschweigt, liegen eine Anzahl sich teilweise widersprechender Nachrichten vor. Nach der Kirchengeschichte des Eusebius (5,1) missionierte Bartholomäus in Indien – worunter bei Eusebius vermutlich Arabien zu verstehen ist –, ferner in Mesopotamien, Parthien und Armenien. Hier bekehrte er nach dem »Römischen Märtyrerverzeichnis« von 1583 einen König und viele seiner Untertanen, weshalb ihn der Bruder des Königs in der unten geschilderten Weise umbringen ließ.

Durch Kaiser Otto III. gelangten die Gebeine des Heiligen nach mancherlei Irrfahrten 838 nach Benevent und 983 in eine nach ihm benannte Kirche auf der Tiberinsel in Rom. Die Hirnschale kam 1238 nach Frankfurt, das Bartholomäus zum Stadtpatron erkor und den Beginn der Frankfurter Herbstmesse auf seinen Festtag, den 24. August, verlegte.

Glaube und Brauch sind weitgehend durch den Termin des Festtags bestimmt. Der Tag gilt in vielen Gegenden als

Herbstbeginn und ist dadurch zu einem wichtigen Lostag geworden, dessen Wetter auf das der kommenden Zeit schließen läßt: »Wie sich Bartholomäus verhält, / so ist es den ganzen Herbst bestellt.«

Die Tage werden kürzer, die Störche ziehen nach Süden, die schwersten Feldarbeiten sind beendet. Deshalb gab es vom Bartholomäustag an kein Vesperbrot mehr: »Barthemei / trägt den Vespersack nei.«

In manchen Gegenden mußte bis Bartholomäus die Ernte beendet sein, sonst werde der Heilige – so meinte man – das Getreide vernichten. Im Siegerland hieß es: »Wenn das Korn sich legt, geht Bartholomäus durch das Korn.« Und in Schleswig-Holstein sagte man, der Heilige habe das liegende Getreide mit seinem Schimmel niedergeritten. Bei Torgau war es jedoch die dämonische Gestalt der Frau Herke, die den Bauern bedrohte, wenn Korn und Flachs nicht geerntet waren. Wegen dieser und anderer dämonischer Gestalten einer älteren Überlieferungsschicht, die man mit dem 24. August in Beziehung setzte, hat man Bartholomäus sogar zum Nachfolger Wodans machen wollen.

Stets jedoch fielen die freundlichen Züge des Bartholomäustags schwerer in die Waagschale: Das Obst reift der Ernte entgegen, vor allem der Apfel soll zu Bartholomäus den rechten Geschmack erhalten. Die Kohlköpfe schließen sich: »Barthel schießt ins Kraut.« In Schlesien begann die Schweinemast, in Schleswig-Holstein wurden die Bienen »geschlachtet«, das heißt, der Honig wurde geerntet. In Kärnten und Oberösterreich hielten Wurzelgräber und Kräutersammler am Bartholomäustag gesammelte Kräuter und Wurzeln für besonders heilkräftig.

Mehr noch maß man der Butter, bei deren Herstellung man den Heiligen anrief, große Heilkraft zu, und sie galt in der Steiermark, in Kärnten, Oberösterreich, in der Schweiz und Westfalen als Heilmittel gegen Hals- und Leibschmerzen wie auch bei Schnitt- und Brandwunden, wobei wieder der

Gedanke an die Art des Martyriums eine ausschlaggebende Rolle spielte.

Deshalb wählten den hl. Bartholomäus nicht zuletzt auch Gerber und Metzger, Fellhändler, Lederarbeiter, Handschuhmacher und Buchbinder zu ihrem Patron. Die Schutzherrschaft über die Bauern, ihr Vieh und das Wetter lassen sich hingegen aus dem Datum des Festtags ableiten. Aber auch andere Berufe oder Stände begingen seinen Tag festlich, so die Schäfer in Markgröningen, Gera oder Rothenburg ob der Tauber, die Fischer zu Stralau in Berlin oder zu Memmingen, und schließlich die Schüler, weil – vor allem in den Gymnasien – vom ausgehenden Mittelalter bis in die Neuzeit der 24. August der zumeist feierlich begangene letzte Schultag war.

Wie beliebt der Heilige war, schlug sich ferner auch in zahlreichen Familiennamen nieder, die sich von seinem Namen herleiten, auch wenn das nicht immer auf den ersten Blick erkennbar ist. Aus Kurzformen des ersten Namensbestandteils leiten sich u. a. etwa ab: Barthels (das freilich auch von Berthold kommen kann), Bartsch, Bart(h) oder Bärtges. Schwieriger sind die vom Mittelteil -tho- abgeleiteten Namen zu erkennen wie Tholen, oder solche vom letzten Bestandteil -mäus (wie Maus, Mevis, Mevissen, Mies[en], Meisen, Mießgen oder latinisiert Mevius, Mebius oder Möbius.

Nimmt man endlich noch die sehr große Zahl der Kirchweihen, Jahrmärkte, Messen und viele Volksfeste hinzu, die auf den Bartholomäustag fallen, dann rundet sich das Bild von der Bedeutung des hl. Bartholomäus, die dieser über lange Zeit in der Volksfrömmigkeit eingenommen hat.

Heute klagen wir – sicher zu Recht – über die zunehmende Darstellung von Gewalt und Brutalität in verschiedenen Medien. Wenden wir aber den Blick in die Vergangenheit, so zeigt sich anhand von Heiligendarstellungen, etwa beim

hl. Bartholomäus, daß früher auch bedeutende Künstler –
für uns bisweilen befremdlich sinnenhaft – das Grausame
abgebildet haben. Der Legende nach erlitt Bartholomäus
den Tod, da man ihm bei lebendigem Leib die Haut abzog.
So zeigt ihn zum Beispiel auch Michelangelo im Gerichts-
bild der Sixtinischen Kapelle. Der Heilige trägt dort vielsa-
gend die Züge des Malers selbst. In der Rechten hält er das
Marterwerkzeug, das Messer, in der Linken die abgeschun-
dene Haut. Holbein der Ältere stellt das Martyrium selbst
dar: Der Apostel ist auf ein liegendes Kreuz gebunden,
während mehrere Schergen ihn schinden. Und im Frankfurter Dom, dessen Patron Bartholomäus ist, finden wir gar
eine Statue des Heiligen, wie er seine Haut mitsamt Kopf
am linken Arm trägt. In so grausiger Art sind übrigens
zahlreiche Märtyrer dargestellt. Ihre Bildnisse zeigen eine
Unbefangenheit, die uns abgeht, die aber wohl die Menschen vergangener Zeiten kennzeichnete und ihnen sogar
half, die Heiligen zu verehren. Solche Bilder stärkten sie in
ihrem Glauben, besonders wenn die Bilder, auf Legenden
fußend, das spärliche Tatsachenwissen wettmachten, das
wir von zahlreichen Heiligen besitzen, so auch vom hl. Bartholomäus.

BLASIUS (3. Februar)

»Er aber betete zum Herrn, daß alle Menschen, die ein Gebrechen an ihrer Kehle hätten oder sonst ein Siechtum und in seinem Namen Gesundheit begehrten, daß sie ihrer Bitte würden gewährt. Da kam eine Stimme vom Himmel, die sprach, daß nach seiner Bitte sollte geschehen.«

Diese göttliche Zusage in der Legende des hl. Blasius, Gebete in seinem Namen zu erhören, führte im späten Mittelalter wie bei anderen Heiligen dazu, ihn in die Schar der Vierzehn Nothelfer aufzunehmen. Auffällig ist, daß dieses Motiv in seiner Legende sogar dreimal erwähnt wird. Nach deren spätem und wenig historischem Bericht war Blasius Bischof von Sebaste in Armenien, als unter Kaiser Licinius (308–324) eine Christenverfolgung ausbrach. Vor dem besonders grausamen Wüten seines Statthalters Agricolaus floh Blasius zunächst in eine Höhle im Walde, wohin sich auch die Tiere, die zu ihm Zutrauen gefaßt hatten, vor Jägern des Statthalters zurückzogen und diese so zu ihm führten. Er wurde gefangengenommen und in den Kerker geworfen. Hier rettete er einem Knaben, der an einer verschluckten Fischgräte zu ersticken drohte, das Leben, indem er ihm die Hand auflegte »und betete, daß dieser Knabe gesund würde, und alle, die sonst in Blasii Namen um Heilung bäten«.

Vor dem Statthalter verteidigte Blasius mannhaft seinen Glauben, worauf er grausamen Martern unterworfen wurde. Nach Stockschlägen wurde er an einen Pfahl gebunden und mit eisernen Kämmen zerfleischt. Danach stieß man ihn in das Wasser eines Teiches, das er jedoch segnete, und so sank er nicht ein. Endlich aber wurde er enthauptet; das Todesjahr war um 316.

Seine Verehrung ist im Abendland seit dem 9. Jahrhundert nachweisbar, und als mit den Kreuzzügen Reliquien kamen, so nach Paris, Ragusa – wo er Stadtpatron ist – und St. Blasien, breitete sie sich schnell aus.

Wegen der Errettung des Knaben wurde Blasius früh bei Hals- und Kehlkopfleiden angerufen. So kennt schon ein Arzt Aëtius von Amida im 6. Jahrhundert einen Segen im Namen des Heiligen zur Entfernung eines Knochens aus dem Halse. Und in einer Handschrift des 12./13. Jahrhunderts finden wir eine lateinisch-deutsche Formel gegen Kehlkopfschwellung. Allmählich entwickelte sich dann ein eigener Blasiussegen, der am Tage des Heiligen oder am Sonntag danach erteilt wird.

Halskranke, aber auch Gesunde, lassen sich noch heute fürsorglich »einblasen« oder »blasigen«. Beim Segen hält der Priester zwei geweihte brennende Kerzen in Form des Andreaskreuzes vor Gesicht und Hals des Gläubigen und segnet ihn mit den Worten: »Durch die Fürbitte des heiligen Bischofs und Märtyrers Blasius befreie dich Gott von Halskrankheit und jedem anderen Übel im Namen des Vaters und des Sohnes und des Heiligen Geistes, Amen.«

Nach dem Segen wurde vielerorts am Blasiusfest geweihtes Brot verteilt, das Mensch und Tier vor Krankheit und die Äcker vor Ungeziefer schützen sollte. Auf dem Blasienberge in Völs bei Innsbruck wurden nach dem »Einblasigen« Brötchen zum Schutze gegen Halsweh verteilt. Diese waren mit fünf oder sechs Einkerbungen versehen, und wenn man erkrankte, brach man ein Stückchen ab und verzehrte es, um gesund zu werden.

Neben dem Blasiusbrot galten auch Blasibrunnen, Blasiwasser und Blasiwein als heilkräftig. In Oberösterreich besuchte man deshalb den Blasibrunnen bei Losenstein, in Braunsberg bei Lana in Tirol trank man zur Heilung Blasiwein aus einem Kelch.

Als Nothelfer in einer einst vorwiegend bäuerlichen Welt

wurde Blasius auch früh zum Patron der Haustiere. Dieses Patronat gründet sich außer auf den oben bereits erwähnten vertrauten Umgang mit den bei ihm Schutz suchenden Tieren auf einen weiteren Zug seiner Legende. Danach hatte ein Wolf einer armen Frau ihr einziges Schwein geraubt, es aber auf die Fürbitte des Heiligen zurückgebracht. Als Blasius dann im Kerker lag, schlachtete die dankbare Frau das Schwein, brachte ihm Kopf und Füße des Tieres mit Brot und einer Kerze. Er dankte ihr und sprach: »Opfere jedes Jahr in der Kirche, die in meinem Namen ist geweiht, eine Kerze, das soll ein Segen sein dir und allen, die es tun.« Und die Legende fährt fort: »Sie tat, wie er ihr gesagt, und es brachte ihr Glück und Segen.«

Durch dieses offenkundig spätere Legendenmotiv wurde Blasius zum Schutzherrn des Viehs, das man mit geweihtem Blasiuswasser besprengte oder tränkte oder mit geweihtem Wachs »würgte«. Aus dem 14. und 15. Jahrhundert berichten Quellen, daß man jungen Hühnern und Gänsen Blasiuswasser gab, damit sie der Fuchs nicht hole. In Schwaben wurden am Blasiustage die Pferde in oder an die Tür von Blasiuskapellen geführt und gesegnet; in Rottenburg ließ man sie an seinem Feiertag zur Ader.

Als fürbittemächtiger Nothelfer wurde Blasius darüber hinaus in vielen Nöten von manchen Ständen angerufen. Man betete zu ihm bei Zahnweh, Koliken, Geschwüren wie in Zeiten der Pest, und Ärzte erwählten ihn zu ihrem Schutzherrn. Patron der Hutmacher und Weber wurde er wohl wegen des bei seinem Martyrium erwähnten Kammes, den man auch als »Hechel« deutete. Und der Anklang seines Namens Blasius an blasen machte ihn zum Patron der Windmüller und der Bläser unter den Musikern. Vielleicht ist hier auch sein Patronat über Wind und Wetter einzuordnen, doch ist dabei sicher auch die Stellung des Festtages von Bedeutung gewesen, denn wie das einen Tag vorher begangene Lichtmeßfest gilt der Blasiustag als Ende des

Winters: »Der heilige Blasius macht den Winter aus.« Vereinzelt kennt man Frühlingsbegehungen, und von Luxemburg wie von den deutschen Sprachinseln in der Slowakei und in Siebenbürgen sind Heischegänge der Kinder überliefert.

Die sehr zahlreichen Darstellungen des volkstümlichen Nothelfers zeigen ihn als Bischof mit zwei gekreuzten Kerzen oder Kamm bzw. Hechel, wozu als weitere Attribute ein Knabe, ein Wolf oder ein Schwein treten können.

BRIGIDA VON KILDARE (1. Februar)

»Thaumaturga«, Wundertäterin, ist der wohl bezeichnendste der Ehrennamen, die man der hl. Brigida, der Patronin Irlands und »Maria der Gälen«, verliehen hat. Obwohl ihre erste Vita bereits im 7. Jahrhundert von Cogitosus, einem irischen Hagiographen und Mönch von Kildare, verfaßt wurde, so vermittelt sie uns ebenso wenig wie ein halbes Dutzend anderer Lebensbeschreibungen historisch-biographisch Faßbares, weil alle nahezu ausschließlich die Wunder der Heiligen zum Gegenstand haben.

Brigida – auch Brigit, Birgit(ta), Efraid, neuirisch Brighid (gesprochen Brīd), englisch Bride oder Bridget – wurde im Jahre 453 in Fochard (Faugher) in der alten Provinz Leinster als uneheliches Kind König Dubtachs und einer Sklavin geboren und wuchs auf einem Bauernhof auf. Schon früh von tiefer Religiosität erfüllt, wollte sie, wie das irische Proprium des Breviarium Romanum ergänzt, ihr Leben allein Gott weihen und bat ihn, als sie wegen ihrer Vorzüge viel umworben wurde, um Entstellung. Gott erfüllte ihre Bitte und ließ eines ihrer Augen erblinden. Mit 14 Jahren nahm sie den Schleier – dabei wurde ihr die volle Sehkraft wiedergeschenkt –, zog sich mit gleichgesinnten Gefährtinnen in die Einsamkeit zurück und errichtete eine Hütte unter einer großen Eiche. Hier gründete sie später das Kloster Cill Dara, Kildare (= Eichenkirche), ein Doppelkloster für Frauen und Männer.

Obwohl Brigida noch weitere Klöster gründete, blieb die Hauptstätte ihres Wirkens Kildare, wo sie eine Schule einrichtete (und dadurch zur Patronin der Schüler wurde) sowie den Brigittenorden ins Leben rief, der angeblich ursprünglich nach der Regel des hl. Patrick und in der Folgezeit nach der der regulierten Chorfrauen lebte, bis er von König Heinrich VIII. von England (1509–1547) aufgehoben wurde.

Besonders zeichnete Brigida sich als Äbtissin jedoch durch Wohltätigkeit und zahlreiche Wunder aus. Diese knüpfen oft an ihre Tätigkeit auf dem Bauernhof an, was die Grundlage für ihr Patronat über die Bauern und ihr Vieh bildete. Man hat dieses jedoch auch in Verbindung gebracht mit der gleichnamigen altkeltischen Muttergöttin Birgit, der Tochter des Götterfürsten Dagda, die auffällige Ähnlichkeiten mit der Heiligen aufweist.

Eine Reihe der Wunder Brigidas schildert Vermehrungen, wie die von Speisen, Malz, Gerste oder Met. Ferner erzählen sie von Ersatzvermehrungen: Obwohl sie das meiste ihrer Butter an Arme verschenkt hat, bleibt die gesamte Buttermenge erhalten. Ein anderes Mal werden ihr die zwei besten Eber ihrer Herde gestohlen, gleichwohl bleibt die Zahl der von ihr gehüteten Schweine vollständig. Mehrfach verwandelt sie Wasser, einmal in Milch, zweimal in Bier. Wieder ein anderes Mal läßt sie eine Quelle aus dem Boden sprudeln. Daneben kannte die volkstümliche Tradition Brigida bis in die Gegenwart als Besitzerin einer Wunderkuh oder einer Rinderherde. Weiter gibt sie einer Frau die Liebe ihres Mannes zurück und schenkt einem jungen Mann, der um diese Frau angehalten hat, die Liebe einer anderen Frau. Vielleicht hat diese Legende zum Patronat der Heiligen über Gebärende und Neugeborene geführt. In einem gewissen Gegensatz zu diesem Patronat steht die in alten Quellen überlieferte Befreiung einer nach einem Fehltritt schwangeren Nonne von ihrer Leibesfrucht durch ein Gebet Brigidas.

Als Brigida am 1. Februar 523 starb, wurde sie in der Klosterkirche von Kildare beigesetzt. Später wurden ihre Gebeine nach Downpatrick überführt, wo man sie 1185 zusammen mit den Leibern der beiden anderen irischen Nationalheiligen, Patrick und Kolumban, im Dom bestattete.

Sehr früh setzen die Zeugnisse für die Verehrung der hl. Brigida ein. Der wahrscheinlich älteste, aus dem 7. Jahrhundert stammende Hymnus in irischer Sprache zeigt in seiner überschwenglichen Lobpreisung ihre große Verehrung in Irland. Etwa zur selben Zeit bringen irische Missionare, die sogenannten Schottenmönche, den Kult der Heiligen über das Meer nach Frankreich, in die Niederlande, den Rhein aufwärts bis Süddeutschland und Oberitalien.

Bereits im 8. Jahrhundert gelangen Reliquien Brigidas in das elsässische Kloster Honau und von da nach Alt St. Peter in Straßburg, später nach Brügge und im 16. Jahrhundert nach Portugal: eine Hand nach Lumiar, das Haupt nach Belém bei bzw. in Lissabon, wodurch die Verehrung auch auf die Kanarischen Inseln übergriff.

In Irland wurde Brigida zur Patronin der Bauern, des Viehs, der Land- und Hauswirtschaft sowie der Wöchnerinnen und Kleinkinder. Ihr Brunnen in Connacht wurde von nah und fern aufgesucht, um Kindersegen zu erflehen. Daneben gibt es zahlreiche Quellen – allein in der Grafschaft Cetharlach (Carlow) zwölf –, die ihren Namen tragen.

Ihr Festtag war durch Arbeitsverbote geheiligt; es durfte sich kein Rad, namentlich kein Spinnrad, drehen. Früher fand an ihrem Festtag in Irland wie in Schottland und auf der Insel Man ein Umzug der Brigdeoc, der kleinen Brigida statt. Dabei nahm man meist eine Strohgarbe, sonst einen Butterstößel oder eine Lumpenpuppe, die man mit Tüchern oder Kleidungsstücken umhüllte und durch das Dorf trug.

Brigida gilt als Verkünderin des Frühlings, und ihr Festtag wurde ein wichtiger Lostag. In England legte die Hausfrau eine Puppe aus Haferstroh in einen Korb und daneben einen Stock. Am folgenden Morgen sah sie nach der Herdasche, und wenn sie darin Spuren des Brigittenstocks fand, nahm man das als Vorzeichen für eine gute Ernte und ein gesegnetes Jahr.

Auch außerhalb der britischen Inseln wurde Brigida zur

Beschützerin der Bauern und ihres Viehs. In Belgien holten die Bauern aus der Umgebung von Brüssel von Brigidakapellen geweihte Erde für sich und ihr Vieh, um gegen schädlichen Zauber zu schützen. In Wallonien verteilte man am 1. Mai in Fosses zu Ehren der Heiligen in der Kirche segenspendende Haselruten. In Amay wurde den aus der ganzen Umgebung am Brigidentag zur Messe geeilten Bauern ein Teller voller gesegneter Friedhofserde dargeboten. Auf dem Rand dieses Tellers waren Kühe, Schweine und andere Haustiere aufgemalt, die von jedem Bauern gestreichelt wurden. Von der Erde nahm man in seinem Schnupftuch etwas mit nach Hause und mischte sie unter das Viehfutter. In Huy in der Remigiuskirche wurde am 1. Februar eine Statue der Heiligen mit einer kleinen schwarzen Kuh ausgestellt, die die herandrängenden Bauern zu berühren suchten.

Aus Frankreich ist ein Gebet zur hl. Brigida aus dem 15. Jahrhundert überliefert, das ruckartige Bewegungen der Kühe beim Melken verhindern sollte. Im lothringischen Plappeville bei Metz gingen die Bauern am Brigidentag zur Kirche und hielten trockenes Kraut und Hafer an eine Statue der Heiligen. Dann gab man Mensch und Tier von diesen durch die Berührung geweihten Dingen zu kosten, um sie gegen Krankheiten und böse Geister zu schützen. In St. Avold baten die Mädchen die Heilige, ihnen zu einem Mann zu verhelfen.

Im deutschsprachigen Raum wurde Brigida ebenfalls zu einer hochverehrten Patronin der Bauern und ihres Viehs. In Süddeutschland wurde sie besonders für das Geflügel angerufen, weil der Legende nach Enten und Gänse zu ihr in die Einsamkeit geflüchtet sind. Im Rheinland dagegen wurde sie als Schutzherrin der Kühe angerufen. In der Südwesteifel betete man allabendlich: »Nau (nun) noch e Vaderonser zo Ihren der heilijen sant Brijitta, die hot der Kih (Kühe) Jewalt.«

In Tirol half ein Gebet zu ihr (neben Friedhofserde) gegen die »Vermeinung«, die durch Zauber verursachte Schädigung des Viehs. In Schwaben betete man die »Brigittenkrone«, die vor bösen Geistern schützen sollte. Dazu verwendete man auch Brigittenkreuze, die aus Stroh geflochten wurden und wie regelrechte Kreuze, Dreibeine oder Hakenkreuze geformt waren.

Dargestellt wird Brigida in der Regel als Äbtissin mit Stab und Regelbuch, wozu weitere, von ihrer Legende vorgegebene Attribute treten, wie Enten und Gänse, eine Kuh zu ihren Füßen, eine Scheune, die sich auf ihr Gebet hin gefüllt hat, oder eine abgehauene Hand, die durch ihre Fürbitte wieder anwuchs.

Häufig wird sie mit einem himmlischen Lichtstrahl oder einer Feuersäule über ihrem Haupt abgebildet. Dieses Attribut spielt auf die enge Beziehung der Heiligen zum Feuer an. Schon in einer altirischen Vita Brigidas wird zweimal berichtet, daß sich eine geheimnisvolle Flamme über dem Hause zeigte, in dem sie wohnte. Nach der Legende brannte zudem ihr zu Ehren in Kildare bis zum 12. Jahrhundert ein ewiges Feuer, das dann durch einen englischen Bischof gelöscht, jedoch neu entzündet wurde, bis es bei der Aufhebung des Klosters durch Heinrich VIII. endgültig erlosch. Man hat die Flamme aber auch in Verbindung gebracht mit ihrem Namen, dessen englische Form Bride ähnlich wie bright = hell, glänzend klingt, ferner mit dem Feuerbrauchtum des folgenden Lichtmeßtages wie mit dem der erwähnten heidnischen Göttin Birgit. Davon unabhängig sind die Darstellungen, auf denen Brigida eine Lampe oder Kerze in der Hand trägt, die auf die klugen Jungfrauen in der Heiligen Schrift deuten.

Auf volkstümlichen Darstellungen des 18. Jahrhunderts endlich finden wir Brigida dargestellt als Bauernmagd oder Hirtin mit den ihr anvertrauten Tieren.

CHRISTOPHORUS (24. Juli)

Der hl. Christophorus zählt zu den volkstümlichsten Heiligen des Morgen- und des Abendlandes. Und dennoch hatte er besondere Schwierigkeiten, sich im offiziellen Verzeichnis der Heiligen zu behaupten. Der Grund dafür liegt darin, daß wir gesicherte Angaben über sein Leben und über Zeit, Ort und Umstände seines Todes leider nicht besitzen. Doch gibt es ein verbürgtes Zeugnis für seine frühe Verehrung: eine Inschrift, nach der ihm bereits im Jahre 452 in Chalkedon eine Kirche geweiht worden ist.

Um so mehr weiß die Legende zu berichten, die sich über verschiedene Stufen zu ihrer heute geläufigen Form entwickelte. Im Anschluß an eine im Orient verbreitete gnostische Legende entsteht zunächst die Fassung vom hünenhaften Menschenfresser Reprobus (lateinisch für: der Verwerfliche) aus dem Geschlecht der Hundsköpfe (lateinisch: genere canineo), der mit der Taufe den Namen Christophorus erhält und nach grausamen Martern unter einem König Dagnus oder Decius in Sizilien (nach anderen um 250 in Lykien) den Tod erleidet.

Eine Reihe von weiteren, z. T. sich wandelnden Motiven unterschiedlicher Art und Herkunft treten im Laufe der Jahrhunderte hinzu und führen schließlich zu der Legendenform, wie sie uns im wesentlichen Jakobus de Voragine in seiner »Goldenen Legende« im 13. Jahrhundert erzählt.

Danach stammt Christophorus, vor seiner Taufe Reprobus geheißen, aus Kanaan (lateinisch: genere Cananeo). Er war von riesenhaftem Körperwuchs und großer Kraft und wollte deshalb nur dem Mächtigsten dienen. Deshalb tritt er zunächst in den Dienst des Königs, dann, als er feststellt, daß dieser den Teufel fürchtet, in den des Teufels. Doch muß er sehen, wie der Teufel einmal voller Furcht einem Kruzifix ausweicht und macht sich nun auf die Suche nach Christus. Wie Parzival wird er von einem Einsiedler im christlichen Glauben unterwiesen und wegen seiner Körperstärke mit der Aufgabe betraut, als Fährmann Pilger über den gefährlichen Fluß zu tragen. Dabei trägt er auch eines Tages ein kleines Kind über das Wasser, dessen scheinbar geringes Gewicht ihn dennoch immer tiefer in das Wasser drückt, so daß er nur mit großer Mühe das andere Ufer erreicht. Erschreckt denkt er, daß diese Last ihm so schwer wie die ganze Welt vorgekommen sei. Doch das Kind, das Christus ist, sagt zu ihm, er habe mehr als die Welt, nämlich ihren Schöpfer getragen. Christus tauft ihn dann, verleiht ihm den Namen Christophorus (griechisch für: Christusträger) und prophezeit ihm zum Zeichen, daß das Geschehene wahr sei, sein Stab werde blühen und Früchte tragen, was sich auch erfüllt.

Gerade im deutschen Raum zählt Christophorus seit dem Mittelalter zu den meistverehrten Volksheiligen und wird in die Schar der Vierzehn Nothelfer aufgenommen. Zu seiner sogar für das Mittelalter auffallenden Volkstümlichkeit hat besonders seine in der Legende erwähnte, von Christus verliehene Fürbittemächtigkeit beigetragen, so u. a. bei Hagelschlag und Unwetter aller Art, in Hungersnot und vor allem gegen Dämonen. Weil diese dafür verantwortlich gemacht wurden, bedeutete dies zugleich das Patronat gegen zahlreiche Krankheiten, so besonders gegen die Pest. Wegen der Macht über die Dämonen riefen ihn aber auch die Schatzgräber in durch Gerichtsprotokolle oft überlieferten Christophorusgebeten an, und in seinem Namen zu zaubern, nannte man »christoffeln«. Sein Name erscheint in zahlreichen Segen und Gebeten gegen Blitz, Hagelschlag, Dürre, auch in allgemeinen Wettersegen, in einem Viehsegen gegen Wölfe, in Segensgebeten gegen Räuber; gegen Fieber und Augenleiden wie, zusammen mit dem hl. Jakobus dem Älteren, mit dem er früher den Festtag teilte, in einer Weiheformel für Äpfel.

Aus seiner Legende erklären sich seine Patronate über die Gärtner, Lastträger, Schiffer und Flößer, über Fuhrleute und die Reisenden (dieses Patronat ließ ihn um die Jahrhundertwende zum Schutzherrn der Kraftfahrer werden).

Von größter Bedeutung für den Christophoruskult jedoch wurde sein »Privileg« gegen einen »bösen«, d. h. unvorbereiteten Tod. Unbußfertig zu sterben, erfüllte den mittelalterlichen Menschen mehr als den modernen mit beklemmender Furcht. Diese Furcht verband sich mit dem Glauben, daß bereits das andächtige Anschauen des Bildes des Heiligen mit Christus auf seinen Schultern vor einem »bösen« Tode bewahre. Das ist letztlich die Erklärung dafür, daß das Bild des Heiligen möglichst groß an sichtbaren Stellen angebracht wurde: in der Kirche gegenüber dem Eingang, aber auch, häufig in den Alpenländern, an der Außenseite der Kirchen, ebenso an Türmen, Burgen, Häusern, an Stadttoren, -mauern und Brücken. Jedermann wollte durch den Anblick des Heiligen vor dem furchtbaren Los, unbußfertig zu sterben, bewahrt bleiben. Die Gewißheit, daß das bloße Anschauen des Heiligen, auch auf Münzen oder Amuletten, ihn davon befreie, wird in zahllosen Sprüchen überliefert.

Darüber hinaus glaubte man sich schließlich vor allem Übel geschützt, wie ein Vers des Meistersängers Konrad Dangkrotzheim von 1435 zeigt: »Desselben Tags (24. Juli) solt'n han / Christoforum, den großen Mann, / Der Christum uff sine achseln treit (trägt); / Wer den ansicht, dem geschicht kein Leit / Des Tags, wo er sein antlit seit (sieht)«.

Dieses unerschütterliche Vertrauen, daß das bloße Ansehen des Jesuskindes auf den Schultern des Heiligen dieselbe Kraft habe wie der Anblick der Eucharistie selbst, verleiht

Christophorus eine einmalige Stellung unter allen Heiligen. Und wenn auch die Gefahr einer solchen Haltung, als ob das allein genüge, erkannt und z. B. mehrfach von Erasmus von Rotterdam scharf verurteilt wurde, so vermochte diese Kritik dem Glauben an die Fürbittemächtigkeit des so beliebten und sympathischen Heiligen damals nur wenig anzuhaben. Immerhin hat die schöne Legende um Christophorus – bisweilen treffen Legenden die Wahrheit sogar scharfsichtiger als die geschichtliche Wirklichkeit – einen sehr tiefen Sinn.

Christophorus wird in der darstellenden Kunst als mächtiger, kraftstrotzender Riese abgebildet. Auf einen großen knorrigen Ast gestützt, trägt er auf seinen breit ausladenden Schultern das Jesuskind. Und kaum ein Heiliger ist uns in seinem Anblick – in überlebensgroßen Darstellungen innerhalb und außerhalb von Gotteshäusern und auf den kleinen geweihten Plaketten ungezählter Autofahrer – so vertraut wie gerade Christophorus.

DOROTHEA (6. Februar)

»Dorothea«, die »von Gott Geschenkte«, ist eine der ungezählten christlichen Blutzeugen, die in der durch das Edikt Kaiser Diokletians (284–305) vom 23. Februar 303 ausgelösten Christenverfolgung ihr Leben verloren haben.

Wie bei anderen Märtyrern der Frühzeit, bei denen wir oft nur Namen und Martyrium als historisch gesichert annehmen dürfen, hat auch bei Dorothea erst die Legende ein farbig lebendiges Lebensbild geschaffen und damit den Grundstein für die spätere volkstümliche Verehrung gelegt. Sie liegt in einer Vielzahl recht unterschiedlicher Fassungen vor und erzählt in der Form, der wir folgen, daß Dorothea die schöne und tugendhafte Tochter einer Senatorenfamilie zu Kaisareia (Caesarea) in Kappadokien war. Als sie sich weigerte, den heidnischen Göttern zu opfern, ließ sie der neuangekommene kaiserliche Statthalter Apricius verhaften und vor Gericht stellen. Sie blieb standhaft und wurde darauf zwei vom Glauben abgefallenen Frauen, Chrysta und Callista, übergeben, die sie abtrünnig machen sollten. Statt dessen jedoch gewann Dorothea die beiden erneut für Christus, und sie sühnten ihren zeitweiligen Abfall durch ein neuerliches Bekenntnis für den Erlöser und mit dem Martertod im Feuer. Dorothea aber wurde auf die Folter gespannt, mit Geißeln geschlagen, mit Fackeln gebrannt und, als all dies ihren Willen nicht beugen konnte, zur Enthauptung verurteilt.

Es war ein schneidend kalter Wintertag, an dem Dorothea im Schneegestöber zum Richtplatz geführt wurde. Heiter und gelassen wies sie die sie begleitenden traurigen Freunde auf den trostlosen Anblick hin und gab ihrer Freude Ausdruck, bald im paradiesischen Garten ihres Bräutigams

Christus zu sein. Das hörte zufällig ein junger Advokat, Theophilus, der sie daraufhin spöttisch bat, ihm aus dem Paradiesgarten einige Früchte und Blumen zu senden. Sie sagte dies ernsthaft zu, und als sie an der Richtstätte ihr letztes Gebet verrichtete, stand plötzlich ein Knabe im Purpurmantel und mit Sternen in den Haaren vor ihr, in den Händen ein Körbchen mit Rosen und Äpfeln. Dorothea schickte ihn damit zu Theophilus, der das Körbchen erhielt, während ihr Haupt unter dem Schwert des Henkers fiel. Unter dem Eindruck dieses Erlebens bekehrte Theophilus sich zum Christentum und wurde ebenfalls enthauptet.

In Rom und Bologna, wo man Reliquien der Heiligen verehrt, segnete man, an die Legende anknüpfend, am Festtag der Heiligen zu ihren Ehren Blumen und Früchte.

Während Dorothea in der Ostkirche keine Verehrung erfahren hat, läßt sich ihr Kult im Abendland bis ins 7. Jahrhundert zurückverfolgen. Ihr Name fand Eingang in das Martyrologium Hieronymianum und dann in alle Martyrologien. Eine besonders lebhafte Dorotheenverehrung mit einer Blütezeit vom 14.–16. Jahrhundert hat sich in Deutschland entwickelt. Das hat seinen Grund in einer bestimmten Stelle der Legende: Als man Dorothea zur Richtstätte führte, bat sie den Herrn, er möge alle, die das Gedächtnis seines Leidens hochhielten, von allen Beschwernissen, besonders von Schande, Armut und falscher Anklage befreien und ihnen am Ende ihres Lebens den Nachlaß aller Sünden gewähren; ferner möge er den Frauen, die in Geburtswehen ihren Namen anriefen, schnelle Erleichterung zukommen lassen. Auf diese Bitte habe man eine Stimme vom Himmel gehört: »Komm, meine Auserwählte; alles, was du begehrst, hast du erlangt!« Dieser Zug der Legende bewirkte, daß Dorothea wegen ihrer allgemeinen Fürbittekraft vielerorts den Vierzehn Nothelfern zugerechnet und allgemein in vielen Anliegen angerufen wurde. Sie wurde im besonderen

Patronin der Wöchnerinnen, Neuvermählten und Gärtner, ferner der Brauer und Bergleute.

In Deutschland wurde Dorothea vor allem im Norden und Nordosten verehrt, wobei sicherlich die Namensgleichheit mit Dorothea von Montau eine Rolle gespielt hat, die am Festtag der hl. Dorothea von Caesarea, am 6. Februar 1337, geboren wurde und nach ihrem Tod am 25. Juni 1397 zur Patronin des Deutschen Ritterordens und des Ordenslandes Preußen wurde. Die Häufigkeit des Namens Dorothea als Taufname in Brandenburg, Mecklenburg und Pommern deutet eher auf Dorothea von Montau hin, doch war und ist der Name auch im Westen und Süden des deutschen Sprachgebietes sehr beliebt, wo die Verehrung der hl. Dorothea von Caesarea überwiegt.

Bildliche Darstellungen der Heiligen finden wir seit dem frühen 14. Jahrhundert außer in Frankreich in ganz Europa, gehäuft im deutschen Raum. Dargestellt wird Dorothea meist als Jungfrau mit Schwert, Palme, Krone und Lilie sowie mit einem Körbchen voller Rosen und Äpfel, und oft steht neben ihr der himmlische Botenknabe, der das Körbchen gebracht hat.

FLORIAN (4. Mai)

»Heiliger Sankt Florian, / Schütz unser Haus, zünd andre an!« lautet ein bekannter, nicht eben christlich klingender oder auch nur ernst gemeinter Spruch, mit dem sich meist das Wissen um einen Heiligen erschöpft, der besonders in Bayern und Österreich hoch verehrt wird und zum Schutzheiligen Oberösterreichs geworden ist.

Die Lebensgeschichte entstand zwischen dem 5. und 9. Jahrhundert und wurde bis zum 16. Jahrhundert um Ausschmückungen bereichert; sie ist stark mit legendären Zügen durchsetzt, doch im Kern historisch. Danach ließ während der letzten großen Christenverfolgung unter Diokletian um 304 der Statthalter der römischen Provinz Norikum (Oberösterreich), Aquilinus, in seinem Amtssitz Lorch an der Enns vierzig Soldaten wegen ihres Glaubens einkerkern. Aus Sorge um seine Glaubensbrüder eilte Florian, der angeblich aus Zeiselmauer stammende Vorstand der Kanzlei des Statthalters, zu ihnen, ermahnte sie zur Standhaftigkeit und bekannte sich selbst öffentlich als Christ. Der Statthalter ließ ihn sofort ergreifen und grausam foltern.

Als diese Martern Florian nicht in seinem Glauben zu erschüttern vermochten, wurde er dazu verurteilt, in der Enns ertränkt zu werden. Ein großer Stein wurde um seinen Hals gehängt; ein junger Mann, der sich vor dem Statthalter hervortun wollte, stieß Florian in den Fluß, erblindete jedoch, als er sein Opfer ertrinken sah.

»Der Fluß aber erschrak«, fährt die Legende fort, »da er den Märtyrer Christi empfing, und mit gehobenen Wogen legte er seinen Leichnam auf einen hervorragenden Felsen. Dann kam auf Gottes Befehl ein Adler und schützte ihn mit ausgebreiteten Flügeln. Aber der heilige Florian erschien in einer Vision einer gottergebenen Matrone und zeigte ihr den Ort, wo sie ihn begraben sollte. Auf die Mahnung dieses Gesichtes spannte nun die Frau sogleich die Zugtiere an, fuhr zum Flusse, barg den Toten unter Reisig und führte ihn zum Begräbnisorte. Doch als die Ochsen ermatteten, bat die Frau zitternd den Herrn, ihr zu helfen, und sogleich entsprang eine reiche Quelle, und die erquickten Tiere führten ihn zu jenem Ort, und sie begrub ihn.«

Der Name der Matrone wird mit Valeria überliefert; der Ort seines Grabes ist das nach dem Heiligen benannte Augustiner-Chorherrenstift St. Florian bei Linz. Der letzte Zug der Legende ist im übrigen ein weitverbreitetes Wandermotiv, denn die Legende läßt auch die Leichname zahlreicher anderer Heiliger von Ochsengespannen zu ihrem Begräbnisort ziehen, so den der hl. Notburga durch den Inn, den des hl. Koloman durch die Donau oder den des Bruders Ulrich in Binswang durch den Lech.

Der Ort seines Martyriums und das Motiv der aufbrechenden Quelle weisen Florian zunächst eher als einen »Wasserheiligen« aus, dem eine Reihe von »Florianbründln« geweiht sind, so in seinem Begräbnisort St. Florian wie in Japons, Ludweishofen und Enns. Angerufen wurde er deshalb auch bei Hochwasser, Sturm und Wassersnot wie bei Sonnenbrand und Dürre.

Allerdings ist nicht sicher zu sagen, wie weit eine Wechselbeziehung zwischen seinem Patronat über das von ihm beherrschte Wasser und dem bekannteren gegen Feuersgefahr besteht.

Wie Florian zu seinem aus der Legende nicht ableitbaren Patronat gegen die Feuersgefahr gelangte, ist nicht mit Sicherheit zu entscheiden. Man hat an eine Verwechslung mit dem hl. Florin geglaubt, der im 7. Jahrhundert gelebt hat und zweiter Patron des Bistums Chur und Schirmherr des Unterengadins und des Vintschgaus war.

Möglicher scheint eine Übernahme des Feuerpatronats vom hl. Laurentius, dem älteren Feuerpatron, mit dem zusammen Florian in der Kirche von Lorch verehrt wurde, in deren neuem Hochaltar die wiederaufgefundenen Reliquien derer ruhen, die mit Florian den Märtyrertod erlitten haben. Ein Indiz dafür könnte eine Stelle in Luthers Werk »Der zehen Gebot ...« von 1520 sein, wo er schreibt: »Doch hat man jm (Laurentius) auch ein gesellen zugeben, Florianum, des namen vnd leben nihmant bekannt ist, anderst dann das man jn fint, wie er das wasser vfgüsst in das brennende huss.«

Diese Annahme kann man stützen, wenn man die bildlichen Darstellungen des Heiligen hinzuzieht.

Als Feuerpatron wurde Florian zu einem sehr stark verehrten Heiligen, von dessen Volkstümlichkeit allein in Österreich sechzehn Kultstätten zeugen, die das Ziel zahlloser Bittfahrten und Prozessionen sind. Besonders bekannt ist die nach Straßgang, die als Wallfahrtsfest der Grazer wegen der großen Feuersbrunst im Jahre 1670 gefeiert wird. Aber auch in Bayern, wo er wie in Österreich Patron gegen Feuersgefahr ist, und ebenso in Polen, Schlesien und Böhmen verehrten ihn die Menschen mit Prozessionen. Er wird in Feuersegen angerufen, und Sprüche an den Häusern erflehen seine Hilfe.

Wegen des Feuerpatronats wurde Florian auch zum Patron der Schornsteinfeger, Köhler, Branntweinbrenner, Töpfer, Zinngießer und vor allem der Feuerwehr. An seinem Festtage finden vielerorts Feuerwehrfeste (Floriansberg bei Graz) oder -spiele (Schlägl, Oberösterreich) statt. Bei den damit verbundenen Übungen oder Vorführungen bespritzte man früher mancherorts jedes Haus, um es vor Brand zu schützen.

Ehedem wurden am Tage des hl. Florian, je nachdem, ob er als Wasser- oder Feuerpatron verehrt wurde, eine Reihe von Verboten beachtet. So durfte man kein Wasser in die Küche tragen, weil sonst eine lästige Fliegenplage zu befürchten war. Man durfte am Festtage selbst oder am Tage davor kein Feuer in den Häusern anzünden oder rauchen, oder jedenfalls nicht vor einer bestimmten Stunde des Tages. In drei Häusern der Pfarrei St. Marien, unweit St. Florian, machte man weder Feuer noch Licht, bis einer aus den drei Häusern dem Heiligen ein Opfer dargebracht hatte. Am Florianstage hatte man stets gern wenigstens etwas Regen, weil es dann weniger Brände gäbe.

Vereinzelt wurde Florian in anderen Anliegen angerufen, so um einen Mann zu bekommen oder um Kindersegen; und in Unterkärnten bringt sein Tag den Frühling und das mit Eierheischen verbundene Floriansingen.

Dargestellt wird der Heilige als römischer Legionär mit Wasserschaff, Feuer oder brennendem Haus, manchmal mit einem Mühlstein um den Hals. Ältere, so zwei überlebensgroße Statuen des 13. Jahrhunderts, zeigen Florian als Krieger mit Herzogshut, Fahne und Schwert, wobei die Attribute ihn als österreichischen Landesheiligen kennzeichnen. Noch im Jahre 1486 werden ihm dieselben Attribute auf einem Glasgemälde in der St.-Leonhardskirche zu Pesenbach zugeeignet. Aber bereits aus dem folgenden Jahr 1487 besitzen wir einen Flügelaltar in der Kunstkammer von St. Florian, wo er ein brennendes Haus löscht. Und bald danach malt man Florian allenthalben, wie er löschend aus einem Kübel Wasser auf ein brennendes Haus schüttet; ein Bild, das jedem durch unzählige Beispiele vor allem an bayerischen und österreichischen Häusern vertraut ist.

GEORG (23. April)

Verwunderung, ungläubiges Staunen, ja Betroffenheit befiel zahllose Katholiken, als sie nach der Reform des Heiligenkalenders feststellen mußten, daß eine Reihe vertrauter und liebgewordener Namen endgültig oder vorübergehend verschwunden waren, unter denen sich auch der in der Volksfrömmigkeit bedeutende des hl. Georg befand. War alles falsch gewesen, was man bisher gewußt oder zu wissen geglaubt hatte?

Wenn man dabei an den jugendlichen Helden und Drachenbezwinger denkt, so entspricht dieses Bild wirklich mehr einem Symbol als der historisch fundierten Überlieferung. Denn gesichert scheint seine Gestalt nur durch die frühe kultische Verehrung in Nydda, während die in zahllosen Varianten überkommene Legende kaum geschichtlich Greifbares bietet.

Im 5. Jahrhundert entstanden, erzählt sie, daß Georg aus einem vornehmen Geschlecht in Kappadokien in Kleinasien stammte, Offizier unter Kaiser Diokletian wurde und, vermutlich um das Jahr 303, unter grausamsten Qualen den Märtyrertod erlitt. Christus selbst habe ihm ein siebenjähriges Leiden vorausgesagt mit dreimaligem Tod und dreimaliger Auferstehung. Diese bis ins kleinste Detail ausgemalte Leidensgeschichte war so beliebt, daß sie bald in griechischer, lateinischer, armenischer, syrischer, koptischer und ägyptischer Fassung vorlag und im Mittelalter ihren Weg in die abendländischen Sprachen fand.

Wie die Legende breitete sich auch der Kult des Heiligen schnell und weit aus. Schon seit Konstantin dem Großen gilt Georg im Orient als Groß- oder Erzmärtyrer. In Rußland, wo er besondere Verehrung genoß, befand sich sein Bild im kaiserlichen Wappen. Das Land zwischen dem Großen und Kleinen Kaukasus wurde nach ihm Georgien genannt, und die Dardanellen hießen zeitweilig Meerenge des hl. Georg.

Im Abendland läßt sich der Georgskult deutlich verfolgen seit der Zeit der Merowinger, die ihren Ursprung auf ihn zurückführen wollten; Frankreich, England und Deutschland weisen zahllose Beispiele der Georgsverehrung auf.

Einen erneuten Aufschwung nahm seine Verehrung, als seit dem 12. und 13. Jahrhundert das Drachenkampfmotiv, das Georg mit etwa 30 anderen Heiligen teilt und selbst wohl aus der Theodorlegende entlehnt hat, Eingang in seine Verehrung fand. Es ist verständlich, daß dieser Drachenkampf als Symbol für den Kampf gegen die Feinde Gottes und des Bösen schlechthin gerade in der Zeit der Kreuzzüge großen Anklang fand. Seit Richard Löwenherz ist Georg Patron der Kreuzritter, und zahlreiche andere Ritterorden stellten sich unter seine Schutzherrschaft.

Er wurde Patron der Ritter und Reiter allgemein, der Landsknechte und Soldaten, der Waffenschmiede und Büchsenmacher und in unserer Zeit der Pfadfinder. Wegen seines Namens (griech. Georgos = Landmann) wird er aber auch der Schutzherr der Bauern, vor allem ihres Viehbesitzes, namentlich der Pferde, doch oft auch, besonders wo der hl. Leonhard Pferdepatron ist, ebenso des anderen Viehs.

Als einer der mächtigsten Fürbitter wurde er einer der Vierzehn Nothelfer. Spitäler unterstellten sich seinem Schutz ebenso wie einzelne Kranke, unfruchtbare Frauen riefen ihn um Kindersegen an; ferner ist er Patron gegen Schlangenbiß, gegen Syphilis, Pest und Aussatz.

Das Brauchtum des Georgstages deutet, vor allem im Osten, auf den Heiligen als Frühlingsbringer. Im deutschen Westböhmen richtete man einen Maibaum vor dem Wirtshaus auf. Im Innviertel steckte man Frühlingszweige an die

Fenster. Wir finden Heischeumzüge der Jungen überliefert, Flurgänge wie am Markustag, und in manchen Gegenden wird das Vieh zum ersten Mal wieder auf die Weide getrieben.

Von besonderer Bedeutung im Brauchtum sind die durch das Pferdepatronat bedingten Georgiritte, die wie die szenischen Darstellungen des Drachenstiches jedoch nicht an den Festtag allein gebunden sind.

Für die herausgehobene Stellung des Tages spricht ferner, daß der Georgstag der Termin für den Gesindewechsel und für bestimmte Zahlungen war.

Abgebildet wird der hl. Georg auf frühen Darstellungen, vor allem des Ostens, als Krieger zu Fuß. Seit dem 12. Jahrhundert erscheint er häufiger als Drachentöter zu Pferde, und diese Art der Darstellung setzt sich immer mehr durch, gefördert seit dem 13. Jahrhundert durch die im ganzen Abendlande weitverbreitete und gern gelesene »Goldene Legende« des Jakobus de Voragine. Als einen letzten Typus kann man die bildlichen Darstellungen anführen, die ihn mit dem Drachen als Triumphator und Nothelfer zeigen: so, wie er – ungeachtet aller historischen Wahrheit – im Bewußtsein des Volkes bis heute lebt.

GERTRUD VON NIVELLES (17. März)

»Die hl. Jungfrau Gertraud wird jederzeit als eine Äbtissin mit einem Stab entworffen, an welchem etliche Mäuss aufkriechen, die Ursach dessen such der Leser in der Lebensbeschreibung erstbenannter Heiligen, diessmahls ist das schon genug, daß die Bildnuss besagter H. Gertraud niemahlen ohne Mäuss vorgestellt wird.«

So schreibt der bekannte volkstümliche und wortgewaltige Prediger und Augustinermönch Abraham a Sancta Clara (1644–1709) in seinem Werk »Judas der Erzschelm« (1686–95). Man wird allerdings in der historischen Lebensbeschreibung vergeblich suchen, wie die Heilige zum Attribut der Maus, zu der oft noch Spinnrocken oder Spinnrad treten, gelangt ist.

Gertrud wurde am 6. Januar 626 geboren. Ihr Vater war Pippin der Ältere, nach jüngeren Quellen Pippin von Landen genannt, Stammvater der Karolinger und Hausmeister (Majordomus) Dagoberts I., ihre Mutter die hl. Iauberga (Itta).

Die Hinwendung zum Christentum ließ Gertraud oder Gertrud bereits in früher Jugend eine glänzende Heirat ausschlagen und in das von ihrer Mutter gestiftete Kloster Nivelles, fünf Stunden von Brüssel entfernt, eintreten, dessen Äbtissin sie 652 wurde. Sie war ausgezeichnet durch große Schriftkenntnis, strenges Fasten und außerordentliche Milde gegen Arme und Reisende. In ihrem Kloster unterhielt sie ein Gasthaus zur Aufnahme von Pilgern und Wanderern. Anderswo ließ sie Hospitäler errichten. Sie starb, geschwächt durch beständiges Fasten und Nachtwachen, bereits 659 im Alter von nur 33 Jahren.

Der Kult der Heiligen blühte im ganzen Mittelalter, vornehmlich in Nordwesteuropa und Skandinavien, hier als Spitalpatronin von Hansegilden besonders bei Seuchen angerufen, und wurde von irischen Missionaren auch nach dem Süden, vor allem nach Tirol, getragen.

Um ihre Verbindung zu der oben erwähnten Maus zu finden, müssen wir auf die Legende zurückgreifen. Nach ihr nämlich soll der Teufel – in Gestalt einer Maus – die hl. Gertrud, freilich vergebens, beim Spinnen zur Ungeduld und zum Zorn gereizt haben. Und weil sie durch Gebet und Geduld diese Teufelsmaus vertrieben habe, heißt es, sei sie zur Patronin gegen diese Schädlinge überhaupt geworden.

Gegen Mäuseplagen ist die hl. Gertrud in der Tat oft angerufen worden. Im Jahre 1759 zum Beispiel zogen die Ackerbauern und Gemüsegärtner von Köln in einer Prozession von St. Kunibert nach St. Gertrud am Neumarkt, »wegen der mäuss«. Und im Jahre 1822 opferten die Bauern bei einer großen Mäuseplage am Rhein zu Ehren der hl. Gertrud goldene und silberne Mäuse. Das Wasser aus dem Brunnen in der Klosterkrypta von Nivelles goß man in die Mäuselöcher im Haus oder auf den Feldern, um die Plagegeister zu vertreiben. In den Ardennen steckte man Zettel mit Anrufungen der Heiligen in die Mäuselöcher.

Das Patronat gegen die Mäuse hängt mit dem Volksglauben zusammen, den man ebenso zu anderen Terminen findet, daß dem, der ein Arbeitsverbot mißachtet, Werg und Spindel zerstört werden. Ein solches Arbeitsverbot aber zeichnet den Gertrudentag als Frühlingstermin aus, der den Winter beendet und damit auch das Spinnen. So heißt es in der satirischen »Geschichtsklitterung« des Johann Fischart (ca. 1546–1590) aus dem Jahre 1575, die als volkskundliche Quelle von großer Bedeutung ist: »St. Gertraut mit Mäusen / die den Mägden das Werck abbeißen«. Ähnlich deuten andere Sprüche das Ende des Spinnens an, z. B.: »Gertrud mit der Maus / treibt die Spinnerinnen aus«.

Für die Spinnerinnen war der 17. März in vielen Landschaften Feiertag, an dem die Heilige durch Umzug und Frühlingsmahl, bestehend aus Milch, Butter, Eiern, Speck und Weißbrot, geehrt wurde.

Als Frühlingsbotin ist Gertrud, die man auch Sommerbraut oder erste Gärtnerin nennt, unter den anderen Frühlingsheiligen besonders beliebt. Ihr Tag wurde daher in den Wetterregeln ein wichtiger Lostag: »Ist's Gertrud sonnig / wird's dem Gärtner wonnig«.

Gern wird deshalb bis heute der 17. März als erster Tag für die Arbeit in Feld und Garten gewählt. Auch für die Tiere beginnt eine neue Zeit: »Es führt St. Gertraud / die Kuh zum Kraut / die Pferde zum Pflug / die Bienen zum Zug«. Dazu paßt es, daß Vögel wie der Storch oder der Kuckuck auch Gertrudenvögel genannt wurden.

Zahlreiche Wunder, von denen die Legende berichtet, sowie Gebetserhörungen machten die hl. Gertrud zu einer beliebten Nothelferin. Sie heilt Kranke, rettet Gefangene oder dem Teufel Verfallene und versöhnt Streitende. Besonders verehrt wird sie von Wanderern und von Seefahrern. Das letztgenannte Patronat stützt sich auf den Legendenzug, nach dem einige ihrer Klostergemeinde in ein fernes Land geschickt wurden mit der Zusicherung, daß sie wohlbehalten ihr Ziel erreichen würden. Plötzlich sei ein Seeungeheuer erschienen, das ihr Schiff umzuwerfen drohte. Als die Besatzung jedoch den Namen ihrer Herrin gerufen hätte, sei das Untier verschwunden.

In älteren deutschen Ausfahrtssegen wird die Heilige um gute Herberge angerufen, und es wurden ihr zahlreiche Spitäler geweiht, in Deutschland besonders häufig in Mecklenburg. Auf ihr Patronat als Schutzherrin der Reisenden gründet sich der seit dem 11. Jahrhundert belegte Brauch der Gertrudenminne. Diese war zunächst nur ein Abschiedstrunk, den man vor der Reise genoß, damit die Fahrt ein glückliches Ende nehme: varn mit sant Gertrude minne.

71

Später trank man ihn auch zur Versöhnung nach einem Streit als Friedenstrunk. Während dieser Brauch für das 11. und 12. Jahrhundert häufig belegt ist, wird er später von der kirchlich allein anerkannten Johannisminne völlig verdrängt.

Als Reisepatronin wird die hl. Gertrud auch für die letzte Reise, die Fahrt ins Jenseits, angerufen; und nach alter Überlieferung beherbergt sie als Patronin der Herbergen die abgeschiedene Seele in der ersten Nacht, St. Michael sie in der zweiten, und erst in der dritten Nacht geht sie dorthin, wohin sie der Richterentscheid bringt. Ihr und Michael sind deshalb zahlreiche Friedhofskapellen geweiht worden. In diesem Zusammenhang muß man noch einmal auf das Attribut der Maus zurückkommen. Dem alten Volksglauben nach verläßt die Seele den Körper in Gestalt einer Maus, so daß das Attribut unter diesem Aspekt eine noch größere Bedeutung gewinnt. Ihr Name, zusammengesetzt aus Ger = Speer und Trude = dämonisches Wesen, sowie ihre Attribute Spinnrocken und Maus mit dem gerade erwähnten Bedeutungshintergrund und schließlich ihre Beziehung zum Frühling haben dazu beigetragen, daß man die Heilige häufig in Verbindung mit Gestalten der germanischen Mythologie, besonders mit Freya, gebracht und sie zu Unrecht als deren christliche Ablösung dargestellt hat.

Irrtümlich führte man endlich auch die sogenannten Gertrudenbüchlein, Zauberbücher zum Schatzheben, Beschwören u. ä. auf sie zurück. Hier liegt jedoch eine Verwechslung mit Gertrud der Großen von Helfta (bei Eisleben; 1256–1302) vor, die in nachmittelalterlicher Zeit als »Schatzmeisterin« ebenfalls volkstümliche Verehrung genoß, aber nicht in dem Maße wie »unsere« Gertrud von Nivelles. Doch Glaube und Brauch konnten sich hier fälschlicherweise an sie als an die bekanntere heften.

GREGOR DER GROSSE
(3. September; früher 12. März)

Gott beruft manche Menschen auf ungewöhnlichen Wegen. Eine solche Gestalt ist Gregor der Große. Die Kirche feierte das Fest dieses heiligen Papstes früher am 12. März, heute begeht sie es am 3. September.

Den meisten Zeitgenossen ist er – wenn überhaupt – dadurch bekannt, daß der »Gregorianische Choral«, diese vornehmlich von den Mönchsorden gepflegte kirchliche Gesangsweise, auf ihn zurückgeht. Zumeist ist sie nur noch den Älteren unter uns bekannt – und auch das nur durch ein paar allgemeine Meßgesänge wie Kyrie, Gloria, Credo, Sanctus und Agnus Dei. Die Jüngeren wissen oft kaum noch davon, weil der »Gregorianische Choral« seit dem Konzil durch die deutschsprachige Liturgie zurückgedrängt wurde. Nur in einschlägigen Musikalienhandlungen finden wir heute noch die überlieferten Choralgesänge der Mönchsabteien auf Schallplatten, wenn wir die Klöster nicht selbst aufsuchen. Wer war nun Gregor der Große? Um das Jahr 540 geboren, wurde der einer angesehenen römischen Senatorenfamilie entstammende Gregor bereits mit etwas über 30 Jahren zum höchsten Zivilbeamten Roms, zum Präfekten, erhoben. Doch nach dem Tode seines Vaters wandelte er den ererbten Palast in ein Benediktinerkloster um und trat etwa 575 dort ein. Papst Pelagius weihte ihn zum Diakon und schickte ihn als Gesandten zum Hofe des Kaisers von Konstantinopel. 585 kehrte er in sein Kloster zurück, wurde Abt und nach dem Tode des Papstes 590 zu dessen Nachfolger gewählt.

In einer von Langobardeneinfällen, Seuchen und Hungersnot überschatteten Zeit war sein vielfältiges Wirken so überragend, daß er zu Recht den Beinamen »der Große« erhielt. Geschickt ordnete er den Grundbesitz der Kirche und legte damit den Grundstein zum Kirchenstaat. Mit den Langobarden kam er zu einer Einigung, die den Status quo sicherte. Zugleich bemühte er sich um gute Beziehungen zum Frankenreich und zum Westgotenreich in Spanien, das sich 586 zum Arianismus abgewandt hatte.

Von besonderer Bedeutung war, daß Gregor 596 den Abt Augustinus mit 39 Mönchen nach England schickte, um die Angelsachsen zu missionieren, die ihrerseits später Missionare, Bonifatius an der Spitze, nach Deutschland sandten. Richtungweisend war die weise und einfühlsame Art, mit der Gregor die Missionare vorgehen ließ. Sie sollten zwar kompromißlos den Inhalt der christlichen Lehre verkünden, die dem Volke vertrauten Kultformen jedoch dabei schonen. Dazu heißt es in einem Briefe Gregors vom 16. Juni 601 an den fränkischen Abt Mellitus: »Man soll die heidnischen Tempel nicht zerstören, sondern nur die Götterbilder daraus entfernen. Man soll die Tempel mit Weihwasser besprengen, Altäre in ihnen errichten und Reliquien hineintun. Man muß sie, soweit sie gut gebaut sind, von dem Götzendienst zur Verehrung des wahren Gottes überführen, damit das Volk seine Andachtsstätten erhalten sieht und nach Ablegung seines Irrglaubens sich willig in ihnen versammelt, da es an sie gewöhnt ist. Und weil die Angelsachsen bei ihren Götzenopfern Tiere schlachten, so muß man auch das zu einem christlichen Brauch umgestalten. Es sollen keine Teufelsopfer mehr sein, sondern sie sollen die Tiere zur Ehre Gottes schlachten und sie beim kirchlichen Festmahl in Dankbarkeit gegen den Spender aller guten Gaben selbst verzehren. Sie mögen am Tage der Kirchweihe und selbst am Gedächtnistage der Schutzheiligen, deren Reliquien in den Kirchen ruhen, aus Baumzweigen Hütten um die früheren Tempel machen und darin feiern. Denn wenn ihnen auch äußere Freuden bleiben, werden sie um so leichter die innere Freudigkeit empfinden. Den ungeschulten Seelen alles Alte nehmen, ist nicht möglich. Jeder, der die höchste Stufe erreichen will, steigt Stufe für Stufe, nicht aber auf einmal hinauf.«

Auch Gregors theologische Schriften, die ihn zum vierten großen Kirchenlehrer neben Augustinus, Hieronymus und Ambrosius machen, zeichnen sich durch Praxisnähe aus und wurden gern benutzte Hilfsmittel.

Einen bedeutenden Rang endlich nimmt Gregor in der Liturgiegeschichte ein durch seine Meßreform und – wie schon angedeutet – durch die endgültige Gestaltung des nach ihm benannten Kirchengesanges, des Gregorianischen Chorals.

Persönlich ist Gregor durch Einfachheit und Demut gekennzeichnet, die ihn sich selbst als »servus servorum Dei«, Diener der Diener Gottes, bezeichnen ließ. Er lebte klösterlich einfach und wurde durch seine Mildtätigkeit zum Vater der Armen. Zeit seines Lebens von schweren Krankheiten heimgesucht, konnte er seit 599 sein Krankenlager nicht mehr verlassen und wurde am 12. März 604 von seinen Leiden erlöst.

Das Brauchtum des Tages war früher gekennzeichnet dadurch, daß einer der Nachfolger des Heiligen, Gregor IV., ihm als Schulpatron zu Ehren ein Schulfest stiftete, das allerdings ein antikes Vorbild im römischen Schulfest der Minervalia am 20. März hatte. Die – manchmal verkleideten – Schüler, besonders in Mittel- und Süddeutschland, begingen das Fest mit fröhlichen Umzügen, die oft die Züge eines Frühlingsfestes besaßen, bei dem der Frühlingsmai aus dem Walde eingeholt wurde. Das erklärt sich dadurch, daß bis zur Kalenderreform Gregors XIII. 1582 auf die Zeit um den Gregoritag die Frühlings-Tagundnachtgleiche fiel.

Dargestellt wird der bald nach seinem Tode hochverehrte Heilige als Papst mit der Tiara auf dem Haupte; eine weiße Taube schwebt gegen sein Ohr, weil der Legende nach der Heilige Geist ihn besonders erleuchtet hat. Von den anderen Arten der bildlichen Darstellungen, die meist auf Legenden zurückgehen, sei nur noch die sogenannte Gregorsmesse erwähnt. Bei diesem Bildtyp sehen wir, wie Gregor eine Messe liest, bei der – auf Grund einer Vision, die er in der Kirche S. Croce in Gerusalemme in Rom hatte – Christus zum Beweis seiner wirklichen Präsenz in Brot und Wein als oft sehr realistisch dargestellter Schmerzensmann über dem Altar erscheint.

HEDWIG VON ANDECHS (16. Oktober)

»Keine auch noch so harten Schicksalsschläge waren im-
stande, ihr starkes Gemüt zu erschüttern. Nichts in aller
Welt vermochte sie von ihrem einmal gefaßten Entschluß
abzubringen, ein Leben in Lauterkeit zu führen.«
Mit diesen Worten charakterisiert Papst Klemens IV. in
seiner Heiligsprechungsbulle vom 26. März 1267 eine ungewöhnliche, bedeutende Frau, die hl. Hedwig, über deren
vielschichtige Persönlichkeit wir im wesentlichen durch
die 1300 vollendete »Große Legende« (Legenda maior) in-
formiert sind.
Hedwig wurde, wohl 1174, auf Schloß Andechs am Ammer-
see geboren als zweite Tochter des Grafen Berthold IV. von
Andechs, der 1180 auch Markgraf von Istrien und Herzog
von Meran, Dalmatien und Kroatien wurde, und seiner
Gemahlin Agnes von Groitzsch aus dem Hause Wettin. Die
Bedeutung der Familie kann man an der späteren Stellung
ihrer acht Geschwister ablesen: Von ihren vier Brüdern
wurde Otto Pfalzgraf von Burgund, Heinrich Markgraf von
Istrien, Ekbert Bischof von Bamberg und Berthold Patriarch
von Aquileja. Von den vier Schwestern wurde Agnes Königin von Frankreich, Gertrud Königin von Ungarn, Mechthild Äbtissin in Kitzingen, und die vierte, namentlich nicht
bekannte, heiratete einen serbischen Prinzen.
Im Alter von sechs Jahren kam Hedwig zur weiteren Erziehung und Ausbildung in das Benediktinerinnenkloster Kitzingen am Main, wo sie sich nach dem Bericht der Legende
besonders in das Studium der Bibel vertiefte, die zeitlebens
ihr treuer Begleiter blieb. »Von ihrer Jugend an besaß sie
einen gereiften Sinn, vermied alle Leichtfertigkeiten und

war bestrebt, sittsam zu leben und jugendliche Torheiten zu fliehen.«

Bereits »im zarten Alter« von zwölf Jahren wurde sie von ihren Eltern Heinrich I. dem Bärtigen von Schlesien zur Frau gegeben. »Man sagte, daß sie bei der Eingehung der Ehe mehr den Willen der Eltern als den eigenen erfüllt habe.« Die Heirat war dadurch in die Wege geleitet worden, daß Hedwigs Schwiegervater Boleslaus I. und ihr Großvater Waffengefährten unter Kaiser Friedrich I. Barbarossa gewesen waren, Boleslaus sich 17 Jahre lang, von 1146–1163, in Deutschland aufgehalten hatte und für seinen Sohn eine deutsche Ehefrau wünschte, wie er selbst mit einer Deutschen, Adelheid von Sulzbach, verheiratet war.

Hedwig schenkte ihrem Ehemann sieben Kinder – das erste im Alter von 13 Jahren und 13 Wochen –, doch nach der Geburt ihres siebten Kindes »verpflichtete (sie) sich mit Zustimmung ihres Gemahls zur Keuschheit ... In vollem gegenseitigen Einverständnis legten sie unter dem feierlichen Segen des Bischofs (im Jahre 1209) das immerwährende Gelübde der Keuschheit ab.«

Hedwigs weiteres Leben glich mehr dem einer asketischen Nonne als dem einer Fürstin, und sie verbrachte es überwiegend in dem auf ihr Betreiben durch Heinrich gegründeten Kloster Trebnitz, doch legte sie die Gelübde nicht ab, um in ihrer Wohltätigkeit nicht eingeschränkt zu sein. In Trebnitz legte sie die graue Tracht der Nonnen an, sonst trug sie einfache, von anderen vorgetragene Kleidung.

Ihre aus dem Geist der damaligen Zeit erwachsenen Frömmigkeitsübungen wirken auf uns Heutige befremdend in ihrer Rigorosität. Sommers wie winters lief sie barfuß. Als einer ihrer Beichtväter, Abt Günther, sie einmal deswegen tadelte und ihr ein Paar neue Schuhe mit dem Befehl gab, sie zu tragen, tat sie dies auf ihre Weise: sie trug die Schuhe – unter dem Arm.

Viele Stunden des Tages wie der Nacht verbrachte sie

betend auf den Knien. »Daher bildete sich an ihren beiden Knien eine hervorstehende Verdickung der Haut in Form von zwei Eiern oder, wie andere aussagten, in der Größe von zwei Fäusten, die im Winter noch mehr anschwollen.« Sie fastete in einer ihre Gesundheit so stark angreifenden Weise, daß selbst der Archidiakon von Breslau, Magister Egidius, ihr Vorhaltungen machte. Doch sie erwiderte nur: »Ich esse, was mir genügt.« Aus Demut küßte sie die Betstühle und Fußschemel der Nonnen und wusch mit dem Wasser, in dem diese ihre Füße gewaschen hatten, sich und ihren Enkeln Gesicht und Kopf.

Aber Hedwig beschränkte ihr Leben nicht auf den Vollzug privater Frömmigkeit. In aufopferungsvoller Weise sorgte sie für andere, für Arme und Kranke, für Wöchnerinnen, Witwen und Waisen, für aussätzige Frauen, Dienstleute und Studenten. Sie kaufte Gefangene frei und bewahrte zum Tode Verurteilte vor dem Galgen. Sie war Herzogin und Landesmutter, die ihrem Mann in ein damals weitgehend unentwickeltes Land folgte, deutsche Siedler und Priester, Mönche und Nonnen nachzog und sich große Verdienste um die Kultivierung und Germanisierung Schlesiens erwarb. Sie stiftete mit ihrer beträchtlichen Mitgift Kirchen und Klöster und veranlaßte ihren Mann zu weiteren Klosterstiftungen. Zu letzteren zählen das erwähnte, 1202 gegründete und am 13. Januar 1203 mit Nonnen aus Bamberg besetzte Trebnitz, dessen erste Äbtissin Hedwigs Lehrerin aus Kitzingen, Petrissa, wurde; ferner das Heilig-Geist-Hospital in Breslau, die Propstei der Augustiner-Chorherren in Naumburg am Bober, die Kommende der Templer in Klein-Öls bei Ohlau und das Hospital für aussätzige Frauen bei Neumarkt.

Hedwig war keine weltfremde Frömmlerin, sondern eine tatkräftige, weitsichtige Politikerin. Sie war eine Fürstin, und dreimal berichtet die Legende, daß es »nicht erlaubt war, ihr zu widersprechen«.

Sie war aber, endlich, auch ein Mensch, der zahlreiche schwere Schicksalsschläge hinnehmen mußte und sich unerschütterlich in jedem Leid zeigte: Ihre elterliche Burg wurde zerstört, weil zwei ihrer Brüder, Graf Heinrich von Andechs und Bischof Ekbert von Bamberg, beschuldigt wurden, an der Ermordung König Philipps von Schwaben beteiligt gewesen zu sein. Ihre Schwester Agnes starb, nachdem ihre Ehe mit König Philipp II. von Frankreich annulliert und sie verstoßen worden war, aus Schmerz darüber. Ihre Schwester Gertrud, Königin von Ungarn, wurde vom ungarischen Adel ermordet. Von den sieben Kindern, denen sie das Leben geschenkt hatte, starben fünf schon in Kindheit oder Jugend. Ihr Sohn Heinrich verlor sein Leben am 9. April 1241 in der Schlacht von Wahlstatt bei Liegnitz im Kampf gegen die Tataren. Schon drei Jahre vorher war ihr Gemahl gestorben, so daß nur ein Familienmitglied sie selbst überlebte, ihre Tochter Mechthild, die 1232–1268 Äbtissin des Klosters Trebnitz war. Hedwig hatte den Tod ihres Sohnes ebenso vorausgesehen wie den ihres Mannes und den eigenen, und die Legende berichtet von insgesamt zwanzig Prophetien.

Als Hedwig am 15. Oktober 1243 in Trebnitz starb und dort ihre letzte Ruhe fand, galt sie ihren Zeitgenossen bereits als Heilige. Ihr Grab wurde ein vielbesuchter Wallfahrtsort, und die Legende zählt bis zur Heiligsprechung 85 Wunder auf. Anfang 1262 wurde in Rom der förmliche Antrag auf Kanonisation gestellt, die jedoch, weil Papst Urban IV. am 2. Oktober 1264 starb, erst von dessen Nachfolger, Klemens IV., am 26. März 1267 verkündet wurde. Am 17. August desselben Jahres erhob man die Gebeine der Heiligen und setzte sie acht Tage später, am 25. August 1267, in einer dafür errichteten Kapelle bei.

Seit ihrer Heiligsprechung entwickelte sich das Grab der Patronin Schlesiens zum religiösen Mittelpunkt des Landes, zu dem zahllose Pilger strömten.

Besondere Wallfahrtstage waren das Fest des Apostels Bartholomäus (24. August), das Fest der Trebnitzer Kirchweihe am folgenden Tag und der Todestag der Heiligen. Ihr Fest wurde im römischen Martyrologium zunächst am 15. Oktober geführt, später setzte sich allgemein der 17. Oktober durch, bis 1929 der 16. Oktober zum Festtag bestimmt wurde.

Dargestellt wird Hedwig als vornehm gekleidete Dame mit Herzogshut oder Krone, mit Gebetbuch, Kirchenmodell, Schuhen und oft mit einer Marienstatuette, die sie stets bei sich getragen und mit ins Grab genommen hatte.

HELENA (18. August)

»Die Kaeyserin hatte ein gar großes Verlangen diesen so hochheiligen Schatz zu erfinden: andererseits aber schreckte dieselbe ab die große Beschwaernuß, oder schier Unmoeglichkeit. Jedoch entfiele ihr der Muth nicht gar, sondern der Herr munderte dieselbe auf durch Hoffnung, er werde ihr die Gnad verleyhen diesen so großen Schatz zu erheben; auf dessen Antrieb sie eine so lange und schwaere Reiß auf sich genommen.«

Der Schatz aber, den sie endlich findet und den Friedrich Herlet in seinem 1754 in Nürnberg erschienenen Werk »Leben und Geschichte der Heiligen ...« meint, ist das heilige Kreuz, an dem Christus starb.

Bis ins Ende des 4. Jahrhunderts reicht die Überlieferung von der Kreuzauffindung durch die hl. Helena, in deren Lebensbeschreibung unterschiedliche und nicht immer historisch gesicherte Züge zusammengeflossen sind.

Geboren wurde sie um das Jahr 257 in Drepanon in Bithynien, einer Provinz Kleinasiens. Erst die mittelalterliche Legende, so die »Goldene Legende« des Jacobus de Voragine vom Ende des 13. Jahrhunderts, berichtet von einer Abstammung aus britischem Königsgeschlecht bzw. aus Trier. Nach Ambrosius stammte sie aus einfachen Verhältnissen und war Gastwirtin, ehe sie die Konkubine des Tribuns und späteren Kaisers Constantius I. Chlorus (293–306) wurde, dem sie nach 280 Konstantin gebar.

Als Constantius, um das Jahr 289, aus politischen Gründen Theodora, die Stieftochter Kaiser Maximilians, heiratete, verstieß er die Mutter seines Sohnes. Sie trat erst wieder ins Rampenlicht, als Konstantin nach dem Tode seines Vaters 306 an die Macht gelangte. Sofort holte er seine von ihm

hochverehrte Mutter zu sich an den Hof; sie erhielt, nun
Flavia Iulia Helena genannt, die Ehrenbezeichnungen nobilissima femina (etwa: Kaiserliche Hoheit) und 325 Augusta
(Kaiserin) sowie das Münzrecht, und 327 wurde ihr zu Ehren
ihr Geburtsort Drepanon in Helenapolis umbenannt.

Eine weitere, entscheidende Wende nahm ihr Leben im Jahr
312, als Konstantin im Kampf um die Herrschaft seinen
Gegner Maxentius an der Milvischen Brücke vor den Toren
Roms vernichtend schlug, nachdem er (nach Lactantius im
Traum, nach Eusebius am lichten Tag) eine Kreuzerscheinung gehabt und eine Stimme vernommen hatte: »In diesem Zeichen wirst du siegen.« Wenn er sich selbst auch erst
kurz vor seinem Tod im Jahr 337 taufen ließ, so förderte er
von nun an das Christentum im römischen Reich und
führte auch seine Mutter zum Glauben.

Eusebius berichtet, Konstantin habe seine Mutter »so
fromm und gottesfürchtig gemacht, daß man hätte glauben
sollen, sie sei von unserem Heiland selbst unterrichtet
worden«. Sie lebte fortan ganz den Werken christlicher
Frömmigkeit und Wohltätigkeit. Die Verfügungsgewalt
über sein Vermögen, das Konstantin ihr eingeräumt hatte,
nutzte sie auch zu umfangreicher Kirchenbautätigkeit. Mit
Konstantin zusammen baute sie die Heilig-Kreuz-Kirche in
Rom, die Apostelkirche in Konstantinopel, die Geburtskirche in Jerusalem und die Eleonakirche auf dem Ölberg.

Eine umstrittene Tradition schreibt Helena auch den Bau
von Kirchen an den Gedenkstätten der Thebäischen Legion
in Bonn, Köln und Xanten sowie die Überführung des Heiligen Rockes und der Gebeine des hl. Matthias nach Trier
zu.

Was aber mit dem Namen der Heiligen in besonderer Weise
verbunden wurde, ist die Auffindung des Kreuzes Christi
einschließlich des Kreuztitulus (der Inschrift I.N.R.I.) und
der Nägel.

Um die Bedeutung des heiligen Kreuzes in Volksglauben

und Theologie richtig ermessen zu können, muß man kurz
auf die alte, namentlich durch das apokryphe Nikodemus-
evangelium vermittelte Überlieferung hinweisen, die eine
Beziehung zwischen dem Paradiesbaum und dem Kreuz
Christi herstellt. Nach ihr schickte Adam vor seinem Tod
Seth zum Paradies nach einem Heilmittel vom Baum des
Lebens. Seth holte einen Zweig (oder ein Samenkorn) von
dem Baum, an dem Adam einst gesündigt hatte, und pflanz-
te ihn auf seines Vaters Grab. Daraus erwuchs ein mächtiger Baum, den König Salomo schlagen ließ. Als unbrauchbar
für den Tempelbau befunden, wurde er zunächst in den
Schafteich geworfen und später als Steg über den Bach
Kidron gelegt. Als die Königin von Saba dort vorüberging,
sah sie vor ihrem geistigen Auge an diesem Holz den Erlöser
der Welt hängen. Endlich wurde aus dem Holz dieses Bau-
mes das Kreuz Christi gezimmert.

Der Kern dieser Legende ist die Vorstellung, daß Sünde und
Sühne im Zusammenhang zu sehen sind, daß der Paradiesbaum beide verkörpert und sich so in ihm bereits der göttliche Heilsplan offenbart. Die Auffindung dieses Kreuzes
bedeutete daher etwas ganz Außergewöhnliches. Sie wird
noch nicht von Eusebius und einer gallischen Wallfahrtsbe-
schreibung aus dem Jahr 333 erwähnt, obwohl damals ein
gegenständliches Kreuz in Jerusalem verehrt wurde.

Auch die griechischen Väter des 4. Jahrhunderts wissen
noch nichts von der Auffindung des Kreuzes durch Helena.
Dies berichtet zum ersten Mal im Jahr 395 der hl. Ambrosius in seiner Grabrede auf Kaiser Theodosius. Während
hier Helenas Rolle noch einfach ist, wird die Legende später
von Paulinus von Nola und Rufinus weiter ausgeschmückt
und geht in dieser Form in die »Goldene Legende« ein.

Nach ihr ließ die hl. Helena auf der Suche nach dem heiligen Kreuz die »weisesten Juden« zu sich kommen und
drohte, »die Juden alle mit Feuer zu verbrennen«, wenn sie
den Ort nicht verrieten. Darauf wiesen sie auf Judas, »eines

Gerechten und Propheten Sohn«, der von der Kaiserin befragt und, als er das in seiner Familie von Generation zu Generation weitergegebene Geheimnis nicht weitergeben wollte, in einen Brunnen geworfen wurde. Nach sechs Tagen gab Judas sein Schweigen auf. Er ging zur Stätte, wo das Kreuz verborgen lag, betete, grub und fand zwanzig Schritt unter der Erde drei Kreuze: das Kreuz Christi und die der beiden Schächer.

Durch eine Totenerweckung und eine Wunderheilung gab Gott das Kreuz Christi zu erkennen. Judas aber bekehrte sich, nahm bei der Taufe den Namen Quiriacus (auch: Cyriacus) an und wurde später Bischof von Jerusalem.

Bald ließ Helena Quiriacus auch die Nägel der Kreuzigung suchen und gab sie ihrem Sohn, der, nach Eusebius, einen für den Zaum seines Schlachtrosses verwenden und die anderen in seinen Helm schmieden ließ.

Fast achtzigjährig, starb Helena um das Jahr 337, wahrscheinlich in Rom, und wurde dort an der Via Labicana in einem prachtvollen Porphyrsarkophag beigesetzt, der sich heute im Vatikan befindet. Ihre Gebeine ließ noch Konstantin nach Konstantinopel überführen. Im 9. Jahrhundert gelangen von dort die ersten Reliquien der Heiligen ins Abendland, nach Hautvillers.

In Deutschland wurden Mittelpunkte ihrer Verehrung die Kultstätten der Thebäischen Legion im Rheinland und in Trier, wo ihr Haupt verehrt wird. Sie wurde Patronin der Bistümer Trier, Bamberg und Basel, des Erzherzogtums Österreich sowie der Städte Frankfurt, Colchester, Ascoli und Pesaro. Aus der Legende erklären sich ihre weiteren Patronate, die über die Nagler, Nagelschmiede, Färber, Bergleute, Schatzgräber, das zur Aufdeckung von Diebstählen und zur Auffindung verlorener Sachen wie das gegen Blitz und Feuer.

Dargestellt wird die hl. Helena seit dem ausgehenden Mittelalter in fürstlicher Kleidung, oft mit Krone; ihre Attribute sind das heilige Kreuz, Nägel und ein Kirchenmodell.

HUBERT(US) (3. November)

Ein mächtiger Hirsch, zwischen dessen weitausladendem Geweih ein Kreuz prangt, ist das vielen vertraute Attribut des hl. Hubertus. Er begegnet uns auf vielen bildlichen Darstellungen, besonders häufig am Niederrhein und in den Niederlanden. Gekleidet als Jäger, der ein Jagdhorn trägt, oder als Bischof im Pontifikalgewand mit Mitra, Bischofsstab und Buch, führt er als weitere Beigaben einen Hund und einen Schlüssel bei sich.

Wie bei zahlreichen anderen Heiligen vermögen die wenigen historischen Fakten, die wir besitzen, diese Attribute wie die Patronate des Heiligen nicht zu erklären. Wahrscheinlich um das Jahr 655 geboren, war Hubertus ein Schüler des hl. Lambertus und folgte ihm nach dessen Ermordung 705 als Bischof von Tongern und Maastricht. Ungefähr zehn Jahre später übertrug er die Gebeine seines Lehrers von Maastricht nach Lüttich, wohin er 717/18 auch den Bischofssitz verlegte. Er erwarb sich große Verdienste bei der Missionierung in den Ardennen und in Südbrabant und starb am 30. Mai 727 in Tervueren bei Brüssel. Beigesetzt wurde er in der Kirche des hl. Petrus in Lüttich, zunächst beim Altar des hl. Albin, dann nach der feierlichen Erhebung der Reliquien am 3. November 743 vor dem Hauptaltar. Von hier aus wurden die Gebeine im Jahre 825 in das Ardennenkloster Andagium (Andain) überführt, das sich bald darauf St.-Hubert nannte. Dort fanden sie, von kurzen Unterbrechungen abgesehen, ihre endgültige Ruhestätte, bis sie in den Wirren der Hugenottenkämpfe 1568 verschwanden.

In St.-Hubert entwickelte sich der Kult des hl. Hubertus, gefördert von den dortigen Benediktinern. Aus lokalen Anfängen entfaltete er sich zu einer vom ganzen Volk getragenen Verehrung. Diese erfaßte vom 10. Jahrhundert an Belgien, die Niederlande, Luxemburg, Nordfrankreich und Westdeutschland und erhielt durch die Hubertusorden im 15. Jahrhundert einen neuen Aufschwung. Besonders bekannt wurde der Ritterorden vom hl. Hubertus, den Herzog Gerhard von Jülich-Berg stiftete, als er am Hubertustag 1444 Herzog Arnold von Geldern in der Schlacht bei Linnich besiegt hatte. Später wurde daraus der höchste Orden des bayerischen Königshauses. Neben adligen Orden erwählten aber auch zahlreiche bürgerliche Bruderschaften Hubertus zu ihrem Patron, besonders im Rheinland. Dort bildete der Heilige in der Kölner Kirchenprovinz mit den hll. Antonius, Cornelius und Quirinus die Gruppe der hll. vier Marschälle, die als mächtige Fürbitter für Mensch und Tier verehrt wurden.

Die Gründe für die außerordentliche Beliebtheit des hl. Hubertus liegen vor allem in den nachfolgend dargestellten Patronaten, besonders dem Jagd- und Tollwutpatronat, die jedoch nur aus der Legende zu erklären sind. Diese ist, namentlich in ihren frühen Fassungen, weitgehend von den Lebensbeschreibungen anderer Heiligen wie der des hl. Arnulf von Metz und der des hl. Lambertus von Lüttich abhängig, hat aber später auch noch Züge aus anderen Legenden übernommen. Erst allmählich verlief die Entwicklung einheitlich. Ihre endgültige Form erhielt die Legende im 15. Jahrhundert durch die Übernahme des Hirschmotivs aus der Legende des hl. Eustachius: Hubertus, Pfalzgraf von Neustrien, war ein leidenschaftlicher Jäger. So ging er einst an einem hohen Feiertag, statt die Messe zu besuchen, auf die Jagd. Da erblickt er plötzlich zwischen den Geweihstangen eines stattlichen weißen Hirsches das lichtumstrahlte Bild des Gekreuzigten. Er bekehrt sich, entsagt der Welt und wird Schüler des hl. Lambertus, der ihn zum Priester weiht. Zur Vervollkommnung seiner Tugenden pilgert er nach Rom, wo dem Papst durch eine himmlische Botschaft die Nachricht vom Tod des hl. Lambertus zuteil wird. Der Papst möchte Hubertus als dessen Nachfolger einsetzen, doch lehnt Hubertus aus Bescheidenheit ab, bis Engel die Gewänder des ermordeten Bischofs für ihn nach Rom bringen. Bei der Weihe fehlt jedoch die Stola, doch auch sie trägt ein Engel als Gabe der Muttergottes herbei. Während der feierlichen Handlung erscheint der hl. Petrus und überreicht Hubertus einen goldenen Schlüssel.

Die eben erwähnte Stola und der Schlüssel scheinen ihren Weg nachträglich in die Legende gefunden zu haben, nachdem sie durch das seit dem 10. Jahrhundert belegte Patronat des hl. Hubertus gegen die Tollwut einen wichtigen Platz im Brauchtum erhalten hatten. Diese seit antiker Zeit überlieferte und gefürchtete, meist durch den Biß kranker Tiere übertragene Krankheit des Zentralnervensystems wird durch einen Virus erregt und nimmt nach einer Inkubationszeit, die zwischen zwölf Tagen und mehreren Jahren schwankt, innerhalb von drei bis fünf Tagen einen tödlichen Verlauf, weil eine Heilung nach Ausbruch der Krankheit auch heute noch unmöglich ist. Es gab kein Mittel einer medizinischen Verhütung, bis Ende des vorigen Jahrhunderts der Franzose Louis Pasteur (1822–1895) eine Schutzimpfung mit abgeschwächten Tollwutkeimen aus Kaninchenrückenmark entwickelte. So ist es leicht verständlich, daß die Menschen sich früher um Schutz gegen diese noch im vorigen Jahrhundert epidemisch auftretende Krankheit, der sie hilflos preisgegeben waren, an einen himmlischen Fürbitter, den hl. Hubertus wandten, um durch seine Fürsprache vor ihr bewahrt zu bleiben.

Viele wallfahrteten, wenn sie von einem tollwütigen Tier gebissen worden waren, zu seinem Grabe nach St.-Hubert. Dort hatten sich verschiedene brauchtümliche Maßnahmen herausgebildet. Nach dem Besuch der heiligen Messe und dem Empfang der heiligen Kommunion wurden die Pilger »gestolt«. Dabei wurde ihnen die Stirn aufgeritzt und in diesen Einschnitt ein winziges Fädchen der oben erwähnten Stola des hl. Hubertus eingefügt. Dann wurde die Wunde verbunden, und der Verband blieb neun Tage. Während dieser Zeit mußte der Kranke außer medizinischen Vorschriften auch eine neuntägige Andachtsübung befolgen. Ferner verpflichtete er sich, zu Hause, falls es eine solche gab, einer Hubertusbruderschaft beizutreten, sowie den Tag des Heiligen mit Messe, Beichte und heiliger Kommunion zu feiern.

Ein anderes Mittel zur Bekämpfung der Tollwut, das jedoch meist und später ausschließlich bei Tieren angewandt wurde, bestand im Ausbrennen der Wunde oder im vorbeugenden Zeichnen der Stirn mit dem sogenannten Hubertusschlüssel. Dieser, ursprünglich wirklich ein Schlüssel, war später ein handgeschmiedetes Eisen, das in eine Brennplatte auslief, die ein an einer Schnur hängendes Jagdhorn darstellte. Solche Hubertusschlüssel wurden an der Grabstätte des Heiligen geweiht, mit der Stola in Berührung gebracht und dann einem alten volksmedizinischen Verfahren gemäß in der geschilderten Weise verwandt.

Andere vorbeugende Mittel gegen die Tollwut waren der Genuß von am Hubertustag in der Kirche mit eigener Benediktionsformel geweihtem Wasser, Salz, Getreide, Brot und Brötchen sowie das Tragen von geweihten Amuletten, wie Ringen, Rosenkränzen, Gebetszetteln oder weißgegerbten und mit roter Farbe bespritzten Lederriemchen. Daneben glaubte man Schutz gegen die Tollwut zu erlangen durch die Mitgliedschaft in einer Hubertusbruderschaft, durch Wallfahrten, Gebete und den Namen des Heiligen, der besonders im Rheinland lange Zeit zu den meistverbreiteten männlichen Vornamen zählte.

Bedeutender als das Tollwutpatronat ist heute das Jagdpatronat des hl. Hubertus, dem man bereits im 9. Jahrhundert in den Ardennen die erste Jagdbeute darbrachte, worin man früher die Ablösung eines Opfers an Diana hat sehen wollen. Besonders die Mönche von St.-Hubert, die eine bekannte und einträgliche Hundezucht betrieben, aber auch der hohe und niedere Adel, die Gilden und Schützenbruderschaften haben dieses Patronat gefördert, so daß der Hubertustag zum großen Tag der Jäger geworden ist. In voller Jagdausrüstung, zum Teil mit ihren Hunden, gegen deren Biß Hubertus übrigens auch Patron ist, wohnen sie der Messe bei, ehe dann die Jagd eröffnet wird.

Wie die Jäger, so haben auch die Wilddiebe den Heiligen früher als Schutzhelfer angerufen, wie entsprechend ja der hl. Nikolaus als Beschützer des Eigentums wie der Diebe verehrt wurde. Neben die bisher dargestellten allgemein verbreiteten Patronate gegen die Tollwut und über die Bruderschaften, Jäger und Forstleute überhaupt treten noch eine Anzahl weiterer Patronate mit zum Teil nur lokaler Bedeutung, vor allem gegen Krankheiten, wie Kopf- und Zahnschmerzen, Fieber und Krämpfe. Sie treten jedoch im allgemeinen Bewußtsein zurück, das stärker geprägt wurde durch die Legende und die zahllosen eingangs skizzierten bildlichen Darstellungen, zu deren bekanntesten Stephan Lochners Gemälde in der alten Pinakothek in München und Albrecht Dürers berühmter Kupferstich aus dem Jahre 1504 zählen.

JAKOBUS (25. Juli)

»Wer das elent bawen (in der Fremde weilen) wel, / der heb
sich auf und sei mein gesel / wol auf sant Jakobs straßen.«
Dieses vom Ende des 15. Jahrhunderts stammende Lied ist
wohl das bekannteste, das zahllose deutsche Pilger auf ihrer
langen und beschwerlichen Pilgerfahrt nach Santiago de
Compostela sangen, wo sie dem hl. Jakobus huldigten, der
damals an Volkstümlichkeit selbst den Apostelfürsten Petrus übertraf.

Schon in der Heiligen Schrift nimmt Jakobus, mit dem
Beinamen der Ältere, weil er der Erstberufene ist gegenüber
Jakobus dem Jüngeren, dem Sohn des Alphäus und ersten
Bischof von Jerusalem, einen hohen Rang ein. Jakobus der
Ältere ist der Sohn des Fischers Zebedäus und der Salome
(vgl. Mk 15,40; Mt 27,56) und der ältere Bruder des Evangelisten Johannes, mit dem zusammen er berufen wird (vgl. Mt
4,21). Gemeinsam mit Petrus zählen die beiden Brüder zu
den engsten Vertrauten Jesu (vgl. Mk 5,37 ff; 9,1 ff; 14,33; Mt
17,1 f; 26,37) und werden von diesem wegen ihrer stürmischen Art »Donnersöhne« (vgl. Mk 3,17) genannt. Auch in
der Urgemeinde muß Jakobus eine bedeutende Stellung
eingenommen haben, weil König Herodes Agrippa I. ihn als
ersten der Zwölf enthaupten läßt (vgl. Apg 12,2).

Nach Clemens von Alexandrien (um 200) soll Jakobus auf
dem Wege zur Hinrichtung den Häscher Josias bekehrt und
zum Leidensgefährten gemacht haben. Weitere Berichte
über Reisen und Wunder werden dann im 5. Jahrhundert
aufgezeichnet, zunächst hebräisch, dann griechisch und
lateinisch. Danach hat Jakobus zuerst in Judäa gepredigt,
nach der lateinischen Übersetzung auch in Spanien, danach
wieder im Heiligen Land, wo er den Magier Hermogenes

bekehrte und vom Hohen Priester Abiathar dem Herodes Agrippa ausgeliefert wurde. Eine entscheidende Erweiterung erfuhr dieser Bericht durch Honorius von Autun (um 1080–um 1137), nach dem zwei Schüler des Apostels dessen Leichnam entwendeten und ihn in ein ruderloses Boot legten, das von Engeln an die Nordküste Spaniens geführt wurde. Dort wurde der Leichnam auf einen sich zum Sarkophag öffnenden Fels gelegt und von Stieren in das Schloß der heidnischen Königin Lupa gebracht, die sich bekehrte und den Apostelleib in ihrem Schloß bestatten ließ. Das in den Wirren der Sarazenenkriege vergessene Grab sei dann um 825 wieder entdeckt und von König Alfonso II. (791–842) eine Kirche darüber erbaut worden.

Das nach einer anderen Version aus der Zeit um 1165 Karl dem Großen offenbarte Grab des hl. Jakobus entwickelte sich seit dem 9. Jahrhundert zum neben Rom und Jerusalem bedeutendsten Wallfahrtsort der Christenheit.

Seit dem 11. und 12. Jahrhundert schwoll der Pilgerstrom nach Santiago de Compostela zu einem heute unvorstellbaren Umfang an, insbesondere aus Frankreich, Deutschland, England und Italien. Könige, Fürsten und Ritter, Bischöfe und berühmte Heilige, wie Franz von Assisi, Bernhardin von Siena, Birgitta von Schweden und Elisabeth von Portugal, und mit ihnen ungezählte Scharen einfachen Volkes pilgerten zum Apostelgrab. Zahlreiche Kirchen, Kapellen und Altäre in Städten und Dörfern, vor allem an den großen Pilgerstraßen, zeugen von dem Ansehen, das Jakobus bei den Wallfahrern genoß.

So wurde Jakobus für lange Zeit der volkstümlichste Apostel, dessen Verehrung in Deutschland, wo ihm im 12. und 13. Jahrhundert etwa 500 Kirchen geweiht waren, besonders die Schottenmönche verbreiteten. Hauptverehrungsgebiete waren neben Bayern, Österreich und der Schweiz besonders die Rheinlande sowie die Hansestädte, ist Jakobus doch, selbst ein Fischer, der Schutzherr der Schiffer in

Sturm-, Wassers- und Todesnot geworden, wobei daran zu denken ist, daß viele Pilger zu Schiff die gefahrvolle Reise durch die Nordsee und den Golf von Biskaya antraten und oft untergingen.

Unter den Wochentagen wurde Jakobus der Mittwoch geweiht, und sein Name ist bis in unsere Zeit einer der häufigsten Taufnamen geblieben und in unzählige Neckverse, Kinderreime und -lieder und in den appellativen Sprachschatz (etwa »billiger Jakob«) eingegangen.

Seinem Festtag, im Abendland der 25. Juli, kommt, zumal auf dem Lande, seit alters her eine große Bedeutung zu, weil er den Beginn der Ernte bringt. Er heißt deshalb »Jakobustag im Schnitt« oder »in der Ernte«. Dem Heiligen fiel so das Patronat über das Korn zu, das eine spätere Legende freilich aus den bildlichen Darstellungen des Apostels ableitete, auf denen dieser als einziger Apostel mit einem Hut – einem Pilgerhut in Wirklichkeit – abgebildet wird. Danach seien einst die Apostel durch ein Kornfeld gegangen, wofür ihnen die Bauern die Hüte pfändeten. Nur Jakobus erhielt seinen zurück, als er sich bereit erklärte, Kornpatron zu sein.

Der wahre Grund für das Patronat liegt jedoch darin, daß der Festtag des Heiligen in diese Zeit fällt und man daher einen so mächtigen Heiligen gern zum Beschützer der kostbaren Ernte machte. Am Jakobitag wurden früher häufig die ersten Kartoffeln ausgemacht oder, wenn gekauft, zum ersten Mal gegessen. Andere Brauchvorschriften knüpften sich an das Gemüse. Bis zum Jakobitag mußte der Kohl gehackt sein, weil er sonst nicht recht gerate. Im Hessischen pflegten die Frauen vormittags in den Garten zu gehen, um das erste Gemüse zu holen.

In manchen Gegenden hielt man gewisse Pflanzen oder Kräuter für heilkräftig am Jakobitag, so in Thüringen die Heidelbeeren gegen Darmkatarrh oder in Schwaben die Wurzel der weißblütigen Wegwarte, die Dornen aus der

Haut treiben sollte. Aus Schlesien wird der Glaube an die Wirksamkeit des Jakobustaues, der Kühe viel Milch geben lasse, überliefert.

Wie andere Heilige der Mittsommerzeit ist auch Jakobus Brunnenheiliger, der Tag selbst aber auch, wie Verbotsregeln, zu baden oder zu klettern, zeigen, ein Unglückstag, der sein Opfer fordert.

Als herausgehobener Tag wurde der Jakobitag zu einem wichtigen Los- und Termintag. Gern sieht man schönes Wetter, denn »Ist es hell auf Jakobstag, / viel Früchte man sich versprechen mag.« Schönes und warmes Wetter deutet jedoch auch auf einen strengen Winter hin: »Jakobi klar und rein, / wird's Christfest kalt und frostig sein.« Wind am Jakobitag sieht man nicht gern, weil dann der Grummet schlecht wird, und Regen schadet dem Getreide und den Eicheln, wenn er auch auf einen milden Winter hindeutet.

Im Alpenraum wurde der Jakobitag ein wichtiger Termin, an dem man das Gesinde neu dingte und ihm das »Haftegeld« gab und es bewirtete. In der Steiermark wurden bei den Sensenhämmern Schmiede eingestellt und in Böhmen außer diesen auch die Nachtwächter. Zur Vorbereitung auf die Zeit der harten Erntearbeit gab der Bauer seinem Gesinde ein Trinkgeld, das im Allgäu das »Stärkegeld« oder die »Stärketrinke« hieß und in Böhmen die »Jakobizech« genannt wurde. Dafür trank man die »Jackelstärke«, um bei der Ernte gut arbeiten zu können.

Ein besonderes Fest bedeutete der Jakobitag für die Hirten und Sennen. Er galt als Höhepunkt für die Milchwirtschaft, deren Ertrag von nun an rückläufig ist: »Jakobi an Schluck, / Lorenz an Ruck / und Bartlme / nix me.«

In einigen Landschaften loderten früher am Jakobitag, im schwäbischen Saulgau acht Tage vorher und nachher, verspätete Sonnwendfeuer auf, die im Berner Oberland von den Hirten umtanzt wurden. Die Hirten, die der Heilige ebenso schützt wie das ihnen anvertraute Vieh, brauchten an seinem Festtag das Vieh nicht zu hüten, was dann Knechte und Mägde übernehmen mußten. Sie selbst richteten, so in Böhmen, ein Fest aus, in dessen Mittelpunkt der Hirtentanz um einen geschmückten Maibaum stand, und das mit einem Ball ausklang.

Daneben finden viele Feiern und Kirchweihfeste statt, wie in Traben-Trabach an der Mosel, in Urach im Württembergischen oder in München bis in unsere Zeit die Jakobidult, die ihr Entstehen einem der St. Jakobskirche am Anger in München verliehenen Ablaß (Indult) Papst Alexanders IV. von 1257 verdankt.

Die Bedeutung des hl. Jakobus zeigt sich außer in dem bisher Geschilderten endlich in den zahllosen bildlichen Darstellungen, die oft auf Stiftungen der Jakobusbruderschaften oder einzelner Pilger zurückgehen. Auf den älteren Darstellungen eignen dem Heiligen als Attribute Buch oder Rolle, die ihn als Apostel ausweisen, später tritt, weil er enthauptet wurde, das Schwert hinzu.

Vom 12. Jahrhundert an aber bildet sich unter spanischem Einfluß ein neuer Typ heraus: Jakobus erscheint, manchmal mit einem Rosenkranz, in der Kleidung der Compostelapilger, in einem Rock mit langem Kragen, mit Reisetasche, Wasserflasche und langem Pilgerstab, auf der Brust oder öfters am Hut die Pilgermuschel. Eine besondere Bedeutung maß man dem Pilgerstab zu, in Santiago de Compostela Gegenstand großer Verehrung, weil er dem bevorzugten Apostel der Legende nach von Christus selbst verliehen worden ist.

JOHANNES (27. Dezember)

Wenn wir uns den hl. Johannes vorstellen, entsteht vor unseren Augen meist das Bild eines schönen, liebenswerten jungen Mannes, der nach dem Johannesevangelium unter den Aposteln der war, »den Jesus liebte«, und der beim Abendmahl an der Brust Jesu lag (13,23). Als einziger der Zwölf steht er mit den Frauen unter dem Kreuz des sterbenden Heilands. Und »als Jesus seine Mutter sah und bei ihr den Jünger, den er liebte, sagte er zu seiner Mutter: Frau, siehe, dein Sohn! Dann sagte er zu dem Jünger: Siehe, deine Mutter! Und von jener Stunde an nahm sie der Jünger zu sich« (19,26–27).

Gegenüber diesen und anderen Stellen des Johannesevangeliums (z. B. 20,3; 21,20ff) sind die Aussagen der Synoptiker zurückhaltender. Von ihnen erfahren wir, daß Johannes und sein Bruder, Jakobus der Ältere, Söhne des Zebedäus (vgl. Mk 1,19f) und der Salome (vgl. Mk 15,40; Mt 27,56) und – wie das andere Bruderpaar unter den Aposteln, Simon Petrus und Andreas – Fischer am See Gennesaret waren (vgl. Lk 5,10). Bevor sie von Jesus zu Jüngern berufen wurden (vgl. Mk 1,19f), waren sie Jünger Johannes' des Täufers. Mit Petrus zusammen nehmen Johannes und Jakobus eine Vorrangstellung unter den Zwölfen ein: Sie sind Zeugen der Auferweckung der Tochter des Jairus (vgl. Mk 5,37ff), der Verklärung (vgl. Mk 9,2ff) und der schweren Stunde ihres Meisters in Getsemani (vgl. Mk 14,32ff), und Christus nennt sie wegen ihres stürmischen Eifers »Donnersöhne« (vgl. Mk 3,17).

Über das weitere Leben und Wirken Johannes', eine der »Säulen« des jungen Christentums (vgl. Gal 2,9), weiß die altkirchliche Tradition zu berichten, daß er in Ephesus gewirkt hat und unter Kaiser Domitian auf die Insel Patmos verbannt wurde, wo er die Geheime Offenbarung schrieb. Nach seiner Rückkehr nach Ephesus schrieb er dort das Evangelium und starb in hohem Alter.

Es ist hier nicht notwendig, auf die umstrittene Verfasserschaft des Johannesevangeliums einzugehen, das in der Volksfrömmigkeit eine große Rolle spielt, weil sein Prolog lange als wirksames Mittel bei vielerlei Zauber gegen Krankheiten und Gefahr galt, bedingt wohl durch die Gleichsetzung Christi mit dem Wort, dessen Kraft in vielen Zauberriten von Bedeutung ist. Im Gegensatz zum Orient, wo Johannes seit frühester Zeit eine starke Verehrung genoß, setzte sich sein Kult im Abendland über die Vermittlung Roms nur langsam durch, gefördert vor allem von den Chorherren.

An die Legende vom Giftbecher (s. unten) knüpft ein bis heute geübter Brauch an, die sogenannte Johannisminne, das Trinken kirchlich gesegneten Weins. Als Trinkbrauch kennen wir die Heiligenminne bereits seit dem frühen Mittelalter, entweder als Ehrentrunk – zu Ehren Christi, Marias oder von Heiligen – oder als Opfer und Abwehrtrunk mit Zauberwirkung. Von diesen ist die Johannesminne die weitest verbreitete und am häufigsten belegte. Sie ist zunächst ein höfischer Abschiedstrunk vor der Reise oder vor dem Kampf, der seine besondere Bedeutung dadurch erlangte, daß ihn die Kirche im deutschen Raum in ihren Kult aufnahm.

Für die Kirche war die Johannisminne ursprünglich ein Segenstrunk, der die Gläubigen an der vorbildlichen Gottes- und Menschenliebe des Apostels teilnehmen lassen sollte. Der Trunk wurde vom Priester geweiht und den Gläubigen in einem eigens dafür bereiteten Pokal an der Kommunionbank gereicht mit den Worten: »Bibe amorem St. Johannis in nomine Patris et Filii et Spiritus sancti. Amen.« (»Trinke die Liebe des hl. Johannis im Namen des Vaters und des Sohnes und des Heiligen Geistes. Amen.«)

Er wurde jedoch auch zu anderen Anlässen gereicht, vor allem nach der Trauung dem Brautpaar und den Hochzeitsgästen. Hier wirkte sich aus, daß der Heilige als Lieblingsjünger Christi und als sein besonderer Freund zum Schutzherrn der Freundschaft geworden war, wozu die alte Überlieferung trat, nach der Johannes der Bräutigam der Hochzeit zu Kana gewesen sei, so daß ein Trunk zu seiner Ehre von guter Vorbedeutung für die Ehe sein mußte. Wie stark dieser Brauch verwurzelt war, mag die Tatsache zeigen, daß er noch im 17. Jahrhundert selbst in protestantisch-pietistischen Kreisen geübt wurde, so 1659 bei der Hochzeit der Stieftochter der Herzogin von Holstein mit dem Grafen Zinzendorf.

Sehr verbreitet war auch bis ins 19. Jahrhundert die Sitte, die Johannisminne als Sterbetrunk zu reichen, häufig auch an verurteilte Verbrecher. Auswüchse schlichen sich dadurch in den Brauch ein, daß die Priester dazu übergingen, den Wein, den die Hausväter zur Segnung mitbrachten, diesen nach der Segnung mit nach Hause zu geben. Der Sinn war, daß der Hausvater den gesegneten Wein beim Mittagessen an die Hausgenossen verteilen solle. Bald jedoch wurde er, weil man ihm besondere Kraft zuschrieb, als Allheilmittel gegen Krankheiten und Übel aller Art, gegen Zauber, Gespenster und den Teufel sowie als Fruchtbarkeitszauber verwandt, indem man ihn auf die Felder goß. Und endlich, so berichtet Burkard Waldis († 1556), tranken ihn die Frauen, um Schönheit, und die Männer, um Kraft zu erlangen.

Daneben erhielt sich weiter die Johannisminne, ganz aus dem kirchlichen Bereich gezogen, als Freundschafts- und Abschiedstrunk und artete oft, wie zahllose Klagen aus dem 15. Jahrhundert zeigen, zu regelrechten Trinkgelagen aus. Besondere Verurteilungen sprechen aus protestantischen

Quellen, wiewohl auch Luther seinen Freunden zum Abschied die Johannisminne reichte. Aber auch katholische Stimmen, wie die des Abraham a Sancta Clara, wandten sich scharf gegen die Auswüchse, um die an sich schöne Sitte, die sich, namentlich in Weinanbaugebieten, bis heute erhalten hat, wieder in rechte Bahnen zu lenken.

Aus dem Geschilderten wird verständlich, daß Johannes zu einem der Winzerpatrone wurde. Ein anderes Patronat, das über die Schriftsteller und Kopisten, erklärt sich aus des Heiligen Wirken.

Anderes Brauchtum ergibt sich aus der Lage des Festtages (27. Dezember) zwischen Weihnachten und dem Fest der Unschuldigen Kinder. Auf das erstere Fest weist die vereinzelt überlieferte Sitte, daß die Paten ihren Patenkindern Geschenke geben; vom letzteren scheint der Glaube beeinflußt, daß der Heilige sich bei Gott die Gnade erbeten habe, am Jüngsten Tage die ohne Taufe gestorbenen Kinder in den Himmel bringen zu dürfen. Und schließlich paßt es sowohl zum Tage wie zum Wesen des hl. Johannes, daß er der Legende nach in Jugenheim an der Bergstraße mit der Muttergottes im dortigen Kinderbrunnen sitze und mit den ungeborenen Kinderlein spiele.

Während Johannes in der Ostkirche meist als alt und bärtig dargestellt wird, erscheint er bei uns seit dem Mittelalter als bartloser junger Mann. Seine Attribute sind die generellen der Apostel (Rolle, Codex) oder das spezifische des vierten Evangelisten, der Adler. Später treten, besonders unter dem Einfluß von Legenden, andere hinzu: Faß oder Kessel zum Gedächtnis an ein angebliches Martyrium in siedendem Öl; in Deutschland häufig ein goldener Becher, oft mit einer daraus entweichenden Schlange.

Dieses letztgenannte Attribut geht auf die Legende zurück, nach der ein heidnischer Oberpriester, Aristodemus, erklärt habe, er wolle sich taufen lassen, wenn Johannes einen

Giftbecher ohne Schaden leeren könne. Dieser macht das Zeichen des Kreuzes über dem vergifteten Wein, spricht einen Segen, worauf das Gift in Gestalt einer Schlange entweicht, und leert sodann den Becher ohne Schaden.

JOHANNES DER TÄUFER (24. Juni)

Johannestag – Tag der Sommersonnenwende, Termin aus-
gelassener Sommerpartys wie vielerorts lodernder Feuer,
die heute mehr aus Festesfreude als aus ideologischen oder
kultischen Beweggründen abgebrannt, umtanzt und durch-
sprungen werden, Inbegriff des Mittsommers: und doch in
der volksfrommen Verehrung wie in seiner Brauchtumsge-
staltung nur noch ein schwacher Abglanz der einstigen
herausragenden Bedeutung des Tages unter den Festen im
Jahreskreis.

Johannes der Täufer, der Vorläufer Christi, nach den altte-
stamentlichen Weissagungen wie nach den Aussagen der
Evangelisten einer der ganz Großen des Alten Bundes (vgl.
u. a. Jes 40,3 ff; Mt 3,3; Mk 1,3), hervorgehoben durch die
wunderbaren Begleitumstände seiner Geburt (vgl. Lk 1,5),
ausgezeichnet durch sein entbehrungsreiches Wirken als
aufrüttelnder »Rufer in der Wüste«, der sich selbst nur als
unwürdigen Vorgänger des Messias sah, den er taufen durfte
(vgl. Mk 1,7 ff), Opfer der Rachgier der Herodias (vgl. Mk
6,17 ff), wird von Christus selbst als der Größte unter den
von einer Frau Geborenen bezeichnet (vgl. Mt 11,11). Deshalb zählt er seit frühester christlicher Zeit zu den am
stärksten verehrten Heiligen, als sein Festtag wird der Tag
seiner Geburt begangen, eine Ehre, die er nur mit Christus
und Maria teilt.

Da Johannes nach Lukas 1,26 ein halbes Jahr älter ist als
Jesus, dessen Geburtstag man im Abendland im 4. Jahrhundert auf die Wintersonnenwende legte, beging man das Fest
des Täufers entsprechend am Tag der Sommersonnenwende.

Neben Martin sind Johannes besonders viele Kirchen, namentlich Taufkirchen geweiht, und sein Name wurde zum beliebtesten und weitestverbreiteten Taufnamen, der so in zahlreiche Spottverse und appellative Bezeichnungen einging (Hanswurst, Hansdampf, Prahlhans u. a. m.). Er wurde Patron sehr vieler Bistümer und Städte, ferner der Schneider (weil er sich in der Wüste selbst kleidete), der Hirten und ihrer Herden sowie der Maurer. Er wurde u. a. angerufen bei Heiserkeit, wobei man an die Stimme des »Rufers in der Wüste« dachte, bei der »Johannesangst«, einem Alpdrükken bei Kindern, bei der »Johanneskrankheit« oder »-sieche«, einem epileptischen Leiden, und häufig bei Kopfschmerzen. Dabei verwendete man sogenannte »Johannishäupter« oder »-schüsseln«, das Haupt des Täufers darstellende Bilder oder Schüsseln, auf dem dieses aufgemalt, im Flachrelief herausgearbeitet oder eingeschnitzt ist. Diese setzte man dem Leidenden auf oder brachte sie als Opfer dar. Sie wurden sehr oft auch benutzt, um Ertrunkene aufzufinden, indem man sie ins Wasser warf und erwartete, daß sie über der Stelle stehen blieben, wo sich der Ertrunkene befand.

Im Mittelalter war der Johannistag ein sehr bedeutender Feiertag, der mit feierlichen Gottesdiensten, mit Wallfahrten, Prozessionen und Volksfesten begangen wurde. Das vielfältige Brauchtum des Tages wurde jedoch weniger von der Person des Täufers als vom Termin der Sommersonnenwende geprägt und ähnelt in einer Reihe von Zügen dem der Wintersonnenwende. So gilt wie dort auch hier im Volksglauben die vorhergehende Nacht als gefährlich und gefährdet durch eine Vielzahl landschaftlich unterschiedlicher Spukwesen oder böser Geister, denen man mit Abwehrmaßnahmen verschiedenster Art ebenso begegnete wie mit Verboten. Aber die »Sommerweihnacht« war wie die des Winters auch von Wundern gekennzeichnet, wie von der Wandlung von Wasser zu Wein, vom Auftauchen versunkener Städte, Schlösser und wiedererklingender Glocken, von der Zaubermacht etwa des Farnkrautsamens, der reich, glücklich und allwissend machen sollte, oder von der Möglichkeit für den Kundigen, in der Johannisnacht »blühende« Schätze zu heben.

Auf dem Höhepunkt des Sonnenjahres, ehe das Jahr zum Winter abzusteigen beginnt, drängt sich am Johannistag das ganze Streben des Menschen um die Gewinnung des sommerlichen Segens und die Freude über den Zenit des Sommers in einem kaum überschaubar vielfältigen Brauchtum zusammen.

Sehr viele Maßnahmen gelten der Gesundheit von Mensch und Tier wie der Fruchtbarkeit von Garten und Feld, wobei neben anderem Kräuter eine große Rolle spielen, die jetzt von besonderer Heilkraft sind und zu magischem wie heilendem Tun eingesetzt werden. Das bekannteste von ihnen ist das nun goldgelb blühende Johanniskraut (Hypericum perforatum), landschaftlich auch Hartheu, Eisenhart, Feldhopfen, Hartenau, Mannskraft, St. Johannisblut (wegen des rötlichen Saftes der Blütenblätter), Blutkraut, Blutblume oder wegen seiner Anwendungsart Donner-, Blitz-, Hexenkraut, Jageteufel oder Teufelsfuchtel genannt. Es gilt als wirksam gegen böse Geister und den Teufel, in der Volksmedizin fand es Anwendung u. a. bei Hieb- und Stichwunden, Blutungen, gegen Pest und ansteckende Krankheiten, bei Magen-, Leber- und anderen Beschwerden.

Neben diesem eigentlichen Johanniskraut sind in den einzelnen Landschaften auch andere meist gelb und zu Johanni blühende Pflanzen als Johanniskraut oder -blume genannt und ähnlich verwandt worden, so u. a. Beifuß, Arnika, das gefleckte Knabenkraut, das gelbe Labkraut, die Wucherblume, die Fetthenne, das Bilsenkraut, die Kamille und der Mauerpfeffer. In manchen Gegenden wand man die Blumen oder Kräuter zu Kronen oder Kränzen, die vereinzelt in der Kirche geweiht wurden. Vielerorts wurden solche Kränze an einer Stange befestigt, die dann als Johannisbaum den Mai- oder Pfingstbaum vertrat.

Charakteristisch für das Brauchtum des Tages jedoch sind bis heute die gewöhnlich am Vorabend des 24. Juni abgebrannten Johannisfeuer, die bei uns wie bei unseren Nachbarvölkern bis weit in die vorchristliche Zeit zurückreichen. Sie stellen den wohl wichtigsten Bestandteil der feierlichen Begehung der Sommersonnenwende dar und wurden von der Kirche durch eine eigene Benediktion in ihren Kult miteinbezogen. Vom Mittelalter an zeugen zahllose Berichte davon, wie alle – Adel, Patrizier, Bürger und Bauern ebenso wie die Geistlichkeit – sich zu Feiern am Sonnwendfeuer versammelten, dem man reinigende, übelabwehrende wie fruchtbarkeitsspendende Kraft zuschreibt. In Verbindung dazu stehen fröhliche Feste, die häufig mit je nach Landschaft unterschiedlichen besonderen Speisen, dem Trinken der seit dem 10. Jahrhundert nachweisbaren Johannisminne – von der Kirche geweihtem Wein – und anderem, mehr kirchweihähnlichem Treiben verbunden sind. Davon ist heute im allgemeinen nur ein mehr oder minder harmloses Feiern geblieben, durch das lediglich schemenartig relikthaft altes und einst bedeutungsvolles Brauchtum durchschimmert.

Dargestellt wird Johannes meist als großgewachsener, hagerer Asket, Prophet oder Bußprediger in einem Fellkleid. Seine Attribute sind Lamm, Hirten- oder Kreuzstab, Buch, Taufschale und Axt.

JOSEF (19. März)

Wenn wir den Namen Josef hören, so steht vor unseren Augen sogleich das Bild eines liebenswert freundlichen Mannes, älter oder schon alt, ein einfacher Zimmermann, der sich rührend um das Wohl des ihm anvertrauten Jesuskindes kümmert.

Dieses Bild ist vor allem geprägt durch die Schilderung der Kindheitsgeschichte Jesu bei Matthäus und Lukas. Zwar wird dort die Abkunft Josefs aus dem königlichen Geschlechte Davids erwähnt, doch bleibt dieser Zug etwa für die Entwicklung des Kultes ohne sonderlichen Belang. Stärker betont scheint, daß Josef durch einen Engel im Traum über das Geheimnis der wunderbaren Empfängnis aufgeklärt wird und es annimmt. Nach der Geburt Jesu in Betlehem gibt er diesem wie befohlen seinen Namen und flieht nach der Darstellung im Tempel mit Maria und dem Neugeborenen nach Ägypten. Nach dem Tode des Herodes kehrt er zurück und läßt sich in Nazaret nieder. Ein letztes Mal hören wir von Josef, als er mit Maria und dem zwölfjährigen Jesus zum Osterfest nach Jerusalem pilgert. Danach wird er in den Evangelien nicht mehr erwähnt, woraus wir auf seinen Tod zwischen diesem Zeitpunkt und dem Beginn des öffentlichen Auftretens Jesu schließen.

Das Fehlen weiterer authentischer Nachrichten und das in der Heiligen Schrift nicht ganz einheitlich gezeichnete Bild Josefs haben dazu beigetragen, daß sich die apokryphe Literatur seiner Person in besonderem Maße angenommen hat, was wiederum einer kirchlichen Verehrung lange hinderlich gewesen ist. Sie ist, zunächst in der Ostkirche, seit dem 7. Jahrhundert nachweisbar, beschränkt sich jedoch auf die Mitfeier seines Gedächtnisses am Sonntag nach Weihnachten.

Im Abendland wird Josef zuerst um 850 im Martyrologium von Reichenau erwähnt. Erst 1479 erscheint sein Fest im römischen Brevier, und 1621 erhebt Papst Gregor XV. den 19. März zum gebotenen Feiertag. 1749 nahm Papst Benedikt XIII. Josefs Namen in die Allerheiligenlitanei auf, am 8. 12. 1870 erhob Papst Pius IX. ihn zum Schutzpatron der katholischen Kirche. Neben das Fest am 19. März trat 1847 das Schutzfest des hl. Josef, das zunächst am dritten Sonntag, seit 1914 am zweiten Mittwoch nach Ostern begangen wurde. Es wurde 1955 von Papst Pius XII. aufgehoben und durch das Fest Josefs des Werkmannes (lat. opifex) ersetzt, das auf den 1. Mai als den Tag der Arbeitnehmer gelegt wurde, seit 1969 als bloßes Gedächtnis. 1962 endlich hat Papst Johannes XXIII. Josefs Namen in den Kanon der heiligen Messe eingeführt. Josef ist der Patron zahlreicher Länder geworden, so z. B. von Böhmen 1654, Bayern 1663, Österreich 1675 sowie von Ordensgenossenschaften, Bruderschaften und Vereinen, wie dem aus den Gesellenvereinen hervorgegangenen Kolpingwerk.

Die volkstümliche Verehrung Josefs setzt erst verhältnismäßig spät ein, was man nicht aus der nicht sehr umfänglichen Überlieferung erklären kann. Diese ist im Vergleich zu anderen Heiligen sogar stärker und verbürgter. Hier hat sich eher die Besorgnis der Kirche ausgewirkt, daß man nach dem Wortlaut von Joh 1,46 und 6,42 Josef für den leiblichen Vater Jesu hätte halten können und dadurch der Glaube an die Gottheit Christi gefährdet schien. So finden sich deutlichere Zeichen volkstümlicher Verehrung erst mit Beginn der Neuzeit, und als Taufname, meist ein deutliches Indiz, wird Josef erst häufiger seit dem 17. Jahrhundert.

Sogenannte Josefsringe wurden als Amulette gegen geschlechtliche Versuchungen getragen, jedoch in Tirol auch gegen Epilepsie und Krämpfe. Aus ihnen hat sich wohl der 1855 päpstlich bestätigte Josefsgürtel gegen Krankheiten aller Art entwickelt. In der Volksmedizin wurden Josefslilien und deren Öl gegen Rotlauf, Hautverbrennungen und ähnliche Übel verwandt. Auch in Feuersegen taucht der Name des hl. Josef auf, wobei man auch hier daran gedacht hat, daß er die »Flamme« der Begierde gelöscht hat. In der Gegend von Stettin hieß es: »Maria, Maria, der Brand, der brennt / Joseph, lösch ab! Ich komm zu End!« Auf Segensformeln im Haus verwahrt, sollte sein Name gegen Feuergefahr schützen.

Auch die anderen Patronate Josefs leiten sich aus dem aus seinem Leben Überlieferten ab. Nach seinem Stand ist er Schutzherr der Handwerker und Arbeiter geworden, vornehmlich derer, die mit der Axt arbeiten. Zum Patron der Reisenden und derer, die auf Wohnungssuche sind, wurde er durch seine Herbergssuche mit der Heiligen Familie. Vor allem aber wurde er der Patron der Ehe und Familie, der Erzieher wie der Kinder und Waisen. Deshalb galt der Josefstag etwa im oldenburgischen Saterland und anderswo als beliebter Hochzeitstag; in Böhmen beschenkten sich Burschen und Mädchen. Mädchen beteten ein Vaterunser zu Josef um einen guten Mann, und in Würzburg glaubten sie, sein Bild verriete ihnen, ob sie überhaupt einen bekämen. Schließlich ist Josef der Patron der Sterbenden geworden. Hier gibt die fromme Überlieferung als Grund an, weil er in den Armen Mariens und seines göttlichen Pflegesohns gestorben sei.

Manches in Volksglaube und -brauch erklärt sich wie bei anderen Heiligen aus der Lage des Festtages im Jahreskreis. Dadurch ist er einer der Frühjahrsheiligen. In Schlesien sagte man, daß St. Josef den glühenden Pfahl in die Erde schlägt, und in Leobschütz schlug man einen solchen Pfahl in den Boden der Schenke. Der Tag wurde zum Lostag: »Ist's an Josephi hell und klar,/so kommt ein gutes Jahr.« Wind hingegen sollte Wind für das ganze Jahr bedeuten. Wie der Lichtmeßtag brachte der Josefstag das Ende der Arbeit bei Licht: »Der Josephsta / löscht's Lichtle a.« Endlich war der Josefstag in Baden, Schwaben und Böhmen ein Festtag der Kinder, an dem diese feierten, altertümliche Frühjahrsabwehrbräuche übten und dafür belohnt wurden.

Lange Zeit ist Josef in der Ikonographie sowohl in der byzantinischen wie in der westlichen altchristlichen und frühmittelalterlichen Kunst lediglich als eine Nebenfigur in der Kindheitsgeschichte, besonders in der Geburtsszene, dargestellt worden. Erst im hohen und ausgehenden Mittelalter nimmt seine Gestalt allmählich individuellere Züge an, allerdings auch teilweise komische, so als Breikocher für das Jesuskind. Die bildlichen Darstellungen, die den »Ziehvater« meist mit dem Jesuskind sowie Zimmermannswerkzeugen und der Lilie als Attribut zeigen, haben unser Bild stark geprägt. Hier finden wir ihn eben oft, was durch die Überlieferung der Schrift ja nicht gestützt wird, als einen alten, manchmal hinfälligen Greis.
Vielleicht entsprach das eher dem Bilde eines Menschen, der in einer »Josefsehe« lebte und als der Patron der Keuschheit angerufen wurde.

JULIANA VON LÜTTICH (5. April)

Daß in der Vergangenheit auch Frauen wesentlichen Anteil an der Ausgestaltung des Kirchenjahres hatten, zeigt das Beispiel der hl. Juliana von Lüttich oder Cornillon, die, zusammen mit ihrer Freundin Eva von Lüttich, den Anstoß zur Einführung des Fronleichnamsfestes gab.

Geboren wurde Juliana um das Jahr 1192 in Rétinne bei Lüttich. Nach dem frühen Tode des Vaters, der während eines Kreuzzugs einer Seuche zum Opfer gefallen war, kam sie im Alter von fünf Jahren mit ihrer Schwester zur Erziehung in das neuerbaute Kloster der Augustiner-Chorfrauen von Cornillon (Kornelienberg) bei (später: in) Lüttich. Bereits 1207 trat Juliana in den Orden ein und zeichnete sich aus durch besonders gewissenhafte Erfüllung der Ordensregel und ein intensives Studium der Heiligen Schrift wie der Werke der hll. Augustinus und Bernhard.

Von Kind an war der Lieblingsgegenstand ihrer Betrachtungen das Sakrament der Eucharistie, das zu ihrer Lebenszeit Kirche und Gläubige allgemein stark beschäftigte. Das fand seinen Ausdruck vor allem in der Festschreibung der kirchlichen Lehre von der Transsubstantiation, der Verwandlung von Brot und Wein in Leib und Blut Jesu Christi, durch das IV. Laterankonzil von 1215. Es zeigt sich aber auch in der Einführung der sogenannten »Elevation«, dem Emporheben der Eucharistie. Um das Volk die Gestalten von Brot und Wein sichtbar erleben zu lassen, bildete sich seit dem Beginn des 13. Jahrhunderts die Sitte aus, sie unmittelbar nach der Wandlung emporzuheben und den Gläubigen zu zeigen.

Die hl. Gertrud die Große von Helfta (1256 – ca. 1301) meint in ihrem »Gesandten der göttlichen Liebe« (IV, c. 25), »daß der Mensch, so oft er mit andächtigem Verlangen die Hostie anschaut, ebenso oft sein Verdienst im Himmel vermehrt, weil ihm in der künftigen Anschauung ebenso viele Freuden zuteil werden, als er auf Erden mit Andacht und Verlangen den Leib Christi angeschaut hat oder anschauen wollte, wenn er nicht daran gehindert würde.«

Vor diesem Hintergrund ist die große Wertschätzung der Eucharistie durch die hl. Juliana zu sehen. »Dieses hochheilige Geheimnis«, urteilt ein Theologe, der ihren Lebensweg beschreibt, »schien ihr viel zu wenig gewürdigt zu werden; insbesondere vermißte sie in der Reihe der kirchlichen Feste einen diesem erhabensten Geheimnisse ganz allein geweihten Festtag.« In einer Vision schaute Juliana im Jahre 1209 die helle Scheibe des Vollmondes, die jedoch an einer Stelle durch ein herausgebrochenes Stück verdunkelt wurde. In weiteren Visionen wurde ihr das so erklärt, daß die Scheibe den Festkreis der Kirche darstelle, der noch eines eigenen Festes zu Ehren des Allerheiligsten Altarssakramentes entbehre.

Erst 1230 teilte Juliana ihre Offenbarungen einigen vertrauten Priestern mit und begann, mit Hilfe der befreundeten Reklusin bei St. Martin in Lüttich, Eva, sich für die Einführung eines Fronleichnamsfestes einzusetzen. Unterstützung fand sie auch bei den Mitgliedern der Kommission, die mit der Untersuchung ihrer Visionen betraut wurden: Johannes von Lausanne, der Dominikanerprovinzial Hugo a S. Caro und der Lütticher Archidiakon Jakob von Troyes, der spätere Papst Urban IV. Mit ihrer Zustimmung führte Bischof Robert von Lüttich 1246 das Fronleichnamsfest am Donnerstag nach dem Dreifaltigkeitssonntag für seine Diözese ein und ordnete an, daß es ebenso festlich begangen werden sollte wie Weihnachten, Ostern oder Pfingsten. Juliana selbst hatte für das Fest ein lateinisches Offizium geschrieben, das vom Bischof approbiert, jedoch nach der Einführung des Festes für die ganze Kirche durch das von

Thomas von Aquin im Auftrag des Papstes verfaßte ersetzt wurde. 1252 ordnete der Legat Hugo a S. Caro das Fest für Westdeutschland an, und 1264 führte Papst Urban IV. es für die ganze Kirche ein. Da er jedoch bald nach dem Erlaß der Bulle starb, wurde die allgemeine Einführung zunächst verzögert und erst von Papst Klemens V. endgültig durchgesetzt.

Juliana hat die Erfüllung ihres Lebenswunsches nicht mehr erleben können und am Abend ihres Lebens viel Leid und Schmach erfahren. Seit 1222 Priorin des Klosters Cornillon, wurde sie wegen ihrer Strenge bei der Befolgung der Regel von ihren Mitschwestern angefeindet und, mit Hilfe von Gegnern außerhalb des Klosters, zweimal vertrieben, zuletzt 1248. Begleitet von wenigen, ihr weiter ergebenen Schwestern, verfolgt und in Not lebend, zog sie von einem Zufluchtsort zum anderen, bis sie endlich als Einsiedlerin in Fosses bei Namur Ruhe fand und dort am 5. April 1258 starb. Bestattet wurde sie in der Kirche der Zisterzienserabtei Villers in Brabant, wo ihr Grab als Stätte zahlreicher Wunder gerühmt wurde, bis es in der Zeit der Französischen Revolution zerstört wurde und ihre Reliquien verschwanden.

Die Elevation entwickelte sich zum Mittelpunkt der damaligen Volksfrömmigkeit. Bischöfe gewährten Ablässe, um das Volk zu ermuntern, zur Elevation in die Kirche zu gehen und das Sakrament zu verehren. Das Volk gewann die Überzeugung, daß die Gebete, die beim bloßen Anschauen der Hostie verrichtet würden, mit großen Gnaden verbunden seien. Die unverhüllte Hostie anzuschauen, sozusagen eine »geistliche Kommunion«, wurde eine der populärsten Frömmigkeitsübungen des Mittelalters und der Renaissance.

Dargestellt wird Juliana als Nonne im Augustinerinnen-
oder Zisterzienserinnenhabit mit Regelbuch, Kelch oder
Monstranz, häufig während ihrer Vision oder bei der Anbe-
tung des Allerheiligsten Altarssakramentes.

KATHARINA VON ALEXANDRIEN
(25. November)

Seit geraumer Zeit gehören wortreich und lautstark vorgetragene Klagen über die – meist als schädlich dargestellten – Einflüsse der Massenmedien zum Standardrepertoire zahlloser Kritiker. Stellt man jedoch dagegen, was in früheren Zeiten eine vergleichsweise einfache Heiligenlegende an dauernden und tiefgreifenden Wirkungen zu erzielen vermochte, wird man bezweifeln dürfen, ob der moderne technische Aufwand sich je damit messen läßt.

Ein besonders einleuchtendes Beispiel dafür ist die hl. Katharina. Nicht einmal ihre geschichtliche Persönlichkeit ist greifbar, denn ihr Name erscheint in keiner historischen, liturgischen oder legendarischen Quelle des Altertums, wenn man auch versucht hat, sie mit einer von Kaiser Maximinos Daja verbannten Jungfrau aus Alexandrien zu identifizieren, die Eusebius in seiner Kirchengeschichte (VIII, 14 f), doch ohne Namensnennung erwähnt, die bei Rufin jedoch Dorothea heißt.

Der Kult dieser Heiligen, die Vielzahl ihrer Patronate, die Aufnahme in die Schar der Vierzehn Nothelfer und die Bedeutung ihres Festtags (25. November) in der Volksfrömmigkeit: Alles, was Katharina im hohen und späten Mittelalter in der Heiligenschar eine Position erringen läßt, die nur noch von der Gottesmutter übertroffen wurde, geht zurück auf eine im 6./7. Jahrhundert im Orient verfaßte und seit dem 8. Jahrhundert ins Lateinische und in verschiedene europäische Volkssprachen übersetzte romanhafte Legende.

Danach entstammt die sich durch Schönheit, Reichtum

und hohe Bildung auszeichnende Katharina einer angesehenen Familie Alexandriens. Ihren Weg zum Christentum findet sie durch ein Traumgesicht, in dem ihr die Gottesmutter und ihr Sohn erscheinen. Maria fragt, auf Katharina deutend, Jesus, ob er sie zur Frau wolle. Der jedoch lehnt ab, weil Katharina keine Christin sei. Erschüttert läßt Katharina sich taufen, und nach einem erneuten Traumgesicht erwacht sie und entdeckt an ihrer Hand einen goldenen Ring als Zeichen ihrer Brautschaft mit Christus.

Als sie achtzehn ist, kommt Kaiser Maxentius, etwa 306/307, nach Alexandrien. Sie verteidigt vor ihm gegen fünfzig Philosophen so klug und beredt das Christentum, daß sie diese zum Christentum bekehrt, worauf sie hingegen vom Kaiser zum Scheiterhaufen verurteilt werden.

Katharina selbst soll auf ein mit Messern besetztes Rad geflochten werden, das jedoch auf ihr Gebet hin zerbricht. Daraufhin läßt der Kaiser sie enthaupten, aus der Halswunde aber strömt Milch statt Blut. Engel nehmen den Leichnam auf und tragen ihn zum Berg Sinai, an dessen Fuß später das berühmte Katharinenkloster gegründet wird, zu dessen und der zahlreichen Pilger Schutz ein eigener Ritterorden der hl. Katharina ins Leben gerufen wird.

Die Verehrung der Heiligen, die sich im Abendland seit dem 8. Jahrhundert nachweisen läßt, nimmt seit dem 11. Jahrhundert einen selbst für mittelalterliche Verhältnisse erstaunlich starken Aufschwung unter dem Einfluß der Kreuzzüge und aufgrund der Tatsache, daß sie in die Schar der Vierzehn Nothelfer aufgenommen wird. Dafür war ausschlaggebend vor allem der Umstand, daß sie nach der Legende vor ihrem Tod fürbittend für alle Gott angerufen habe. Die ihren Namen anriefen, deren Gebet habe Gott daraufhin erhört.

Zahlreiche Kirchen, Kapellen und Altäre wurden ihr geweiht, ihr Leben nach der Legende zahllose Male in der

Dichtung wie in der darstellenden Kunst gestaltet. Auffallend groß ist die Zahl ihrer Patronate.

Diese leiten sich zum Teil ab von ihrem Namen, der »die allzeit Reine« bedeutet. So erhielten Nonnen bei der Einkleidung ihren Namen; ihrem Schutz unterstellten sich die Schülerinnen, dann die Mägde und Arbeiterinnen, besonders in England, Belgien und Frankreich. Hier, wo der 25. November in einzelnen Diözesen gebotener Feiertag wurde, begehen in Paris die Midinettes oder Cathérinettes, die Arbeiterinnen, meist Näherinnen der Putzmachereien, der Schneidereien wie der großen Mode- und Konfektionshäuser den Tag der Heiligen mit Umzügen, Spielen, Tanz und Bescherung.

Der erwähnte Sieg in der Disputation mit den fünfzig Philosophen in Alexandrien ließ Katharina zur Schutzherrin der Philosophischen Fakultät der Pariser Universität werden und danach der Philosophen und Gelehrten überhaupt wie von Universitäten, Schulen und Bibliotheken, von Rechtsanwälten und Notaren, von Rednern, Studenten und Schülern, aber auch von Buchbindern, Gerbern und Lederarbeitern, wobei zusätzlich das Buchattribut eine Rolle gespielt hat.

Wegen der Attribute ihres Martyriums, Rad und Messer, wurde die Heilige auch Patronin der Stellmacher oder Wagner, der Müller, der Scherenschleifer, der Chirurgen und Barbiere – deren Beruf sich allerdings früher deckte – und sogar der Spinnerinnen. Weil nach der Legende schließlich bei ihrem Martyrium Milch statt Blut aus der Wunde geflossen sein soll, wurde sie auch noch Patronin der Ammen.

Dazu traten, um nur die wichtigeren zu nennen, ihre Patronate über Bleigießer, Bogenschützen, Flachshändler, Schiffer, Schuhmacher und Seiler.

Aber auch bei zahlreichen Krankheiten und in anderen Anliegen wurde sie angerufen. Weil sie enthauptet wurde, sollte sie bei Kopfschmerzen helfen, wegen ihrer »guten

Zunge«, die ihr gegen die Philosophen geholfen hatte, bei Zungenleiden. Stotterer und selbst Stumme hofften durch ihre Fürbitte geheilt zu werden. Weil der Legende nach aus ihren Gebeinen auf dem Berg Sinai ständig Öl floß, galt sogenanntes Katharinenöl als heilkräftiges Mittel gegen Gliederschmerzen, Pest, Gicht und viele andere Leiden. Schwangere riefen sie in der Stunde der Niederkunft an, und in Schlesien galt sie innerhalb der Nothelfer als besondere Helferin in der Stunde des Todes.

Bedenkt man obendrein, wie überaus häufig ihr Name als Vorname auftaucht, dann bekommt man einen einigermaßen zutreffenden Eindruck von der Bedeutung der hl. Katharina in der Volksfrömmigkeit, deren Festtag natürlich ein bedeutender Termin war. Er kündete das Ende der Weidezeit, das Einholen der Bienenstöcke, die Schafschur und den Beginn des Spinnens an. Der Tag selbst jedoch war weithin ein Feiertag, der Arbeitsverbote mit sich brachte, vor allem solche, die das Rad betrafen: Wagen durften nicht rollen, Mühlräder ebenso wie die Spinnräder mußten stille stehen.

Und letztlich galt wegen der unmittelbar bevorstehenden Adventszeit vom Katharinentag an die kirchlich geschlossene Zeit mit Tanzverbot: »St. Kathrein / stellt das Tanzen ein.«

Die auffallend zahlreichen Patronate begleiten ebenso viele dichterische Gestaltungen der Legende und, besonders im 15. und beginnenden 16. Jahrhundert, eine kaum zu überschauende Zahl an bildlichen Darstellungen. Diese zeigen sie als Königstochter mit den Attributen Krone, Kreuz, Palme, Buch, Schwert und Rad. Sie wird dargestellt als Einzelfigur, oft den Fuß auf antike Götter oder Kaiser Maxentius setzend, oder aber während der Disputation, beim Martyrium, in der Verlobungsszene mit Christus oder bei ihrer Entrückung durch Engel auf den Berg Sinai.

LAMBERT(US) (18. September)

»Gelegenheit zu ausgelassenem Frohsinn bot namentlich den Einwohnern von Münster der Lambertustag (17., heute: 18. September). Am Vorabend sammelten die Kinder Lichter, Öl und Geld: ›O Här, eenen Pennink to Lambertus‹ (O Herr, einen Pfennig zu Lambertus). Am Festtag selbst war abends die ganze Stadt beleuchtet, Kränze mit Lichtern schwebten quer über die Straße, und an verschiedenen Stellen waren Holzpyramiden errichtet, verziert mit Lichtern, Blechlämpchen (Lammejäöhnkes), Blumen und Laub. Auf der Spitze der Pyramide prangte auch wohl eine ausgehöhlte ›Puotröwe‹ (Runkelrübe) oder ein Kürbis, die durch eine Kerze erhellt waren. Darumher sammelten sich Kinder, Gesellen und Mägde und sangen altherkömmliche, lustige Weisen. Begonnen wurde gewöhnlich mit dem Liede: ›Lambertus sall liäwen, de hett uss so leif‹ usw. (Lambertus soll leben, er hat uns so lieb).

Beleuchtung und Feuerwerk waren eine Hauptsache bei der ganzen Begehung. Bis tief in die Nacht dauerte das Spiel, das bei günstiger Witterung an drei Abenden wiederholt wurde. In den siebziger Jahren des vorigen Jahrhunderts wurde die Feier wegen übler Ausschreitungen untersagt oder doch auf die Gärten, Höfe und abgelegeneren Straßen beschränkt. Jetzt erinnert noch der hübsche, 1909 errichtete Lambertusbrunnen mit seinem Bildschmuck an das einstige Volksfest.«

Wenn sich das alte Volksfest auch nicht mehr so in der von Paul Sartori 1922 in seiner »Westfälischen Volkskunde« (S. 167f) anschaulich beschriebenen Weise gehalten hat, so hat sich dennoch das Brauchtum nicht nur erhalten, sondern neuen Auftrieb bekommen. Träger sind heute vor allem die Kinder, die Lambertuslieder singen und um aufgeputzte und beleuchtete Laubpyramiden tanzen.

Leben und Wirken des Heiligen, dessen Festtag so festlich-fröhlich begangen wird, erklären allerdings dieses Brauchtum nicht.

Als Sohn reicher Eltern um das Jahr 635 in Maastricht geboren, wurde Lambertus von seinem Oheim Theodard erzogen und um 672 dessen Nachfolger als Bischof von Tongern-Maastricht. Doch bereits Ende 675, nach der Ermordung seines Gönners, König Childerichs II., wurde er von dessen Hausmeister Ebroin aus seinem Bistum vertrieben und lebte sieben Jahre im Benediktinerkloster Stablo in den Ardennen. Nach dem Sturze Ebroins wurde er von dessen Nachfolger Pippin von Heristal wieder in sein Amt eingesetzt. Mit Eifer und Geschick widmete er sich der kirchlichen Erneuerung in seinem Bistum und missionierte erfolgreich bei den noch heidnischen Toxandrern im heutigen Nordbrabant. Er wurde am 17. September 705 oder 706 von einem Grafen Dodo ermordet, weil er die Besitzrechte der Kirche gegen ihn und seine Sippe verteidigt hatte.

Beigesetzt wurde Lambertus zunächst in der Peterskirche in Maastricht. Als sein Nachfolger, der hl. Hubertus, den Bischofssitz nach Lüttich verlegte, ließ er um 715 die Gebeine seines Vorgängers in die dortige Lambertuskirche übertragen, wo sie 1794 bei der Eroberung durch französische Truppen vernichtet wurden.

Die Verehrung des hl. Lambertus nahm einen raschen Aufschwung, vor allem im benachbarten Raum, in Flandern, im östlichen Frankreich, in den Niederlanden und im westlichen Deutschland, hier besonders in Westfalen, wo sehr viele Kirchen sein Patrozinium besitzen.

Da das Fürstbistum Lüttich, das ihn zum Schutzherrn erwählte, bis 1794 zu den habsburgischen Kronländern gehörte, breitete sich der Lambertuskult auch früh in Österreich aus. So wurde Lambertus u. a. Patron der um das Jahr 900 gegründeten Abtei Seeon. In der Steiermark entstand um die Wende zum 12. Jahrhundert die Abtei St. Lambrecht. Und auch Freiburg im Breisgau, seit 1368 zum Hause Habsburg gehörig, gelangte in den Besitz einer Hauptreliquie des Heiligen und zählt ihn seither zu einem seiner Stadtpatrone.

Das eingangs geschilderte Brauchtum geht nicht von der Person des Heiligen aus, sondern weist auf die Stellung seines Festtages im Jahresablauf hin. Mit dem Lambertusfest nahm man vom Sommer Abschied. Vom 17. September an begann früher in Westfalen die abendliche Arbeit im Hause bei Licht. Der Hafer sollte in den Scheuern sein, der Roggen mußte gesät werden. Wollte eine Magd oder ein Knecht die Arbeitsstelle zum Feste Petri Stuhlfeier des kommenden Jahres (22. Februar) verlassen, so mußte zu Lamberti gekündigt werden. Am Niederrhein sprach dann der Bauer: »Lamberste mi, dann petere ick di« (Kündigst du mir zu Lamberti, dann laß ich's dich fühlen).

Auch als Wetterlostag war der Festtag des Heiligen von Bedeutung: »Trocken wird das Frühjahr sein,/ist St. Lambert klar und rein.«

Dargestellt wird Lambertus meist als Bischof mit Handkreuz und einem Kirchenmodell als Kirchengründer. Daneben trägt er als Kennzeichen Mordwerkzeuge wie Schwert, Pfeile, Lanze, und vereinzelt wird sein Martyrium dargestellt. Manchmal trägt er auch glühende Kohlen, die an eine Legende erinnern, nach der er, als er einst kein Rauchfaß für den Weihrauch hatte, in seinem Meßgewand glühende Kohlen zum Altar trug, ohne Schaden zu nehmen.

LAURENTIUS (10. August)

Von Luther stammen die bekannten Worte, daß man zu Ehren des hl. Laurentius faste, damit »er das huß von dem füer behüt. Darzu laßt man uff syn fest nit ein füncklin füers in das huß kummen, sonder in einem andern huß kocht man mit dem füer. Und also förchten sy und eren das füer mer dann sant Lorentz. Oder han villicht das daruff, diewil er im füer gebraten ist, so haßt er es, und darumb so er es sicht an seinem fest, möcht er gedencken der marter, die im darvon geschehen ist, und also sich rechen an denen, die es by inen behalten an sinem tag. Wann das ware wer, so solt kein christen mensch ymmer ein füer anzünden.«

Damit wird auf das bekannteste Patronat des Heiligen, das über das Feuer, Bezug genommen, das sich allerdings noch nicht aus den frühesten Berichten ablesen läßt. Nach diesen war Laurentius Erzdiakon des Papstes Sixtus II. und erlitt vier Tage nach diesem in der valerianischen Christenverfolgung zusammen mit vier anderen Klerikern den Märtyrertod am 10. August 258. Erst die spätere dramatisch ausgeschmückte Legende, die u. a. bereits dem hl. Ambrosius im 4. Jahrhundert bekannt ist, berichtet, der Heilige sei auf einem glühenden Roste zu Tode gebraten worden.

Seine Gebeine wurden in einer Katakombe an der Via Tiburtina beigesetzt, über der Konstantin der Große eine Kapelle errichten ließ, die unter Papst Pelagius II. (579–590) zu einer dreischiffigen Basilika erweitert wurde, S. Lorenzo fuori le mura, eine der sieben Hauptkirchen Roms.

In Deutschland blühte Laurentius' Verehrung auf, seit an seinem Festtag im Jahre 955 Kaiser Otto I. (936–973) nach einem Gelübde an den Heiligen auf dem Lechfeld bei Augsburg den entscheidenden Sieg über die Ungarn erfocht. In diesem Raum wie auch in Westdeutschland wurden ihm zahlreiche Kirchen und Kapellen geweiht. Auch Spanien, sein vermeintliches Geburtsland, zählt Laurentius zu seinen Landespatronen zum Dank für den am Laurentiustag 1557 errungenen Sieg bei St. Quentin, und Philipp II. weihte ihm das 1563 begonnene berühmte Kloster Escorial bei Madrid, dessen Grundriß einem umgekehrten Roste gleicht, auf dem der Heilige den Tod erlitten haben soll.

Aufgrund seiner angeblichen Todesart erhielt Laurentius das Patronat über das Feuer, das er später bei uns weitgehend an Agatha und Florian abgeben mußte, deren letzteren Luther jedoch noch als »Gesellen« des hl. Laurentius ansah. Er wurde gegen Feuersgefahr angerufen und zum Schutzherrn der mit Feuer beschäftigten Berufe, wie der Feuerwehrleute, Köhler, Köche, Bäcker, Glasbrenner, Bierbrauer und im Anschluß daran der Plätterinnen und Wäscherinnen wie der Schenkwirte.

Auch rief man den Heiligen bei Brandwunden an, gewöhnlich mit dem sogenannten Laurentiussegen: »Der hl. Lorenz lag auf dem Rost, / da kam der Herr und gab ihm Frost; / er kommt mit seiner heiligen Hand / und bläst ihm den heißen und kalten Brand.« Der heiße Brand steht in der Volksmedizin für eine Brandwunde, aber daneben auch für Ruhr, Fieber u. ä., der kalte Brand umschrieb mancherlei, z. B. auch den Krebs.

Solche Besprechungen führen weiter in das Gebiet des Zaubers, in dem der Name Laurentius ebenfalls eine wichtige Rolle gespielt hat. So sollte nach »Der alten weiber philosophey, getruckt zu Franckfort am Mayen 1537«, derjenige, »welcher die beyn (Knochen) so das fleysch ab ist, ins fewer wirffet oder lesst werffen, inn Sanct Laurentz ehren, … nimmermehr das zangeschwer (Zahngeschwür) haben.« Als vorzügliches Zaubermittel aber galten, besonders in Süddeutschland, die sogenannten Laurenzikohlen, die man

122

»unbeschrien« im Namen des Heiligen oder der Heiligsten Dreifaltigkeit am Laurentiustag vormittags zwischen 11 und 12 Uhr oder in der Laurentiusnacht in Gärten, Äckern oder unter der Dachtraufe suchen mußte. Sie sollten mehr Hitze abgeben als gewöhnliche Kohlen und »geweiht, wie sie sein sollen«, gegen Feuer und Blitz, gegen Verhexung, Krankheiten bei Mensch und Vieh und, unter den Samen gemischt, gegen den »Brand« im Korn schützen. Aus der Oberpfalz wird überliefert, daß man vor solchen zur Mittagsstunde auf dem Friedhof begrabenen und nach Hause getragenen Kohlen fünf Vaterunser, ein Ave Maria, das Glaubensbekenntnis und ein Ablaßgebet verrichtete und dadurch eine Seele erlösen zu können glaubte, wobei wiederum das Feuer in Fegefeuer und Hölle von Bedeutung war.

Wichtig wurde die Stellung des Laurentiustages im Jahresablauf. Wegen seiner Lage im Kalender »teilt« der Tag den Sommer, und er gilt, etwa in Tirol und im Allgäu, auch schon als Herbstbeginn. Er wurde zu einem wichtigen Lostag, und schönes Wetter verspricht nach zahlreichen Wetterregeln eine gute Ernte und einen schönen Herbst. Besonders die Winzer achten auf das Wetter des Tages wie auf den Traubenwuchs, wie schon eine Nachricht aus dem 16. Jahrhundert aus dem Rheinland zeigt: »Anno 1580, den 10. Augusti, hat S. Laurentii bilt in Sant Laurentzkirspel diß jar etliche reife truben an sich hangen, daß man gern hat und hofft, dan sulten die trueben froe gnoig reif werden und gut wein wassen.«

Auch für die Imker der Lüneburger Heide war der Laurentiustag früher ein wichtiger Termin, trat doch dann nach dem Glauben der Heidjer der Honig in die »Heide«, die Heideblume, und darum zog der Imker nun mit seinen Bienenvölkern für fünf Wochen, bis zum Tage Kreuzerhöhung (14. September), in die Heide.

Daß das Jahr nun langsam niedergeht, spricht aus dem alten

Verbot, nach Laurentius im Freien zu baden oder aus dem schlesischen Glauben, daß nach diesem Tag das Holz nicht mehr wachse.

Die einst größere Bedeutung des Laurentiustages zeigt sich noch in einer Anzahl von Märkten, Wallfahrten, Festen und Begehungen, unter ihnen der Schäfersprung im badischen Bretten oder die Pferdesegnung auf dem Laurenziberg bei Gau-Algesheim im Rheinhessischen.

Daneben sind noch zwei weitere Patronate zu nennen, die auf die Tätigkeit des hl. Laurentius zurückgehen, nämlich das über die Bibliothekare, weil er die Kirchenbücher verwahrte, und besonders das über die Armen, für die er als Diakon vieles getan hat. Früher war es deshalb mancherorts üblich, am Laurentiustage Brot zu weihen und unter die Armen zu verteilen.

Nach dem Heiligen werden im Volksmund die sogenannten Laurentiustränen benannt, offenbar Zerfallsprodukte eines Kometen, die alljährlich um diese Zeit als große Sternschnuppen niedergehen. Während die Astronomie sie nüchtern nach ihrem Radiant (Ausstrahlungspunkt) beim Stern Gamma im Sternbild des Perseus Perseiden nennt, deutet die Volksüberlieferung sie als Tränen, die der Himmel aus Trauer über den Tod des Heiligen weine – ein Bild, das die tiefe menschliche Verbundenheit mit dem beliebten Heiligen schön zum Ausdruck bringt.

Dargestellt wird Laurentius als junger bartloser und barhäuptiger Diakon mit Dalmatika. Seine Attribute sind neben Buch und Märtyrerpalme Rost und Kelch, in dem sich oft Geldstücke oder eine Börse befinden.

LEONHARD (6. November)

»Heilöga St. Leonhard, der's Vieh alls kuriert, /Mach, daß uns hoia koan Rindl nit krepiert, /D'Ochs'n sand ja thoia, dös woaßt ja von eh', /Gelobt sey dö Christl und d'Salome!«

Dieser Gesang der Bauern aus einer Pinzgauer Wallfahrtsparodie des 18. Jahrhunderts ist einer der zahllosen Beweise für die Beliebtheit eines Heiligen, der wegen seines hohen Ansehens im deutschen Süden auch der »bayerische Herrgott« heißt.

Wie bei vielen anderen volkstümlichen Heiligen ist auch über den hl. Leonhard nur wenig historisch Verbürgtes überliefert. Nach der um 1030 verfaßten und mit legendenhaften Zügen durchsetzten Lebensbeschreibung stammt er aus einem fränkischen Adelsgeschlecht und war ein Schüler des hl. Remigius von Reims (†13. 1. 533), der ihn auch zum Priester weihte. Er gewann bald einen solchen Ruf, daß sein Name auch am Königshof einen guten Klang besaß. Da Leonhard jedoch fürchtete, der König wolle ihn zum Bischof machen, zog er sich in die Einsamkeit zurück und lebte lange Jahre als Einsiedler in der Nähe von Limoges. Als einst der König mit seiner Gemahlin in der Nähe zur Jagd weilte, kam die Königin nieder. Ihr Zustand schien gefährlich, doch habe der herbeigerufene Einsiedler einen glücklichen Ausgang der Geburt erfleht.

Der König wollte ihn reich belohnen, doch erbat Leonhard sich nur ein Stückchen Waldes, in dem er mit zwei Mönchen leben könne. Dort erbaute er ein Kloster, das er Nobiliacum = Edelgut nannte, das heutige St.-Léonhard-de-Noblat bei Limoges.

Seine besondere Fürsorge, so erzählt die Legende weiter,

galt den schuldlos Gefangenen, für deren Freilassung er seine ganze Kraft und Autorität einsetzte. Und welcher Gefangene auch immer im Kerker seinen Namen anrief, dessen Ketten wurden zerrissen, und er konnte ungehindert davongehen. Diese Menschen aber seien zu dem Heiligen gekommen, hätten ihm ihre Fesseln dargebracht und bei ihm im Dienste für Gott gelebt. Und die Legende klingt aus in einer Aneinanderreihung vieler vergleichbarer Wundertaten des Heiligen.

Die Verehrung des hl. Leonhard breitete sich nach lokalen Anfängen seit dem Ende des 11. Jahrhunderts über Frankreich, England, Italien und, namentlich durch das Wirken der Zisterzienser, über den deutschen Raum aus. Hier erfaßte sie besonders den Süden: Schwaben, Bayern und Österreich, wo, wie auffallend zahlreiche Kirchen-, Kapellen- und Altarpatrozinien, Wallfahrten, Umritte und anderes Brauchtum sowie die Stellung seines Festtages, der früher nach Ostern, Pfingsten und Weihnachten der höchste Feiertag war, zeigen, Leonhard zu den beliebtesten Heiligen zählte, weshalb er auch in die Schar der Vierzehn Nothelfer aufgenommen wurde.

Sein ursprüngliches Patronat, das ja bereits in der Legende seinen Niederschlag gefunden hatte, ist das über die Gefangenen, das man vom Anklang seines Namens, der im Französischen meist Liénard lautet, von lien = Band, Fessel hergeleitet hat. Es scheint seine besondere Ausprägung während der Kreuzzüge und mehr noch während der Türkenkriege erfahren zu haben, und viele der gerade bei Leonhardskirchen typischen Votivketten gehen auf Gelöbnisse von Gefangenen der Türkenkriege zurück. Diese umgaben nämlich nach ihrer Heimkehr eine Kirche oder Kapelle des Heiligen mit einer Eisenkette, die das Bild vieler Leonhardskultstätten bestimmen.

Solche Ketten kennen wir schon aus vorchristlicher Zeit. So

wurden etwa germanische Opferstätten mit Ketten oder einem Band umspannt, um sie gegen feindliche Einflüsse zu schützen. Doch wird man, wenn auch ähnliche Vorstellungen damit verbunden und ältere Formen bewahrt sein können, die Ursprünge der Leonhardiketten nicht so sehr in einer direkten Übertragung von Heidnisch-Germanischem auf das Christentum als vielmehr in der erwähnten, sich im Bilde der Kette äußernden Lösegewalt sehen dürfen.

Diese zeigt sich ferner im ebenfalls in der Legende begründeten Patronat Leonhards über die Wöchnerinnen, die ihm zum Dank für eine glückliche »Entbindung« vor allem eiserne Kröten als symbolische Darstellung der Gebärmutter opferten, sowie in seinem Schutz bei Krankheiten und Gebrechen mannigfacher Art. Kranke, die von ihm Fürbitte und Hilfe erwarteten, erklärten sich freiwillig zu seinen Gefangenen und trugen zum Zeichen dessen Ketten oder Ringe, die sie ihm nach ihrer Heilung brachten. Namentlich die Geisteskranken, die im Mittelalter, wenn sie tobsüchtig waren, in Ketten gelegt wurden, unterstellten sich seinem Schutz und weihten ihm, wenn sie genasen, diese Ketten.

Seine überragende Bedeutung aber gewann Leonhard dadurch, daß er zum fürbittemächtigen Helfer in allen bäuerlichen Anliegen wurde. Wind und Wetter, das Gedeihen der Felder und das Vieh, namentlich die Pferde, wurden seinem Schutz unterstellt. Sein Bild wird an die Stalltür genagelt oder von den Hirten, die ihn besonders verehren, auf den Almwegen an Baumstämmen angebracht. Er hilft, verirrte Tiere, aber auch Menschen wiederzufinden und wurde dadurch ebenfalls zum Patron der Reisenden.

Auch als Vieh- und Pferdepatron eignen Leonhard, der darum auch der Eisenherr heißt, wiederum eiserne Votivgaben in Gestalt von Tieren oder Hufeisen, doch werden bisweilen solche auch an die Kirchentür gemalt. Die Votivgaben, die entweder eigens angefertigt oder sonst vom Mesner gegen Entgelt vermietet wurden, nehmen in ihrer Gestalt meist

Bezug auf den Gegenstand des Gelöbnisses, so etwa, wenn für ein geheiltes Pferd ein Hufeisen, für eine gut verlaufene Entbindung eine Kröte aufgeopfert wird. Auf diese Weise sind auch die sogenannten Leonhardiklötze an die Kultstätten des Heiligen gekommen, schwere eiserne Rumpffiguren, wohl mit dem Eigengewicht des Stifters. Bekannt sind die zu Aigen bei St. Leonhard, deren gewichtigster der Würdinger oder Männer-Lienl ist.

An diese Leonhardiklötze oder – wenn sie einfacher gestaltet sind – Leonhardinägel, aber auch an Leonhardistatuen hat sich der eigenartige Brauch des Liedl- oder Mannaliedlschutzen geknüpft, eine Kraft- und Gewissensprobe, bei der man solche Klötze zu »lupfen«, heben versucht. Ursprünglich glaubte man sich durch das Heben, das jedoch nur der vollbringen konnte, der »frei von Sünden« war, vor Krankheiten im kommenden Jahr zu schützen, während später die sportliche Kraftübung in den Vordergrund trat.

Bedeutender jedoch als diese mehr spielerisch geübten Bräuche sind die zahllosen Leonhardifahrten und -umritte, die im Süden weithin das Bild des Festtages des Heiligen bestimmen. Mit prächtig geschmückten Pferden ziehen die Bauern zu den Kirchen und Kapellen des Heiligen, umreiten oder umfahren sie, meist dreimal, wohnen der heiligen Messe bei und lassen ihre Pferde segnen. Diese Leonhardifahrten haben sich, in Bayern häufiger als im benachbarten Österreich, zu prachtvollen Aufzügen entwickelt, deren bekanntester die seit 1718 bezeugte Leonhardifahrt von Bad Tölz ist. Aus Bad Tölz selbst und aus den umliegenden Ortschaften bewegt sich der Zug unter Anteilnahme von Geistlichkeit, Magistrat, Bürgern und vielen Zuschauern zum Kalvarienberg über dem Isartal. Meist vier Pferde, deren Schweif und Mähnen mit Bändern durchflochten sind, ziehen die prächtigen Wagen, die »Leonharditruhen«, die farbenfroh bemalt und mit frommen Sprüchen geschmückt sind. Auf dem Berge finden Hochamt, Umfahrt und Einsegnung statt, an die sich dann ein fröhliches weltliches Treiben anschließt.

Entsprechend der Beliebtheit und der bedeutenden Verehrung, die Leonhard genießt, ist die Zahl der bildlichen Darstellungen überaus groß. Abgebildet wird er gewöhnlich als Abt mit Stab und Buch, eine Kette über dem Arm oder in der Hand, mit Gefangenen zu seinen Füßen oder mit dem von ihm beschützten Vieh.

LUZIA (13. Dezember)

Eine eigenartige, doppeldeutige Gestalt in ihrem Brauchtum hat bei uns die hl. Luzia angenommen, die aus vornehmem Geschlecht in Syrakus auf Sizilien stammte und, wahrscheinlich in der diokletianischen Verfolgung um 300, den Märtyrertod erlitt.

Nach der im 5./6. Jahrhundert entstandenen Legende bekehrte sie sich früh zum Christentum, wurde jedoch gegen ihren Willen von ihrer Mutter Euthychia einem ungeliebten Heiden zur Braut gegeben. Weil Euthychia an Blutfluß litt, pilgerte Luzia mit ihr zum Grabe der hl. Agatha in Catania, um Heilung zu erflehen. Die hl. Agatha erschien ihnen, heilte die Mutter und verkündete Luzia das bevorstehende Martyrium. Daraufhin verschenkte Luzia mit Einwilligung ihrer Mutter ihr für die Aussteuer bestimmtes Vermögen an die Armen und gelobte ein gottgeweihtes Leben in Jungfräulichkeit. Der enttäuschte Bräutigam verklagte sie aus Rache wegen ihres christlichen Glaubens. Als sie sich vor Gericht ihrer Jungfräulichkeit wegen als einen Tempel des Heiligen Geistes bezeichnete, verurteilte sie der Richter Paschasius zur Entehrung in einem Bordell, doch weder seine Leute noch vorgespannte Zugochsen vermochten Luzia von der Stelle zu bewegen. Sie wurde mit siedendem Öl übergossen und auf einen Scheiterhaufen geworfen, doch Öl und Flammen konnten ihr nichts anhaben. Sie predigte vor den neugierigen Zuschauern das Christentum, bis endlich ein Schwert ihren Hals durchbohrte und ihrem Leben ein Ende setzte.

Wenn die Legende auch keine historische Aussagekraft besitzt, so ist die Geschichtlichkeit der Heiligen gleichwohl gesichert durch die in Syracus entdeckte Luziakatakombe unter der bis in die byzantinische Zeit zurückgehenden Luziabasilika, durch eine Grabinschrift vom Anfang des 5. Jahrhunderts auf dem Friedhof S. Giovanni zu Syracus und durch die Aufnahme Luzias in sämtliche Rezensionen des Martyrologium Hieronymianum.

Der schnell aufblühende Kult der hl. Luzia, der sich auch in der Aufnahme ihres Namens, wohl durch Papst Gregor den Großen (590–604), in den Kanon der heiligen Messe zeigt, breitete sich von Syracus nach Rom und über ganz Italien, Spanien und Frankreich aus. Nach dem Bericht des Hagiographen Sigebert von Gembloux († 1112) kamen Reliquien unter dem Langobardenherzog Faroald (703–724) nach Corfinum, dem heutigen Pentima bei Sulmona, von wo sie Kaiser Otto I. (936–973) 970 durch den Bischof von Metz, das damals zur Erzdiözese Trier gehörte, in das 964 von den Benediktinern gegründete Vincenzkloster in Metz habe überführen lassen. Dadurch nahm die Verehrung der Heiligen im Westen Deutschlands einen starken Aufschwung.
Luzia wurde zur Patronin der Messerschmiede, Sattler, Glaser und, wegen der behandelten Vermengung mit der Spinnerin Bercht(a), der Weber und Schneider und angerufen bei Blindheit, Augenleiden, Halsweh und Ansteckung.
Das Brauchtum des Luzientages ist vom Termin ihres Festes bestimmt. Denn vor der Kalenderreform Papst Gregors XIII. im Jahre 1582, durch die das Fest um zehn Tage verschoben wurde, war der Tag der kürzeste des Jahres, wie noch aus einer alten Bauernregel aus dem Inntal hervorgeht: »St. Lutzen / macht den Tag stutzen.« Deshalb haben viele Bräuche Jahreswendecharakter. Wie zu St. Barbara pflückt man Kirschzweige, die zu Weihnachten blühen sollen, und in Schlesien rechnete man früher die Zwölften von Luzia bis Weihnachten.
Die Luziennacht als ehemals längste Nacht des Jahres wurde im Volksglauben eine wichtige Losnacht. Ähnlich wie

am Andreas- oder Thomastage suchten die Mädchen Namen oder Stand ihres Zukünftigen in Erfahrung zu bringen, wozu sie sich einen »Luzienstuhl« anfertigten, auf dem man angeblich auch Hexen sehen konnte. Oder man schnitt die Rinde einer Weide am Bach auf und ritzte auf die innere Seite ein sogenanntes »Luzienkreuz«, das die Form einer schräg nach unten rechts verlaufenden römischen Neunzehn (XIX) hatte. Die Rinde wurde nun wieder angeheftet, und am Neujahrstage wurde aus der Veränderung der Einritzung die Zukunft gedeutet.

Weiter suchte man in Niederösterreich aus dem »Luzienschein« die Zukunft zu ergründen. Die Burschen legten sich am späten Abend auf den Heuboden und erwarteten um Mitternacht dieses Licht zu sehen, das sich langsam, die Gestalt ändernd, zitternd über die Häuser bewegen sollte. Es sollte nicht für jeden sichtbar sein und erlaubte einen Blick in die Zukunft.

Aus dem Wetter vom Luzientag bis Weihnachten glaubte man Schlüsse auf die Witterung der kommenden zwölf Monate ziehen zu können. Die lange Nacht galt als vom Treiben von Geistern und Dämonen erfüllt. Man schützte sich, indem man das Haus mit »Judenkohle« vom Karsamstagsfeuer ausräucherte und betete. Am Abend durfte man nicht mit spitzen Gegenständen arbeiten und nicht spinnen, weil sonst die Bercht Spindel und Garn zerstörte.

Im ganzen Brauchtum des Tages zeigen sich durchgehend zwei einander widersprechende Züge christlicher Heiligenverehrung und außerchristlicher Dämonenfurcht. Im Südosten des deutschen Sprachgebietes, im Böhmerwald und im Bayerischen Wald, ist die »Lutzelfrau« wie die Bercht (von gotisch bairhts, gesprochen bercht = hell, licht) häufiger Schreckgestalt als Heilige. Als »Pudlfrau« pudelt = wirft sie im Burgenland den Kindern Süßigkeiten ins Haus, in Tirol beschert sie die Mädchen wie der hl. Nikolaus die Knaben, und in Böhmen begleitet sie den Nikolaus. Sonst aber überwiegt in diesen Landschaften durchaus das Schreckhafte der Luzia, die sich in gräßlicher Vermummung zeigt und unartigen Kindern wie die Bercht den Bauch aufzuschlitzen und die Gedärme durch Stroh und Kieselsteine zu ersetzen droht. Der erste Hinweis auf das Bauchaufschlitzen datiert für Bayern aus dem Jahr 1768. Aber daß der Tag der Heiligen schon lange vorher mit Bedrohlichem verbunden war, belegt eine Stelle bei Johannes Prätorius (1630–1680), der bereits ein Jahrhundert vorher schrieb, daß Teufel und Hexen »vor allen anderen Zeiten heuffig verspüret werden an Tag und Fest Luciae«.

Wie andere Heilige, etwa Nikolaus, hat auch Luzia alte Glaubensvorstellungen und das damit verbundene Brauchtum nicht nur nicht verdrängen können, sondern selbst manche dämonischen Züge angenommen, doch ist das in unserem Sprachraum im wesentlichen auf den Südosten beschränkt.

Eine ausschließlich helle Gestalt, die inzwischen weltweit bekannt und oft imitiert worden ist, ist dagegen die seit etwa 1780 belegte schwedische Lussibrud (Luzienbraut), die in einem langen weißen Kleid und mit einem lichterbesetzten Kranz auf dem Kopf, in Begleitung von singenden Mädchen und Jungen in weißen Gewändern und roten Mützen, von Haus zu Haus zieht und einen besonderen Kuchen, die Teufelskatze, verteilt.

Dargestellt wird die Heilige als Jungfrau mit unterschiedlichen Attributen, wie Palme, Buch, Doppelkreuz und Schwert oder Dolch. Daneben führt sie oft eine Lampe, die auf eine Deutung ihres Namens als Ableitung von lateinisch lux = Licht weist, und endlich Augen auf einer Schale. Das letzte Attribut erklärt sich aus einer späteren Ausschmückung der Legende, nach der sie sich ihre schönen Augen, an denen ihr Verlobter Gefallen gefunden hatte, ausriß und diesem auf einer Schale überbringen ließ.

133

MAGNUS VON FÜSSEN (6. September)

»Berühmter Mörder aller Mäuse, / Laß uns doch nimmermehr im Stich, / Und töte bald, wir bitten dich, / Auch unsre Wanzen, Flöh' und Läuse.« So heißt es in einem in Freiburg im Breisgau entstandenen Loblied auf den hl. Magnus, in dem jede Strophe mit dem Vers endet: »O mache, Gewaltiger, daß jedes Insekt, / das uns zu beschädigen droht, verreckt.«

Es mutet uns – im Zeitalter modernster chemischer Schädlingsbekämpfung – zunächst vielleicht seltsam an, einen Heiligen in einer solchen Rolle zu sehen. Aber wenn wir uns vor Augen halten, daß es von der Heuschreckenplage des Alten Testamentes an, die Gott über die Ägypter kommen ließ (vgl. Ex 10), bis in unsere Zeit keine wirksame Abwehrmöglichkeit gegen tierische Schädlinge in größerer Zahl gab, verstehen wir leichter das Verhalten der Menschen früherer Zeiten, sich um Hilfe an Gott oder einen Heiligen zu wenden.

Dabei bietet hier wie in zahlreichen vergleichbaren Fällen das Leben des Verehrten keine Erklärung für sein Patronat. Um 699 wohl im Rätoromanischen geboren, war Magnus (= der Große; latinisiert aus Mango oder Magnoald) zuerst Mönch im Benediktinerkloster St. Gallen. Seit etwa 746 missionierte er mit seinem Gefährten Theodor im östlichen Allgäu und danach im Auftrag des Bischofs Wikterp von Augsburg am oberen Lech. Er gründete in Füssen eine Zelle, aus der sich ein Kloster entwickelte, das Pippin der Jüngere (ca. 715–68), seit 751 König der Franken, großzügig ausstattete. Nach zweijährigem segensreichen Wirken starb Magnus am 6. September, wahrscheinlich im Jahre 772. Seine Gebeine wurden um die Mitte des 9. Jahrhunderts in eine neu erbaute Klosterkirche übertragen, in Teilen jedoch als sehr begehrt weit verstreut.

Denn bereits in der 857 anläßlich der Erhebung seiner Gebeine verfaßten Vita erscheint Magnus, was Grundlage für sein hohes Ansehen wird, als Schlangen- und Drachentöter. Von diesen Untieren und anderem Ungeziefer habe er durch sein Gebet oder auch durch einen Schlag mit seinem Abtsstab das Land befreit. Wir wissen nicht, ob der Drache hier wie anderswo – man denke an Georg oder Margareta – als Sinnbild des Bösen gemeint ist, wir wissen nicht, ob an des Heiligen Wirken bei der Erschließung des Landes für Siedlung und Ackerbau gedacht wurde: Jedenfalls begründete vor allem dieses Motiv die Verehrung des Heiligen, die sich bald vom Allgäu aus in Schwaben, Bayern, in der Schweiz, im Elsaß, in Franken und bis nach Belgien ausbreitete. Kirchen und Klöster – allein in der Diözese Augsburg 21 – wurden dem »Apostel des Allgäus« zu Ehren erbaut, und als Herr über das Ungeziefer wurde ihm in manchen Gegenden gar der Rang eines Nothelfers zuerkannt.

Im Brauchtum waren zunächst die Reliquien des Heiligen von Bedeutung, die von vielen Gemeinden, so etwa 1521 von Uri, ausgeliehen und gegen Ungeziefer und andere Schädlinge in Prozessionen durch die Felder getragen wurden. Oder man pilgerte, wie 1768 die Wiener aus dem Margarethengrund, der damals das »Ratzenstadl« genannt wurde, nach Füssen zu den Reliquien, um Befreiung von einer Rattenplage zu erlangen.

Von größerer Bedeutung jedoch wurde der im 16. Jahrhundert in Silber gefaßte Abtsstab des hl. Magnus, über den wir in einer Schrift aus dem Jahre 1665 lesen: »Diesen heiligen und geweihten Prälaten-Stab hat St. Columbanus selbst allzeit gebraucht und denselben nach seinem Ableben St. Gallus verordnet, nach St. Galli Absterben ist er auf St. Magnum und von ihm gleichsamb als ein geistliches

Erbtheil auf uns kommen und also noch aus sonderer göttlicher Providenz zu unserm Trost und vieler Menschen Nutz sehr wunderbarlich und nutzlich ist und zu Sommerszeiten fast täglich verspürt wird, denn wann ein Ungeziefer als Würm, Schmotzgrillen, Erdkrebs, Kornwürm, Enger, Maikäfer, Mäuß, Frösch, Muellwerffen oder Schermäuß oder sonst andere schädliche lebendige Thierlein, welche die Früchten beschädigen, verderben, abfressen ..., vertreibt sie dieser heilige Stab, wenn derselbe mit rechtem Glauben und Andacht gebraucht wird ... Deßwegen man disen Stab an unterschidliche Örter begehrt, als in Tyrol, Allgau, Schweizerland, Bodensee, Schwaben, Bayerland etc.«

Im 17. und 18. Jahrhundert mehren sich die Belege, daß man den Stab ausleiht. 1702 schreibt der Abt Quirin von Tegernsee: »Es hat mir bereits vor einigen Jahren der Herr Prälat zu Füßen den Gefallen gethan und wegen Abtreibung der schädlichen Käfer von Treidt und Malzkästen den sehr berühmten Stab Sankt Magni durch seinen Prior eigens hierher bringen und den Exorcismus machen lassen, mit so wunderbarem Erfolg, daß sogleich die Käfer den Ort verlassen und in großer Menge abgewichen, was einige Jahre nachgewirkt.«

Das damit verbundene Brauchtum erfahren wir im einzelnen aus einer Schilderung aus dem Jahre 1728, als die vier Gemeinden Mels, Flumbs, Wallenstatt und Vilters den Stab gegen eine Engerlingplage ausliehen. Ein Pater brachte den Stab, steckte ihn in den Acker, sang aus einem Evangelium, sprach einen Exorzismus und gab zuletzt eine Benediktion. »Von dort ist man mit Procession durch die Felder hin und zum hl. Kreuz fortgegangen; zu unterst bei der Stigele im Underfeld hat er wiederum ein Evangelium gesungen und benediciert wie oben bei dem steinernen Kreutz im großen Feld geschehen und gemeldt ist. Hernach hat eben bemeldter Pater bei der Capell bei dem hl. Creutz das Ambt gehabt. Nach vollendetem Ambt ist man mit Procession über die

Bluntzer Brugg und durch das Bluntzerfeld herauf gegangen. In Mitte ungefähr des besagten Feldts hat er wiederum das dritte Evangelium abgesungen und benediciert ... und alzeit den Stab in einen Frucht-Acker und wehrendt dem Absingen des Evangeli gesteckt.« Nachmittags endlich ging es in das Dorf zum Brunnen, »alwo man den Brunnen abgeschlagen, das Brunnenbett voller Wasser, zugetragene Erde, Salz rührte, allerhand Früchte als Korn, Erbsen, Hanfsamen, Hirsch und von diesem Pater benediciert und alle dissare Sachen mit dem hl. Stab berührt worden«.

Zahlreiche Zeugnisse für die Verwendung des Magnusstabes gegen Ungeziefer aller Art liegen uns aus verschiedenen Ländern vor, und selbst ein Verbot Papst Benedikts XIV. (1740–58) gegen solche Exorzismen vermochte noch nicht endgültig Abhilfe zu schaffen. Denn im Jahre 1792 etwa wird der Stab noch in zahlreiche Gemeinden des Breisgaus geholt und so erfolgreich gegen die Schädlinge eingesetzt, daß ein Freiburger das eingangs zitierte Lied auf den Heiligen schuf.

Die Schutzherrschaft gegen das Ungeziefer führte jedoch auch noch zu anderen brauchtümlichen Handlungen. So nahm man vom Friedhof der St.-Magnus-Kirche in Leuterschach im Allgäu etwas Erde und streute sie zur Abwehr gegen Mäuse auf die Äcker. In Ranggan in Tirol wurde alljährlich am Magnustag ein großes Behältnis mit Magnuswasser aufgestellt, das, geweiht und immer wieder nachgefüllt, von den Gläubigen gegen den Abfraß auf die Felder gestellt wurde. Geschätzt war auch das Wasser von Magnusbrunnen und von bestimmten Bodenvertiefungen, die man als Fußabdrücke des Heiligen ansah. Oder man steckte am Magnustag drei Haselruten, in die ein M geritzt war, in drei Ecken des Feldes. Dann sollten an der freien Ecke die Würmer hinausziehen.

Im 15. Jahrhundert kam die Magnuskerze auf, die zu Ehren des Heiligen in Gotteshäusern angezündet wurde, und am

Abend des 6. September loderten in zahlreichen Gemeinden im Allgäu Magnusfeuer auf.
Als bäuerlicher Heiliger wurde Magnus schließlich im Kanton Unterwalden, wo sein Festtag zum Feiertag wurde, als Patron des Viehs angerufen.

Dargestellt wird St. Mang, wie er im Volksmund heißt, als Benediktinerabt, der mit einem Kreuz in der Hand den Drachen und andere böse Geister und Untiere abwehrt.

MARGARETA (20. Juli)

Es gehört zu den in der Heiligenverehrung öfters zu beobachtenden Eigentümlichkeiten, daß Heilige, über die wir nur wenig historisch Verbürgtes wissen, dennoch – oder vielleicht auch gerade deswegen – eine herausragende Stellung im religiösen Volksdenken eingenommen haben.

Zu ihnen zählt zweifellos die hl. Margareta. Sie wurde nach der späten, apokryphen Legende zur Zeit Diokletians (ca. 240–313) als Tochter eines heidnischen Priesters zu Antiochia in Pisidien geboren und von ihrer Amme – so heißt es in der Überlieferung – zum Christentum bekehrt. Daraufhin habe ihr Vater sie verstoßen und zur Schweinehirtin gemacht. Während einer Christenverfolgung sei der kaiserliche Stadthalter Olibrius ihr begegnet und habe sie – von ihrer Schönheit gefangen – zur Frau haben wollen. Als er jedoch erfahren habe, sie sei Christin, habe er sie nach dem vergeblichen Versuch, sie von ihrem Glauben abzubringen, über Tage hin aufs grausamste foltern lassen. Im Kerker sei ihr auf ihr Bitten hin von Gott auch der Widersacher sichtbar gemacht worden: ein Drache, der sie verschlingen wollte. Auf ihr Kreuzzeichen hin habe er jedoch weichen müssen. Vor ihrem Tod durch Enthaupten habe sie für ihre Verfolger gebetet sowie für die, welche ihren Namen anrufen würden, und besonders für Schwangere und Gebärende.

Die Verehrung Margaretas, die als Großmärtyrerin Marina in der morgenländischen Kirche eine der bedeutendsten Heiligen war, setzt im Abendland im 7. Jahrhundert ein. Volkstümlich wurde ihr Kult jedoch erst zur Zeit der Kreuzzüge im 12. Jahrhundert, nachhaltig gefördert durch den Zisterzienserorden; und er nahm schnell einen solchen Aufschwung, daß Margareta bald in die Schar der Vierzehn Nothelfer aufgenommen wurde.

Von ihren vielfältigen Patronaten wurde bereits das über Schwangere und Gebärende erwähnt. Schwer Gebärenden wurden sogenannte Margaretengürtel umgelegt, und man opferte Kerzen, die das Maß des Leibesumfangs der Gebärenden hatten.

Ihr wichtigstes Patronat, das über die Bauern, geht jedoch auf das Datum ihres Festes zurück, das im Bauernleben ein juristisch bedeutsamer Tag war, so als Zinstermin, der als solcher bereits im Sachsenspiegel (II. Buch, Art. 58) erwähnt wird, einer etwa in den Jahren 1220–1235 von dem ostsächsischen Ritter Eike von Repgow verfaßten Aufzeichnung niederdeutschen Volksrechtes.

Der Margaretentag ist ein wichtiger Lostag, der den Sommer und in einzelnen Landschaften den Ernteanfang bringt. Sein Wetter soll, ähnlich wie das am Siebenschläfertag (27. Juni), auf das der folgenden Zeit Rückschlüsse erlauben. Das Wetterpatronat hat man oft auf ihren Sieg über den Drachen zurückgeführt, sah man doch besonders im Mittelalter Sturm und Gewitter mit Donner, Blitz und verheerendem Regenfall als das Werk des höllischen Drachen an. Da Margareta diesen bezwungen hatte, schrieb man ihr folglich auch Macht über das Wetter zu.

Ebenfalls an ihre Legende schließt sich ihre Schutzherrschaft über die Hirten an, die vielerorts ihren Festtag feierlich begingen. Gleich den anderen Vierzehn Nothelfern, zu deren weiblichen Mitgliedern sie neben Barbara und Katharina zählt, wurde Margareta schließlich in der Sterbestunde um einen guten Tod angerufen, wobei vielerorts Margaretenglocken geläutet wurden.

Auch wo der Margaretentag kein eigentlicher Festtag war, wurde ihm fast allgemein eine hohe Wertschätzung zuteil, die sich in zahlreichen Arbeitsverboten niederschlug. Wurden diese mißachtet, fürchtete man strafendes Unheil.

Die einst überragende Stellung der hl. Margareta kann man an folgenden Tatsachen ablesen: Ihr Name ging in manche Pflanzenbezeichnung ein, deren bekannteste die als Orakelblume viel verwendete Margerite ist. Und: Ihr Name zählte lange zu den beliebtesten und verbreitetsten weiblichen Vornamen, der zwar in zahlreichen mundartlichen und umgangssprachlichen Scherz- und Kinderreimen, Sprüchen und Liedern gutmütige Verspottung erfahren hat, jedoch durch das Gretchen in Goethes Faust auch als Sinnbild echter Fraulichkeit unsterblich geworden ist.

Dargestellt wird Margareta meist mit einem Drachen, als Märtyrin auch mit Palme und Krone. Letztere wurde oft als Königskrone gedeutet, weil man sie mit der vom hl. Georg, dessen weiblicher Gegenpart sie in manchem ist, befreiten Königstochter identifizierte.

MARIA MAGDALENA (22. Juli)

Maria Magdalena stammt, wie ihr Beiname sagt, aus Magdala am See Gennesaret, wird durch Jesus von dämonischer Besessenheit geheilt und folgt ihm von da ab dienend mit anderen Frauen (vgl. Lk 8,1–3). Mit diesen ist sie Augenzeugin von Jesu Tod und Grablegung (vgl. Mk 15,40–47), kauft mit ihnen Gewürze, um den Leichnam zu salben (vgl. Mk 16,1), erlebt mit ihnen die Erscheinung des Engels (vgl. Mt 28,1 ff) und wird, allein trauernd, der Erscheinung des Herrn gewürdigt (vgl. Joh 20,11–18).

Im Abendland läßt sich nun seit der Zeit Gregors des Großen (590–604) eine eigenartige Entwicklung beobachten. Indem man nämlich die Besessenheit, von der Maria Magdalena durch Jesus geheilt wurde, als Sündhaftigkeit auslegte, identifizierte man sie mit der bei Lukas (7,36 ff) erwähnten namenlosen »Sünderin«, die im Hause eines Pharisäers Jesu Füße mit Tränen netzte, mit ihren Haaren trocknete, küßte und mit Öl salbte. Und wegen dieses Salbens nun setzte man diese Sünderin wieder gleich mit Maria von Betanien, der Schwester der Marta und des Lazarus (vgl. Joh 11,1), die Haupt und Füße des Herrn vor seinem Leiden mit kostbarer Narde salbte (vgl. Joh 11,2; 12,3; Mt 26,7; Mk 14,3).

So werden im Abendland im Gegensatz zur griechischen Kirche, die die drei Frauen stets unterschieden hat, drei voneinander verschiedene Personen zu einer einzigen zusammengefaßt, und die Aussagen der Kirchenväter, Liturgie, Volksfrömmigkeit, Literatur und Kunst schufen eine, wenn auch nicht einheitliche, Tradition, die bis heute in Glaube und Brauch weiterwirkt.

In Frankreich entwickelte sich dazu im 12. Jahrhundert

noch eine weitere Legende. Danach wird nach dem Tode der Gottesmutter Maria Magdalena mit ihren Geschwistern Marta und Lazarus (eigentlich die Geschwister der Maria von Betanien) sowie anderen Christen in ein leckes, segel- und ruderloses Boot gesetzt. Doch wunderbarerweise sinkt es nicht, sondern trägt seine Insassen wohlbehalten nach Marseille. In der Höhle Sainte-Baume im nahen Gebirge lebt Maria Magdalena als Büßerin und wird nach ihrem Tode in Vézelay begraben.

Aufgrund dieser Überlieferungen wird Maria Magdalena im Abendland als Patronin der Büßenden verehrt. Nach dem Wort des Herrn, daß ein reuiger Sünder neunundneunzig Gerechte aufwiege, stellt die deutsche Bußdichtung des Mittelalters unter dem Einfluß der cluniazensischen Reform oft hll. Büßer als Sinnbild menschlicher Schuld und göttlicher Erbarmung dar und wählt dazu als Beispiele neben Petrus, Paulus, dem Zöllner Zachäus und dem Schächer am Kreuze gern Frauen, die sich nach lasterhaftem Leben bekehren, wie Maria von Ägypten, Afra von Augsburg und eben Maria Magdalena, die »grôze sundârinne« im Friedberger »Christ und Antichrist«. Die ältesten ihr zu Ehren verfaßten Hymnen und Sequenzen aus dem 10. und 11. Jahrhundert stammen aus süddeutschen Klöstern, und neben ihrem Fest am 22. Juli feierte man in Deutschland noch ein eigenes Fest ihrer Bekehrung, zunächst in Zusammenhang mit der Passion Christi am 1., 10. oder 11. März, dann am Donnerstag nach Judica und endlich am 1. April.

Volkstümlich wurde Maria Magdalena jedoch besonders seit dem 13. Jahrhundert als Patronin des gerade in Deutschland weit verbreiteten Ordens der Büßerinnen, den im Jahre 1224 der Priester Rudolf von Worms aus einer Gruppe von ihm bekehrter Straßendirnen gründete. Noch im 13. Jahrhundert zählen wir fast fünfzig Klöster der »Büßenden Schwestern der hl. Maria Magdalena«, die auch

Reuerinnen, Magdalenerinnen oder, nach ihrer Tracht, Weißfrauen genannt werden. Außer in Deutschland wurden Klöster in Frankreich, Spanien, Portugal und Italien gegründet, doch ging die Bedeutung des Ordens nach Reformation und Säkularisation zurück, und heute gibt es bei uns nur noch ein Kloster in Seypoldsdorf bei Vilsbiburg.

Bedeutsam für die Ausbreitung des Magdalenenkultes war seine Förderung durch Papst Gregor IX. (1227–1241), der Franziskaner und Dominikaner sich für die Magdalenenklöster einsetzen ließ, für den Besuch von Magdalenenkirchen, um den Bußgedanken zu heben, an bestimmten Tagen Ablässe gewährte und schließlich 1228 der deutschen Geistlichkeit empfahl, den 22. Juli künftig als gebotenen Feiertag zu begehen. Aus der Heiligung des Festtages erklären sich die zahlreich überlieferten Arbeits- und anderen Verbote am 22. Juli, die zu übertreten ein Unglück nach sich ziehen sollte. Das Patronat Maria Magdalenas über Büßerinnen und Gestrauchelte führte in Tirol dazu, unehelich geborenen Mädchen ihren Namen zu geben. Von Bedeutung wurden im Volksglauben auch ihre Bußtränen, als die schon in einer Predigt des Franziskaners Berthold von Regensburg (1210–1272) die Flecken im Monde angesehen wurden. Weiße Rosen heißen St. Magdalenenrosen, weil sie einst rot gewesen, durch die Tränen der Heiligen jedoch weiß geworden seien. Wegen ihrer in Reue vergossenen Tränen wurde Maria Magdalena bei Augenleiden, vor allem bei tränenden Augen, angerufen. Das Magdalenenwasser der Magdalenenbrunnen und -quellen versinnbildet gleichsam den heilenden Fluß der Tränen der Büßerin.

Die Tränen haben aber auch noch eine weitere Deutung erfahren: In Wetterregeln erscheinen sie als Regentropfen, die an ihrem Tage häufig vom Himmel fallen: »Maria Magdalena weint um ihren Herrn,/drum regnets an ihrem Tag so gern«. So wurde sie, besonders in Österreich und in der Schweiz, Wetterpatronin, und in Wettersegen begegnen

wir ihrem Namen als Vertreterin der hll. Witwen und Jungfrauen.

Die Legende der Heiligen wie ihre Attribute in der darstellenden Kunst – lange Haare und Salbengefäß – führten noch
zu weiteren Patronaten. Wegen ihres Haarschmucks und
weil sie die von ihren Tränen genetzten Füße des Herrn mit
ihren Haaren trocknete, wurde sie zur Patronin der Friseure.
Votivgaben, wie Haarnadeln an ihren Verehrungsstätten,
weisen darauf hin, daß sie, vor allem von Frauen, um
schönen Haarwuchs angerufen wurde. Selbst das Wachs-
tum des Flachses brachte man mit ihren Haaren in Verbindung, wenn man den Flachs auf dem Felde besprach, damit
er »so heel und so klor« werden solle, »wie der Magdalena
ihr Hor«. Und endlich leitet sich von diesem Attribut die
Schutzherrschaft der Heiligen über die Kammacher her.

Das Salbengefäß wurde zum Attribut Maria Magdalenas,
weil die namenlose Sünderin und Maria von Betanien Jesus
mit Nardeöl salbten, und seinetwegen konnte sie zur Patronin der Salbenmacher wie der Parfüm- und Puderfabrikan-
ten werden.

Nimmt man noch hinzu, daß der Name der Heiligen in
einem alten kirchlichen Exorzismus erscheint und daß sie
früher in Frankreich wie in Österreich gegen die Pest angerufen wurde, so zeigt die Fülle ihrer Patronate wieder einmal, daß der Grad der Beliebtheit und der Verehrung von
Heiligen nicht unbedingt abhängig ist von der historischen
Verbürgtheit der dafür ausschlaggebenden Gegebenheiten.

Dargestellt als vornehm gekleidete Dame oder – häufiger –
als büßende Einsiedlerin mit einem Kruzifix oder einem
Totenschädel in ihrer Höhle, manchmal nur mit einem
Haarkleid bedeckt, so ist uns Maria Magdalena vertraut.

MARKUS (25. April)

Wer durch Venedig oder sein ehemaliges Herrschaftsgebiet kommt, dem wird eine häufig wiederkehrende auffällige Darstellung kaum entgehen: Der Markuslöwe. Meist geflügelt, oft mit einem Heiligenschein, ist er Wahrzeichen, ehemaliges Hoheitszeichen und zugleich Attribut des Evangelisten Markus, der seit dem Beginn des 9. Jahrhunderts Schutzherr der Lagunenstadt ist. Majestätisch stützt das Tier eine Pranke auf ein vor ihm liegendes aufgeschlagenes Buch, in dem zu lesen ist: »Pax tibi Marce Evangelista Meus« – »Friede sei mit dir, mein Evangelist Markus!«

Dieser Löwe gehört zu Markus – nach der von Hieronymus begründeten und seit dem 7. Jahrhundert üblichen Tradition, wonach jeder Evangelist gemäß dem Hauptinhalt seines Evangelienanfangs ein symbolisches Attribut zugewiesen bekommt: Markus eben den Löwen wegen der Predigt des Täufers in der Wüste. Daneben treten bei Markus bildliche Darstellungen zurück, sowohl aus seinem Leben (neben Paulus; als Schüler des Petrus) wie auch der Legende (als – meist predigender – Bischof von Alexandria; bei der Heilung eines Schusters namens Anianus; bei der Befreiung eines Sklaven von der Folter).

Das Neben- und Gegeneinander von Lebensbeschreibung und Legende läßt – wie bei sehr vielen anderen Heiligen – erkennen, daß wir über Leben und Wirken des Evangelisten nur wenig Verbürgtes wissen. Markus, auch Johannes Markus genannt, aus Jerusalem stammend und Mitglied der dortigen Urgemeinde (vgl. Apg 12,12.25), war ein Vetter des Barnabas und begleitete diesen und Paulus auf dessen erster Missionsreise. Es kommt jedoch danach aus nicht zuverlässig erklärbaren Gründen zur Trennung zwischen ihnen (vgl. Apg 13,13), was zu Zwistigkeiten zwischen Barnabas und Paulus führte (vgl. Apg 15,37 ff); später allerdings erscheint Markus wieder als Mitarbeiter des Paulus (vgl. Kol 4,10; Phil 24).

Daneben verbindet Markus auch ein enges Verhältnis mit Petrus, der ihn liebevoll seinen »Sohn« nennt (vgl. 1 Petr 5,13). Die frühkirchliche Überlieferung macht Markus zum Dolmetscher des Apostelfürsten, der ihm sogar sein Evangelium diktiert haben soll. Nach anderer früher Tradition wiederum heißt es, Markus habe die alexandrinische Kirche gegründet, sei ihr erster Bischof gewesen und habe als solcher den Märtyrertod erlitten; man habe ihn zu Tode geschleift, besagt eine Quelle; man habe ihn bei lebendigem Leib verbrannt, eine andere. Seinen Tod setzt man an für das Ende des 7. christlichen Jahrzehnts.

Über eine stärkere Verehrung wissen wir erst seit dem Beginn des 9. Jahrhunderts. Damals brachten venezianische Kaufleute – vermutlich gewaltsam – die Reliquien des Markus nach Venedig, wo er, wie schon erwähnt, seither Stadtpatron ist. Patronate des Heiligen und volksfrommes Brauchtum am Markustag sind kaum von der Person des Evangelisten selbst her geprägt. Auf sein nachweisbares Wirken geht lediglich die Schutzherrschaft über Schreiber und Notare zurück, die für Ägypten und dann für Italien in Cortona und Venedig bezeugt ist. Im Zusammenhang mit seiner Legende kann man vielleicht sein Patronat gegen einen plötzlichen und unbußfertigen Tod sehen, doch teilt er dieses mit einer Reihe anderer Heiliger, namentlich den Nothelfern.

Im übrigen steht der Markustag von Volksglaube und Volksbrauch her im Zeichen der Bittprozession. Diese trägt ihre lateinische Benennung »litania« (vom griechischen »litaneia« = Flehgebet) nach dem bis heute so bezeichneten

Wechselgebet, das sich besonders für Prozessionen eignete, darum häufig bei ihnen gebetet wurde und diesen schließlich – seit dem Konzil von Orléans im Jahre 611 belegt – den Namen verlieh. Die am Markustag stattfindende Prozession trägt den Namen »litania major«, »größere Prozession«, wegen ihrer größeren Feierlichkeit, vor allem im Vergleich zu den »litaniae minores«, den »kleineren« dreitägigen Bittgängen vor Christi Himmelfahrt.

Solche Bittgänge zur Zeit des Frühlings, wenn die Natur zu grünen und blühen beginnt und daher in besonderem Maße durch Reif, Frost und Hagelschlag gefährdet ist, finden wir bei vielen Völkern. Alle Menschen wenden sich ja in einem stets empfundenen Gefühl der Ohnmacht vor den elementaren Naturkräften hilfeflehend und opfernd an ihre Gottheiten. Auch im heidnischen Rom waren solche Bittgänge im Frühjahr üblich, so am 25. April die sogenannten Robigalia zu Ehren des Gottes Robigus; sie sollten den Getreiderost abwenden. Dic hier genannte Prozession führte von der Via Flaminia über die Milvische Brücke zum Hain des Gottes, wo ihm ein Schaf und eine Hündin als Opfer dargebracht wurde.

An die Stelle dieser heidnischen Prozession trat spätestens im 5. Jahrhundert eine christliche. Daß sie terminmäßig später mit dem Markusfest zusammenfiel, war rein zufällig. Auch erscheint der Evangelist nicht vor dem 9. Jahrhundert in den abendländischen Märtyrerverzeichnissen.

Als Markusprozession, die Gottes Segen über Garten und Feld, Stadt und Land erflehen soll, hat der Bittgang am 25. April dann dem Tag eine besondere Festlichkeit und Weihe verliehen. Überliefert sind außer den allgemein verbreiteten Prozessionen: Markusfeuer, Markusrennen zu Pferde, eigene Gebildbrote, dann Losbräuche, um die Ernteaussichten zu erfahren.

Der Tagesheilige wurde so auch zum »Wetterherrn«. Er wurde gegen Blitz und Hagelschlag angerufen. Sein Name taucht in Wettersegen und Beschwörungen auf. Der Heilige gewann schließlich in der Volksfrömmigkeit auf diese Weise ein Gewicht, das ihm nicht aufgrund seiner historischen Person, sondern durch die Terminierung seines Festtages im Kalender zugefallen ist.

MARTIN (11. November)

316/317 in Ungarn als Sohn eines römischen Tribuns geboren, wurde Martin in Pavia erzogen, trat mit 15 Jahren in die
römische Armee ein und diente in der Garde. In diese Zeit
fällt jenes denkwürdige Ereignis, da er, von einem Bettler
am Tor von Amiens um ein Almosen gebeten, seinen Mantel mit dem Schwert teilt und dem Bettler eine Hälfte gibt.
Mit 18 Jahren getauft, verließ Martin den Heeresdienst und
begab sich nach Poitiers zu Hilarius, der ihn zum Exorzisten
weihte. Nach einem Aufenthalt als Missionar in Ungarn
und als Einsiedler in Oberitalien kehrte er um 360 nach
Poitiers zurück, gründete im folgenden Jahr in Ligugé das
erste Kloster Galliens und wurde schließlich 371, selbst
widerstrebend und gegen den Widerstand einiger Bischöfe,
auf den erklärten Willen der Gläubigen hin zum Bischof von
Tours gewählt.
Als Bischof widmete sich Martin besonders der Mission und
erlitt auch seinen Tod 397 auf einer Missionsreise. Sein
lauterer Charakter, sein untadeliger Lebenswandel, sein
erfolgreiches seelsorgerisches wie missionarisches Wirken
und die schon zu seinen Lebzeiten vollbrachten Wunder
bewirkten bald nach seinem Tod eine sich schnell ausbrei-
tende große Verehrung, die ihn zum vielleicht meistgeach-
teten fränkischen Heiligen machte. Sein Grab wurde zum
Nationalheiligtum, sein Festtag einer der höchsten Feierta-
ge des fränkischen Reiches.

Mit der Ausbreitung der fränkischen Macht und der Tätigkeit fränkischer Missionare wurde der Kult Martins weit
über die Grenzen des alten Frankenreiches hinaus nach
Spanien, England, Italien und Deutschland getragen, wo

ungezählte Kirchen-, Kapellen-, Altarpatrozinien und bildliche Darstellungen seine Bedeutung ebenso deutlich machen wie die große Anzahl der Patronate des Heiligen, die meist an wirkliche oder legendäre Züge seines Lebens anknüpfen. So wurde Martin Schutzherr der Soldaten, namentlich der Reiter, der Jäger, Bettler, Gefangenen, Schneider und Tuchmacher wie der Reisenden, der Gastwirte und Winzer, der Hirten und der ihnen anvertrauten Tiere, vor allem der Pferde, aber ebenso des Stallviehs überhaupt. In einer besonderen Beziehung steht Martin zu den Vögeln, von denen einige Arten, besonders die Spechte, Martinsvögel heißen und in vielen Heischeliedern vorkommen.

Aus der zeitlichen Lage des Martinsfestes heraus läßt sich das vielschichtige Brauchtum, bei dem die weltlichen Elemente die kirchlichen ursprünglich bei weitem überwiegen, am besten erklären. Im bäuerlichen Jahresablauf ist Martini ein wichtiger Termin, der das Wirtschaftsjahr beschließt und den Winter bringt. Deshalb verbinden sich die Freude über das zurückgelegte Wirtschaftsjahr mit ersten winterlichen Abwehrbräuchen. Hinzu kam früher, daß nach Martini das Advents- und Weihnachtsfasten begann, vor dem man noch einmal ausgelassen feiern wollte. Das erklärt auch den Beginn der Fastnachtssession am 11. 11. analog zur Fastnacht vor der Fastenzeit vor Ostern.

Auch die Kinder nehmen seit jeher an den Freuden des Tages teil. So war der hl. Martin bis ins 19. Jahrhundert im Schwäbischen, Fränkischen, in der Oberpfalz und Schlesien Gabenbringer. In dieser Funktion tritt er jedoch nicht wie Nikolaus vornehmlich als Heiliger auf, sondern setzt in seiner äußeren Gestalt vorchristliche Traditionen fort. Am bekanntesten ist der »Pelzmärtel«, der früher in den genannten Gebieten, oft geschwärzt, lärmend von Haus zu Haus zog und lohnte oder strafte. Daneben finden wir eine Reihe anderer dämonischer Gestalten, die sich zu Umzügen zusammenfanden und durch die Straßen zogen.

Keinen so urtümlichen Eindruck machen die Umzüge West-, Mittel- und Norddeutschlands. Im Niederdeutschen, namentlich im Friesischen, unternehmen die Kinder mit brennenden Laternen Umzüge, bei denen sie ihre Lieder mit dem »Rummelpott« begleiten, einem Topf oder einer ausgehöhlten Rübe, mit einer Schweinsblase überspannt, in die ein Loch geschnitten und durch dieses ein Stengel gesteckt wird, den man auf und ab bewegt und der so einen Brummton erzeugt.

Gegenüber diesen spontanen Heischezügen setzten sich vor allem in Westdeutschland von kirchlichen oder weltlichen Institutionen geförderte Umzüge durch. Solche seit dem 16. Jahrhundert nachweisbaren Kurrendegänge sollten das oft ungestüme Treiben unter Aufsicht und in gesittete Formen bringen. Dabei wurde der Brauch in katholischen Gegenden weithin verkirchlicht und die Gestalt des heiligen und mildtätigen Martin in den Vordergrund gestellt, während die Martinszüge in protestantischen Landschaften sich oft auf Martin Luther beziehen, wobei der Umstand ins Gewicht fiel, daß Luther am 10. November 1483, also am Vortage eines Martinstages, geboren ist.

Seit einigen Jahrzehnten haben diese organisierten Umzüge, vor allem im Rheinland, einen bemerkenswerten Aufschwung erfahren, der allerdings mit einer starken Vereinheitlichung zu einem straff geordneten Kinderumzug Hand in Hand geht. Bei diesem ziehen die Kinder, von Musikkapellen begleitet, im Schein ihrer meist selbstgebastelten Laternen in der Abenddämmerung durch die Straßen. Die Lieder sind zum Teil noch die alten Heischeverse, neben die Neuschöpfungen treten, die die Kinder in Kindergarten und Schule lernen. Mittelpunkt der Züge ist der hl. Martin als Bischof auf einem Schimmel. Der Zug geht, wenn möglich, zu einem freien Platz, auf dem ein großes Feuer abgebrannt wird. Die teilnehmenden Kinder erhalten einen Wecken, der, wie der ganze Umzug, sie aber nicht hindert – was ursprünglich der Sinn war –, nach Auflösung des Zuges wieder wie früher in kleinen Gruppen von Haus zu Haus zu gehen und zu heischen.

Dabei hat sich jedoch in den letzten Jahrzehnten herausgebildet, daß die Kinder nun oft nicht mehr für sich, sondern für karitative Zwecke sammeln und so dem Brauch einen neuen und schönen Sinn geben.

Fast zu einem Attribut des hl. Martin ist die Gans geworden, deren Bedeutung verschiedene Erklärungen gefunden hat. Man hat sie einmal auf den römischen Kriegsgott Mars zurückführen wollen, dessen Kulttier sie gewesen sei. Die Legende dagegen hat die Verbindung seit dem 12. Jahrhundert so herzustellen versucht, daß sie erzählt, eine Gans habe Martin verraten, als er sich nach seiner Wahl zum Bischof, die er nicht annehmen wollte, versteckt habe. Die letzte und natürlichste Erklärung aber sieht die Verbindung einfach in dem zeitlichen Zusammentreffen des Martinsfestes mit dem Anfall der ersten schlachtreifen Mastgänse auf dem Markt.

Dargestellt wird Martin als Bischof oder als Legionär, meist zu Pferd, wie er seinen Mantel mit dem Bettler teilt. Seine Attribute sind ihn umringende Arme, seltener Pokal oder, in Bayern, die Gans.

MATTHIAS (24. Februar)

»A. 1580 den 25. febr. hilt man diss jar sant Mattheis tag im schaltjare. Hie mois (muß) ich des misbruchs und aberglauben in Coln untwagen (erwähnen). Die leute lagen disse nacht so manich hedern oder effkenblat (Efeu-) in ein schottel (Schüssel), so manch menschs in einem haus ist, und uff jeder blat ein klein wenich salzs, laissen das die nacht uis stain. Wilch blat den morgen dan befonden, das es swarzs oder nass sie, der, sagen sie, sult das jar sterben, dan jedem menschen eignen sei ein blat zu.«

Die eigenartige Sitte, von der uns die Chronik des Kölner Ratsherrn Hermann Weinsberg (1518–1597) berichtet, stellt eines der zahllosen Orakel dar, die früher allgemein den Festtag des hl. Matthias am 24. Februar kennzeichneten.

Nach dem Bericht der Apostelgeschichte (1,15–26) wurden nach der Himmelfahrt Christi Josef, genannt Barsabbas, mit dem Beinamen Justus (der Gerechte), sowie Matthias vorgeschlagen, an die Stelle des Verräters Judas Iskariot zu treten. »Das Los fiel auf Matthias, und er wurde den elf Aposteln zugerechnet.« Da die Heilige Schrift über sein weiteres Wirken und sein Sterben schweigt, sind wir auf spätere Quellen angewiesen, die jedoch stark von legendären Zügen geprägt sind.

Nach ihnen hat Matthias zunächst in Judäa, namentlich in Jerusalem, seinem angeblichen Geburtsort, dann in Äthiopien und in Antiochien Christi Botschaft verkündet. Über die Art seines Todes, wohl um das Jahr 63, liegen unterschiedliche Nachrichten vor. Klemens von Alexandrien (ca. 140/150 – vor 215/216) berichtet, daß Matthias friedlich im Herrn entschlafen sei; nach griechischen Quellen hat er den

Kreuzestod erlitten. Das Martyrium Romanum endlich, offiziell 1583 veröffentlicht und im darauffolgenden Jahr für den kirchlichen Gebrauch vorgeschrieben, gibt an, der Apostel sei durch Beil oder Axt enthauptet worden, nachdem er entsprechend der Rechtsgepflogenheit vorher gesteinigt worden sei.

Die Reliquien des Heiligen sollen als Geschenk der Kaiserin Helena Anfang des 4. Jahrhunderts durch Bischof Agricius († um 330) von Jerusalem nach Trier gekommen sein und in der Euchariuskirche ihre Ruhestätte gefunden haben. In den Stürmen der Völkerwanderungszeit nach dem Untergang des weströmischen Reiches im Jahre 476 verborgen und später vergessen, wurden sie erstmals 1050 und dann erneut am 1. September 1127 wieder aufgefunden.

Daraufhin breitete sich die Verehrung des Heiligen schnell von der fortan nach ihm genannten und im Besitz der Benediktiner befindlichen Basilika aus über das Bistum Trier, dessen Patron er ist, und über West- und Norddeutschland. Er wurde Patron der Städte Aachen, Goslar, Hildesheim und Hannover. Sein Grab, die einzige Ruhestätte eines Apostels nördlich der Alpen, wurde das Ziel zahlloser Wallfahrten, die im besonderen von Matthiasbruderschaften getragen wurden.

Wegen seines Hauptkennzeichens wurde Matthias Patron der Handwerker, die mit Beil oder Axt arbeiten, wie der Zimmerleute und Metzger, ferner der Schmiede, Schneider und Zuckerbäcker. Er wurde bei verschiedenen Krankheiten angerufen, so bei Blattern, im Trierer Raum auch gegen den sogenannten »blauen Husten«, den Keuchhusten, bei dem die Befallenen blau im Gesicht anlaufen. Wegen eines seltener erwähnten Legendenmotivs wurde der Heilige auch bei ehelicher Unfruchtbarkeit um Hilfe angefleht.

Der Festtag des Heiligen, der durch das Los zum Apostel bestimmt worden war, wurde einer der ganz wichtigen Los-

und Orakeltage des Jahres. Er bedeutete nicht nur das Winter-, sondern auch das Jahresende, denn in Schaltjahren ist der 24. und nicht etwa der 29. Februar der Schalttag, weshalb in Schaltjahren, wie wir im Eingangszitat sahen, der Festtag des Heiligen auf den 25. Februar fällt. Deshalb war der Matthiastag einer der Termine, zu dem das Gesinde die Stellung wechseln konnte, und Arbeitsverbote unterstreichen die Bedeutung des Tages.

Die Witterung des Matthiastages galt im Volksglauben als vorbedeutend für das Wetter der kommenden Zeit: »Mattheis bricht's Eis, hat er keins, so macht er eins.« Mancherorts rüttelte man die Obstbäume aus dem Winterschlaf, damit sie viel Obst trügen; oder man schrie in die Anlagen, damit, soweit die Stimme drang, die Bäume besser trügen.

Wie für Wetter und Ernte wollte man auch für Liebe und Tod die Zukunftsaussichten in Erfahrung bringen. Ein eindrucksvolles Beispiel für ein Todesorakel ist das eingangs geschilderte aus Köln. Daneben suchte man aber auch durch »Leuchterpfennige«, die man auf das Wasser eines »stillstehenden« Eimers legte, zu erfahren, wer als nächster sterben müsse.

Häufiger überliefert sind aus verschiedenen Landschaften vielfältige Liebes- oder Glücksorakel. So gingen junge Mädchen mit einer irdenen Schüssel an ein fließendes Gewässer, schöpften dreimal daraus und sprachen dazu: »Matthias, gib mir Kund und Schein, / Welcher mein Mann soll sein! / Beschert mir Gott einen reichen, / Beschert er mir Bier und Wein; / Beschert er mir einen armen, / Beschert er mir Salz und Brot.« Darauf nahmen sie die Schüssel mit heim, stellten sie in einen großen Korb, und sogleich sollte ihr Zukünftiger erscheinen.

Am Niederrhein und in Belgien flochten junge Mädchen zwei Kränze, den einen aus Stroh, den anderen aus Efeu, und warfen sie in einen Teich. Dann tanzten sie im Fackelschein, gingen rücklings zum Wasser und suchten einen

Kranz zu erhaschen. Wer einen grünen faßte, dem erblühte Glück, wer einen aus Stroh griff, glaubte an kommendes Leid.

Ein Indiz für die große Beliebtheit des hl. Matthias ist, daß sein Name sehr oft als Vorname gewählt wurde und in Familiennamen erhalten ist, wie, um einige Beispiele herauszugreifen, Matthies(sen), Thies(sing), Thießen, Thissen, Thyssen, Theis(mann), Theissen, Dissel, Deis, Hies(e)l, Matz(e)l, Matzke oder Mittasch.

Dargestellt wird der hl. Matthias als Apostel, meist mittleren Alters, mit Buch und Rolle. Individuelle Kennzeichen sind in der Regel die Marterwerkzeuge, vor allem Beil oder Axt, daneben Hellebarde oder Lanze; seltener Schwert und die vor der Enthauptung bei der Steinigung verwandten Steine sowie das Kreuz, an dem Matthias der griechischen Überlieferung nach den Tod erlitten hat.

MAURITIUS (22. September)

Ein Schwarzer in deutscher Ritterrüstung als einer der Patrone des Heiligen Römischen Reiches Deutscher Nation – diese ungewöhnliche Erscheinung begegnet uns seit dem Mittelalter auf zahlreichen bildlichen Darstellungen: Es ist der hl. Mauritius, Primicerius = Anführer jener sagenumwobenen thebäischen Legion, die ihren christlichen Glauben mit dem Märtyrertod besiegelte.

Unsere Kenntnisse über dieses Ereignis gründen sich im wesentlichen auf die in ihrem geschichtlichen Kern nicht umstrittene, nach mündlicher Überlieferung aufgezeichnete Passio Acaunensium Martyrum (Leidensgeschichte der Märtyrer von Agaunum = St.-Maurice) des Bischofs Eucherius von Lyon aus der Zeit um 450. In die Schilderung sind freilich legendäre Züge eingegangen, die man nicht mit völliger Sicherheit hat herauslösen können.

Die thebäische Legion trägt ihren Namen nach der oberägyptischen Landschaft Thebais, dem Gebiet um Theben, aus der sie rekrutiert worden war. Sie wurde zur Zeit Diokletians und seines Mitregenten Maximianus Herkulius (286–305) nach Europa geholt. Vielleicht sollte sie im Kampf gegen aufständische gallische Bauern, die Bagauden, eingesetzt werden, vielleicht auch direkt zur Christenverfolgung. Auf ihrem Marsch nach Gallien lagerte die Legion gerade in Agaunum, dem heutigen Saint-Maurice im Wallis, als der in Octodurum (Martigny im heutigen Kanton Wallis) weilende Kaiser Maximianus Herkulius vor dem Kriegszug feierlich seinen Göttern Opfer darbringen und die Soldaten ihren Treueeid erneuern lassen wollte. Die Soldaten der Legion, alle Christen, verweigerten diesen Eid. Daraufhin ließ der Kaiser, um ihren Widerstand zu brechen, die

Legion dezimieren, d. h. jeden zehnten hinrichten, doch blieben die Soldaten standhaft. Der Kaiser ließ sie ein zweites Mal dezimieren, allein auch das konnte sie nicht zum Abfall von ihrem Glauben bewegen. Ihre Anführer Mauritius, Exsuperius und Candidus bestärkten sie durch Wort und Beispiel noch in ihrer Treue. Als der Kaiser ihren unbeugsamen Willen sah, ließ er die ganze verbliebene Legion hinmetzeln. Auch ein Veteran, der heute in Xanten verehrte Victor, der sich als Christ bekannte, fiel dem Morden zum Opfer.

So schildert Eucherius die Ereignisse, die sich an einem 22. September zwischen 280 und 300 abspielten.

Das eindrucksvolle Martyrium einer ganzen Legion und Wunderberichte über ihre Reliquien ließen bereits kurze Zeit später einen lebhaften Kult aufkommen, und Bischof Theodor von Octodurum (= Martigny), der Apostel des Wallis, erbaute um das Jahr 380 über den damals wiedergefundenen Gebeinen eine Basilika, die sich zu einem berühmten und vielbesuchten Wallfahrtsort entwickelte. 515 gründete Kaiser Sigismund von Burgund hier ein Kloster, das vom 6. bis 10. Jahrhundert eine der bedeutendsten Kultstätten war und neben der Wallfahrt viel dazu beitrug, den Kult des hl. Mauritius über Europa auszubreiten. In der Schweiz traten als weitere bekannte Kultstätten St. Moritz in Graubünden und Bourg St. Maurice in Savoyen hinzu. In Frankreich entstand schon im 7. Jahrhundert eine dem Heiligen geweihte Kirche in Reims, der bald andere, so in Vienne und Angers, folgten.

In karolingischer Zeit wurde Mauritius Patron des Langobardenreiches. Unter den Ottonen erstreckte sich sodann die religiöse Verehrung wie die politische Bedeutung über das ganze Reich. So gründete Kaiser Otto I. 937 das Moritzkloster in Magdeburg, das 968 in ein Domstift des gerade gegründeten Erzbistums Magdeburg umgewandelt wurde.

Ebenso wie das 741 gegründete Benediktinerkloster St. Mauritius in Niederaltaich in Niederbayern wurde es ein Zentrum für die Missionierung und Kolonisierung der eroberten Ostgebiete des Reiches. In dieser Zeit der Ottonen wie der Salier gewann der Kult des Heiligen eine solche Bedeutung, daß Mauritius zum Reichspatron wurde.

Seit der Zeit König Heinrichs I. (919–936) zählt die sogenannte heilige Lanze zu den Reichskleinodien. Es ist die Lanze, mit der der römische Kriegsknecht, der in einer späteren Legende den Namen Longinus erhielt, die Seite des gekreuzigten Christus durchbohrte (vgl. Joh 19,34). Sie wurde in der Überlieferung auf Kaiserin Helena, Kaiser Konstantin, aber eben auch auf den hl. Mauritius zurückgeführt. König Heinrich erwarb sie gegen die Abtretung Basels von Rudolf II. von Hochburgund und verleibte sie dem Kronschatz ein. Das wiederum förderte den Kult des hl. Mauritius. Er wurde als tapferer und standhafter Soldat besonders von den Rittern verehrt und wurde zum Schutzherrn zahlloser Ritterburgen wie im Spätmittelalter mehrerer Ritterorden. In alten kirchlichen Weiheformeln finden wir seinen Namen bei der Ritter- wie bei der Schildweihe. Wie Barbara die Artillerie, Georg die Kavallerie und Josef die Pioniere, so schützte Mauritius die Infanterie.

Über die Verehrung durch die Ritter ist Mauritius wohl zu seinem Pferdepatronat gekommen. Bei Pferdekrankheiten angerufen, waren in der Eifel in Niederöfflingen, Kreis Wittlich, bis ins 19. Jahrhundert am Ostermontag Pferdeumritte zu seinen Ehren üblich.

Im Raum von Halle, wo Mauritius wie in Magdeburg Stadtpatron ist, hieß früher eine Figur der Pfingstumzüge nach dem 1411 für die Statue des hl. Mauritius gearbeiteten Gewande, das nach der Sitte der Zeit mit Schellen besetzt war, der Schellenmoritz.

Dargestellt wird Mauritius meist in Ritterrüstung mit Schild, Lanze oder Fahne, wobei er manchmal zu Fuß abgebildet wird, so im Magdeburger Dom, öfters jedoch auch zu Pferd, so häufig auf Schweizer Siegeln des 13. Jahrhunderts. Wegen seiner Herkunft und seines Namens wird er im allgemeinen als »Mohr« dargestellt. Letzteres Wort leitet sich ab vom lateinischen maurus = Nordwestafrikaner, einer aus Mauretanien. Eine der bekanntesten deutschen Darstellungen ist das kurz nach 1520 entstandene Gemälde von Matthias Grünewald in der Alten Pinakothek in München, das ihn als Mohren in deutscher Ritterrüstung im Gespräch mit dem hl. Erasmus zeigt.

MICHAEL (29. September)

Stießen wir früher auf eine politische Karikatur mit einem gutmütig-schläfrigen jungen Mann mit unbedarftem Ausdruck und obendrein mit Zipfelmütze, dann konnte der Dargestellte nur einer sein: der deutsche Michel. Solche Darstellung hat so gar nichts gemein mit dem, der ihm den Namen gab, nämlich dem Erzengel Michael.

In der Heiligen Schrift wird Michael nur an wenigen Stellen genannt, die dann aber seinen hohen Rang verdeutlichen. In Daniel 10,13 und 12,1 wird er ein großer Fürst genannt; der Brief des Judas Thaddäus überliefert im Vers 9 die jüdische Tradition vom Kampf Michaels mit dem Teufel über dem Leichnam des Moses; die sein Bild am meisten prägende Stelle findet sich in der Offenbarung des Johannes (12,7–9): Dort werden Kampf und Sieg Michaels und seiner Engel über den Satan in Gestalt eines Drachen geschildert. Diesen Sieg Michaels, dessen Name »Wer ist wie Gott?« bedeutet, bezog man auf die christliche Kirche, deren Schutzherr er im Osten seit dem 2. Jahrhundert ist.

Im Westen nahm sein Kult einen steilen Aufschwung seit einer Erscheinung auf dem Monte Gargano in Italien, die man auf das Jahr 493, nach anderen Quellen auf 520 datiert. Neben dem Monte Gargano wurden Rom, wo Michael – der Legende nach – der Pest ein Ende bereitet hatte (daher stammt der Name der Engelsburg) sowie besonders der Mont-Saint-Michel in der Normandie Kultstätten von europäischem Rang.

Die letztgenannte war das Wallfahrtsziel gerade deutscher Pilger und wurde zum üblichen Schicksal für ungezählte »Michaelsknaben«, acht- bis achtzehnjährige Jungen, die im hohen Mittelalter und dann wieder von der Mitte bis zum Ende des 15. Jahrhunderts aus bis heute nicht geklärten Gründen dorthin pilgerten. Oft gegen den Willen der Eltern verließen sie heimlich die Heimat, weil eine innere Stimme sie angeblich dazu aufgefordert hatte, und – die meisten kehrten nie zurück.

In Deutschland hat der hl. Bonifatius die Michaelsverehrung gefördert. Er setzte an die Stelle heidnischer Kultstätten zahlreiche Gotteshäuser und stellte sie unter die Schirmherrschaft des Erzengels wie auch des Apostelfürsten Petrus. Es ist bis heute umstritten, ob und inwieweit der Michaelskult bei uns direkt einen Kult Wodans oder anderer germanischer Gottheiten verdrängt hat. Manches Brauchtum und die Namen von Michaelskultstätten deuten jedoch darauf hin, wie z. B. Gudensberg bei Kassel oder Godesberg (heute Stadtteil Bonns), die einst Wodes-, Wodansberg hießen.

Viel trug zur Verehrung Michaels das Rittertum bei, das ihn zum Schutzherrn wählte und ihm zahlreiche Burgkapellen weihte. Und weil er die Sache Gottes gegen die Mächte des Widersachers verfocht, wurde Michael auch zum Beschützer der christlichen Heere gegen die Heiden. So berichtet der Geschichtsschreiber Widukind, daß dem deutschen Heere, das die heidnischen Ungarn 933 und 955 besiegte, das Feldzeichen mit dem Bildnis Michaels vorangetragen wurde. Damit wurde er der Patron der Soldaten überhaupt, und sein Bild schmückt ungezählte Kriegerdenkmäler.

Was ihn überdies dem Wehrstand nahebrachte, war die enge Beziehung Michaels zu Tod und Gericht, derentwegen er in der Todesstunde angerufen wird. Eine Legende erzählt, daß die Seele eines Verstorbenen auf dem Weg in den Himmel die erste Nacht Herberge bei der hl. Gertrud, die zweite Nacht beim hl. Michael findet. Darum erscheint Michael häufig als Patron von Friedhofskapellen oder Friedhöfen. Beim Gericht selbst schreibt man ihm als dem Anführer des

Gottesheeres die Rolle des Seelenwägers zu. Diese Tätigkeit machte ihn zum Thema der darstellenden Kunst und erklärt zugleich, daß Kaufleute und Apotheker ihn eben deshalb, weil ihm die Waage als Zeichen beigegeben wurde, zum Standespatron erkoren.

Die Macht, die man Michael als Schützer gegen das Böse beimaß, zeigt sich ferner darin, daß man während des gesamten Mittelalters mit Vorliebe Michaelskapellen in die Westwerke der Kirchen einfügte, wähnte man doch im Westen den Sitz der bösen Geister. Aber auch außerhalb der Kirchen suchte man sich seines Schutzes zu versichern, indem man auf Stadtmauern oder an Stadttoren Michaelskapellen errichtete bzw. sein Abbild anbrachte.

Orden und Bruderschaften unterstellten sich dem Schutz des Erzengels. Vom Zutrauen der Menschen aller Schichten zu ihm künden seit der Zeit Karls des Großen ungezählte Hymnen und Lieder. Unter ihnen nehmen die Wallfahrtslieder einen großen Raum ein, denn am Michaelsfest und in der folgenden Oktav pilgerten in sehr vielen Gegenden die Gläubigen zu seinen Kultstätten.

Vieles bisher Gesagte zeigt das besondere Verhältnis des deutschen Volkes zu Michael, und so wurde er »Praeceptor Germaniae«, der Lehrmeister Deutschlands. Daher kam auch möglicherweise der Ausdruck vom »deutschen Michel« auf, der ursprünglich durchaus positiv gemeint war. Dieser Name besitzt aber spätestens seit Sebastian Franck (1499–1543) einen spöttischen Beigeschmack. Es ist weder im einzelnen auszumachen, wie der Ausdruck entstand, noch wie er zu seiner heutigen Bedeutung kam. Zugrunde liegt jedoch zweifellos die besonders große Verehrung, die Michael bei den Deutschen fand. Darum taucht auch sein Name häufig als Vorname auf. Bei anderen Völkern setzte sich die Bezeichnung vom »deutschen Michel« fest, weil der Name des Erzengels lange Zeit der Schlachtruf der deutschen Heere war.

Bis in die Neuzeit war der Michaelstag ein gebotener Feiertag. Das wirkte lange in einzelnen Arbeitsverboten in Süd- und Norddeutschland nach. Zum anderen behielt sein Festtag lange Gewicht als Tag fröhlicher Feiern, Gelage und Michaelsmärkte wie auch als Termintag für den Gesindewechsel und für die Abgabe von Pacht und Zins. Außerdem zog das Fest manche Erntebräuche an, nicht zuletzt deswegen, weil evangelische Kirchenbehörden das Erntedankfest häufig auf den Michaelstag oder den Sonntag danach angesetzt haben. Schließlich hefteten sich demzufolge auch zahlreiche Wetterregeln und andere Orakel an den Michaelstag.

Dargestellt wird Michael in der Frühzeit meist zusammen mit Gabriel an Gottes Thron oder an der Seite Christi, dann auch als Wächterengel. Zunächst charakterisieren ihn als Beigaben Stab oder Lanze. Seit der karolingischen Zeit aber setzte sich bei uns allmählich als Michaels-Typus der siegreiche Krieger in leuchtender Rüstung mit Flammenschwert durch, der seinen Fuß auf den besiegten Drachen setzt. Vielfach wird er auch abgebildet als Führer der Seelen, als Paradieswächter und endlich als Seelenwäger, der in der einen Hand die Seelenwaage hält und mit dem freien Arm liebevoll den zu Richtenden umfängt.

NIKOLAUS (6. Dezember)

Die »Goldene Legende«, die bekannte Legendensammlung des Jacobus de Voragine aus dem 13. Jahrhundert, erzählt, daß der hl. Nikolaus, in der Stadt Patera als Sohn frommer und reicher Eltern geboren, sich bereits in früher Jugend durch Frömmigkeit und Tugend ausgezeichnet habe. Nach dem Tode seiner Eltern tut er mit dem ihm überkommenen Reichtum viel Gutes und wird, nachdem der Bischofsstuhl von Myra verwaist ist, durch ein göttliches Zeichen zum Bischof erwählt, woran die Legende zahlreiche Wunder anschließt, die er selbst vollbracht habe oder die in seinem Namen geschehen seien.

In der so liebevoll gezeichneten Gestalt, über die jedoch historische Nachrichten fehlen, sind die Züge zweier geschichtlicher Personen zusammengeflossen, die des Bischofs Nikolaus von Myra in Lykien, der wahrscheinlich in der ersten Hälfte des 4. Jahrhunderts gelebt hat, und die des Abtes Nikolaus von Myra vom Kloster Sion bei Myra, des späteren Bischofs von Binara in Lykien, der am 10. Dezember 564 gestorben ist.

Erste Spuren eines Nikolauskultes finden sich bereits im 6. Jahrhundert in Myra und Konstantinopel, und von dort breitet er sich in der griechischen und später in der russischen Kirche aus. Im 9. Jahrhundert dringt der Kult nach Rom und nach dem damals noch griechischen Unteritalien und um die Wende vom 10. zum 11. Jahrhundert auch über die Alpen vor, in Deutschland besonders begünstigt durch die Gemahlin Kaiser Ottos II. (973–983), die byzantinische Prinzessin Theophanu, in Nordfrankreich und England durch die Normannen.

Einen triumphalen Aufschwung aber nimmt die Verehrung des Heiligen, als 1087 seine Gebeine von Myra nach Bari in Apulien übertragen werden. Entlang den Land- und Wasserstraßen läßt sich dieser Siegeszug an den ihm zu Ehren erbauten Kirchen und Kapellen, Klöstern und Hospizen verfolgen. In der Zeit vom 11. bis zum 16. Jahrhundert werden ihm weit über 2000 Kirchen geweiht. Nordwärts bis Island und ostwärts bis Riga und Reval strahlt der Kult des Heiligen aus, der zu einem der beliebtesten Volksheiligen des hohen und späten Mittelalters wird.

Der Grund für die erstaunlich große Beliebtheit des hl. Nikolaus liegt nicht zuletzt in den zahlreichen Legenden, die größtenteils mit seinem Kult aus der griechischen Überlieferung in das Abendland übertragen worden sind.

Zu den bekanntesten zählt die von der Rettung der Schiffer aus Sturmesnot, die ihn zum Patron der Schiffer und Reisenden machte und worauf die zahlreichen Nikolaikirchen gerade in den seefahrttreibenden Städten Norddeutschlands und der anderen an die See angrenzenden Staaten zurückzuführen sind.

Ebenso beliebt ist die im Abendland entstandene Erzählung, wie er drei von einem habgierigen Wirt ermordete Schüler wieder zum Leben erweckt sowie die Legende, nach der er drei Jungfrauen, deren Vater sie aus Armut der Schande preisgeben will, davor errettet, indem er in drei aufeinanderfolgenden Nächten je einen Beutel mit Gold in ihre Kammer wirft, so daß sie sich vermählen können.

Sehr zahlreich sind die Patronate des Heiligen. Er ist Schutzherr vieler Länder, Städte, Stände und Berufe, namentlich der Seeleute und Reisenden und vor allem der Schüler wie Kinder überhaupt.

Das letztgenannte Patronat ist deshalb von größter Bedeutung, weil sich im Anschluß daran manches bis heute allgemein geübte Brauchtum entwickelt hat, das jedoch durch die Verflechtung mit älteren Umzugsriten und zahllosen lokalen oder regionalen Sonderbildungen eine solch bunte Gestalt gewonnen hat, daß es unmöglich geworden ist, die Wurzeln im einzelnen mit Sicherheit bloßzulegen.

Ausgangspunkt für des Heiligen Patronat über die Jugend ist die erwähnte Legende von den ermordeten und wieder zum Leben erweckten Schülern. Diese Schutzherrschaft bewirkte, daß seit dem 13. Jahrhundert das Fest oder Spiel vom Kinderbischof vom Tag der Unschuldigen Kinder am 28. Dezember auf den 6. Dezember übertragen wurde.

Dabei wählten die jüngeren Kleriker und Schüler in den Klosterschulen aus ihrer Mitte einen »Bischof« oder »Abt«, der einen prächtigen Umzug hielt und eine gespielte Herrschaft ausübte. Aus den Kloster- und Stiftsschulen fand das Spiel, das zu uns aus Nordfrankreich kam und letztlich in den römischen Saturnalien und im orientalischen Narrenkönigtum wurzelte, seinen Weg in die weltlichen Schulen und nahm oft so ausschreitende Formen an, daß es immer wieder verboten werden mußte, sich jedoch – wegen seiner Beliebtheit – bis ins 18. Jahrhundert hielt.

Weniger deutlich läßt sich verfolgen, wie der hl. Nikolaus zum Gabenbringer wurde. Als solcher scheint er sich erst in der beginnenden Neuzeit allgemein durchgesetzt zu haben, wurde dann aber nach der Reformation im protestantischen Mittel- und Norddeutschland bald verdrängt. So bescherte in Martin Luthers Familie im Jahre 1535 noch der hl. Nikolaus die Kinder, zehn Jahre später aber war es bereits »der heilige Christ«.

Man hat zur Erklärung auf die mittelalterliche Klosterschule hingewiesen, in der der Heilige als belohnender oder strafender Schulpatron aufgekommen sei und sich dann allgemein als Gabenbringer durchgesetzt habe. Das späte Einsetzen des Brauches und die landschaftliche Vielfalt seiner Erscheinungsformen lassen jedoch vermuten, daß er manch älteres Gut mitaufgenommen hat, das in die Gesamtheit der winterlichen Umzüge einzuordnen ist. Darauf scheinen bereits die ursprünglichen Gaben zu deuten: an Erntebräuche erinnernde Herbstfrüchte, Gebildbrote in Form von Tieren, wie Hahn, Huhn, Hase, Hirschbock, Schwein und Pferd, die als Ersatz früherer Opfer gedeutet worden sind. Hinzu kommt, daß Nikolaus auch als Gabenheischer auftritt.

Mehr noch zeigt sich eine ältere Schicht in den Gestalten, die den Heiligen begleiten und oft in Tiermasken auftreten, unter denen Hirsch, Pferd – insbesondere der Schimmel –, Bock und Bär überwiegen. Im Süden vor allem zählt auch eine Reihe weiblicher Gestalten dazu, deren bekannteste die Perchta, die Holda, die Budlfrau, das Klausenweiblein und die Lutzelfrau sind, bösartige Winterdämonen, die auch durch die Gestalt des Heiligen nichts von ihrer unheimlichen Schreckwirkung verloren haben.

Umtollt von solchen meist bedrohlich vermummten Begleitern, geht der hl. Bischof in den wilden, lärmenden Umzügen einzelner Landschaften vollständig unter. Das wird auch in den Namen deutlich, die er erhielt: Klawes im Hannoverschen, Ruhklas in Mecklenburg, Klas Bur in der Mark Brandenburg, Pelznickel im Bergischen Land, Boozenickel auf dem Hunsrück, Niglo in Teilen Österreichs, wobei der letztere Name bezeichnenderweise sowohl ihn wie seine Begleiter bezeichnet, zu deren Schar er gezählt wird.

Man hat diesem wilden Treiben oft – vergeblich – durch obrigkeitliche Verbote beikommen wollen, es dann aber auch durch von den Kirchen ausgehende katechetisierende Bestrebungen – die protestantischen Advents- oder die katholischen Nikolausspiele – zu verdrängen oder durch eine christliche Umdeutung des Nikolausbrauchtums aufzufangen versucht. So wurde der bekannteste Begleiter des Bischofs, der Knecht Ruprecht oder Hans Muff, zum Sinnbild der bösen und strafenden Macht, die allerdings der himmlischen, belohnenden des Bischofs unterworfen ist. Damit wurde die heutige Form des Einkehrbrauches eingeleitet, in der Knecht Ruprecht mit seiner Rute zwar die bösen Kinder züchtigen darf, im übrigen aber die Gaben des hl. Nikolaus zu verteilen hat, der selbst als der gütige Gabenspender im Bewußtsein der Kinder lebt.

Nach den Legenden erhält Nikolaus seine Attribute auf bildlichen Darstellungen: Als Bischof gekleidet, führt er außer einem Buch drei goldene Kugeln – die auf die Jungfrauenlegende hindeuten –, drei Brote – nach der Legende von der Errettung Myras aus einer Hungersnot – oder drei aus einem Zuber steigende Knaben nach der Schülergeschichte sowie oft ein Schiff oder einen Anker.

ODILIA (13. Dezember)

»Mit was grosser andacht vnd ernst von verren vnd nahen landen die Christen menschen diß grab vnd heyltumb heimsuchen, auch die heiligen junckfrawen Otiliam mit opffer vnd gebet in iren nöten, namlich zu behütung oder widerbringung ires gesichtes vnd augen, das sie ir fürsprecherin gegen gott sey, anrüffen, glaubet nyman, so es nit sehe. Dann gar selten ein tag ist, du vindest frembde bilger vnd bilgerin bey disem grab ...«

Was der elsässische Humanist Hieronymus Gebwiller 1521 voller Erstaunen festhält, trifft bis heute zu: Täglich besuchen ungezählte Menschen den Odilienberg, den heiligen Berg des Elsaß, um zum Grabe der hl. Odilia (Ottilia), der Patronin des Elsaß und der Diözese Straßburg, zu pilgern.

So kärglich die historischen Quellen fließen, so erzählfreudig berichtet die gegen Ende des 9. Jahrhunderts verfaßte Legende über das Leben der in der 2. Hälfte des 7. Jahrhunderts geborenen Heiligen. Nach ihr plante Herzog Attich, der ein geistliches Leben im Laienkleid führen wollte, den Bau eines Klosters auf seinem Schloß Hohenburg. Da wird ihm eine blinde Tochter geboren. Der Vater ist über diese als Makel für sein Geschlecht empfundene Geburt so empört, daß er befiehlt, das Kind zu töten. Die Mutter Bereswinda vertraut es jedoch einer Amme an, die es fast ein Jahr lang in ihrem Hause hält und dann, als die Leute zu munkeln anfangen, mit ihm nach Palma, dem heutigen Baumeles-Dames in Burgund, flieht. Dort wird das Mädchen im Kloster erzogen, bis auf Geheiß Gottes der fränkische Bischof Erhard kommt. Er tauft das Kind auf den Namen Odilia, und bei der Taufe wird diesem das Augenlicht geschenkt.

Nachdem Odilia längere Zeit als Nonne in Palma gelebt hat, läßt sie sich von ihrem Bruder heimlich nach Hause zurückholen. Der Vater, der durch eine Offenbarung über das Schicksal seiner Tochter unterrichtet ist, erregt sich bei ihrer Ankunft so sehr über die Eigenmächtigkeit seines Sohnes, daß er ihn erschlägt. Wenn er auch das Frevelhafte seines Tuns sieht, nimmt er dennoch Odilia auch weiter nicht an und billigt ihr lediglich den bescheidenen Unterhalt einer Magd zu. Erst vor seinem Tod übergibt er seiner Tochter das inzwischen erbaute Kloster auf der Hohenburg.

Trotz des Leides, das ihr der Vater zugefügt hat, betet Odilia, als sie durch ein Gesicht von seiner Verbannung in das Fegefeuer erfährt, inständig für ihn und erfährt bald nach einer neuen Erscheinung, daß ihr Gebet erhört worden ist. Odilia widmet ihr weiteres Leben dem Kloster auf der Hohenburg und erbaut am Fuße des Berges ein weiteres, Niedermünster, mit einer Herberge für Arme und Pilger.

Schon zu ihren Lebzeiten geschehen Wunder, so das einer wunderbaren Weinvermehrung. Das größte aber meldet die Legende von ihrem Sterben. Als Odilia den Tod nahen fühlt, zieht sie sich zum Gebet in die Johanneskapelle zurück und stirbt. Die durch einen »lieblichen Geruch« herbeigeholten Schwestern aber sind bestürzt, weil ihre Äbtissin sie ohne »Wegzehrung« verlassen habe. Sie flehen zu Gott, ihr das Leben wiederzugeben. Dieser erfüllt ihren Wunsch, Odilia erwacht noch einmal, die Nonnen bringen ihr den Kelch mit dem Sakrament, das sie sich selbst spendet. Darauf gibt sie ihren Geist auf.

Bald nach Odilias Tod um das Jahr 720 breitete sich ihre Verehrung von ihrem Grab auf dem nach ihr benannten Odilienberg aus über das Elsaß, über Baden, Württemberg, Bayern, Österreich, Lothringen, West-, Mittel- und Norddeutschland bis nach Böhmen und Polen. Zahlreiche Kapellen wurden ihr zu Ehren auf Bergen und an Quellen errichtet, die man für ebenso heilkräftig hielt wie den Odilienbrunnen auf dem Odilienberg. Ihr Grab in der von ihr erbauten Johanneskapelle wurde das Ziel zahlloser Pilger, unter ihnen der aus dem elsässischen Egisheim gebürtige Papst Leo IX., Kaiser Friedrich I. Barbarossa, Königin Sibilla von Sizilien und Kaiser Karl IV.

Odilia wurde, in stärkerem Maße als die den Festtag mit ihr teilende Luzia, *die* Augenpatronin, wovon zahllose Votivgaben auf dem Odilienberg beredtes Zeugnis ablegen; neben Geld und Naturalien waren es vor allem wächserne, silberne oder goldene Augen. Ihr Name erscheint in vielen Augensegen des ausgehenden Mittelalters und der Neuzeit. In Berolsheim in Baden flehten die Bauern vor dem Kornschneiden zu ihr, sie möge sie davor bewahren, daß sie bei dieser Arbeit Augenverletzungen davontrügen. Der Feldrittersporn wurde nach ihr Ottilienkraut genannt. Man glaubte, daß ein Augenkranker, der drei dieser Blumen, in frisches Bienenwachs gehüllt, am Halse trüge, dazu drei Messen zu Ehren der Heiligen lesen ließe und drei Almosen in ihrem Namen verteile, auf Heilung seines Leides hoffen dürfe.

Aus Abstammung oder Legende erklären sich die Patronate der Heiligen, nach der sich auch viele Bruderschaften benannten, über den Adel, die Siechen und Siechenhäuser und über die Armen Seelen. Seit dem 11. Jahrhundert wurde sie ferner um Kindersegen angerufen, und im Elsaß glaubten die Mädchen früher, daß sie, wenn sie die sogenannte Tränenkapelle auf dem Odilienberge siebenmal umschritten, noch im selben Jahr heiraten würden. Vereinzelt wurde die Heilige seit dem 16. Jahrhundert auch bei Ohrenleiden angerufen.

Dargestellt wird Odilia als Äbtissin in der Ordenstracht der Zisterzienserinnen, aber auch der Benediktinerinnen oder

Augustinerinnen, mit Äbtissinnenstab und Buch, auf dem zwei Augen liegen, sowie mit einem Kelch. Seit dem 14. Jahrhundert tritt dazu vereinzelt ein Hahn, den man als Verkünder des Lichts und damit als Ersatz für die Augen gedeutet hat.

OSWALD VON NORTHUMBRIEN (5. August)

Wer seinen Urlaub in Bayern, in Österreich oder in der Schweiz verbringt, wird dort häufiger als in anderen Landschaften Darstellungen des heiligen Oswald sehen: als König oder Krieger mit königlichen Insignien, wie Zepter oder Reichsapfel, dazu neben der Märtyrerpalme mit den besonderen Attributen Becher, Rabe und Ähren. Diese letzteren Beigaben lassen sich nicht alle aus der Lebensbeschreibung des Heiligen erklären.

Geboren um das Jahr 604 als Sohn des Königs Ethelfrith von Northumbrien in Nordengland, mußte Oswald 616, als sein Vater im Kampf gegen aufständische Briten gefallen war, aus dem Land fliehen. Er begab sich zu den Schottenmönchen auf die Insel Hy (Iona) der Inneren Hebriden, dem Missionszentrum für Schottland und Nordengland, wo er im 563 gegründeten Kolumbankloster die Taufe empfing. Im Jahre 634 eroberte er im Kampf gegen den Britenkönig Cadwalla sein Land zurück und führte unter Mitwirkung der Mönche aus Hy das Christentum in Northumbrien ein. Nachdem er die Tochter des Königs Kynigil von Wessex geheiratet hatte, bewog er auch diesen, das Christentum anzunehmen.

Oswald ließ zahlreiche Kirchen und Klöster bauen, darunter im Jahr 635 das berühmte Kloster Lindisfarne (Holy Island) auf einer unmittelbar vor der nordenglischen Küste gelegenen kleinen Insel, das der erste Missionsbischof Aidan aus dem Kloster Hy zum Ausgangspunkt seiner Tätigkeit machte. In diesem Kloster wurde später als kostbare Reliquie das Haupt Oswalds verehrt.

Als besonders hervorstechende Eigenschaft Oswalds wird seine Mildtätigkeit gerühmt. So wird berichtet, daß er an einem Osterfest Aidan zu Gast geladen hatte und mit ihm zu Tische saß. Da fand sich eine große Zahl von almosen-heischenden Armen ein, und der König ließ nicht nur alle Speisen an sie verteilen, sondern befahl, seinen silbernen Pokal in Stücke zu brechen und diese zu verteilen. Aus dieser Episode leitet sich das Attribut des Bechers ab.

Mitten in seinem Schaffen jedoch ereilte Oswald der Tod im Kampf gegen den heidnischen König Penda von Mercien in der Schlacht am 5. August 642. Sein Leib fand zunächst in Bardney, später in Gloucester seine Ruhestätte.

Von seinem Grab werden bald zahllose Wunder, vor allem Krankenheilungen berichtet; seine Verehrung breitete sich seit dem Anfang des 8. Jahrhunderts schnell über England und Irland aus und wurde von den Schottenmönchen nach Frankreich, Flandern, Deutschland, Norditalien und Skandinavien gebracht.

Die Tatsachen seines Lebens und die ersten Wunderberichte kennen wir aus der Kirchengeschichte von Beda (672–735). Dessen Schilderung gestaltete jedoch im Jahre 1165 der englische Mönch Reginald, um germanische Sagenstoffe bereichert, in seiner Vita S. Oswaldi regis et martyris, der Lebensbeschreibung des hl. Oswalds, des Königs und Märtyrers, zu einer ersten Legende aus.

Die für unseren Raum gültige und für die Darstellung Oswalds in der deutschen Kunst maßgebliche Form der Legende erfuhr sie um 1170 durch einen mittelfränkischen Geistlichen, der des Heiligen Leben in einem Spielmannsepos darstellte, das in vielem die Züge eines Brautwerbermärchens trägt. Es ist in drei verschiedenen Fassungen überliefert, von denen der sogenannte Münchener Oswald die am besten erhaltene ist. Danach bittet Oswald im ersten Teil, der die Werbung beschreibt, Gott um eine Frau. Ein Engel empfiehlt ihm, eine heidnische Prinzessin zu nehmen. Seine Berater können ihm keine nennen, und der Pilger Warmunt verweist ihn an Pamige, die heimlich dem

Christenglauben zugetan ist. Doch ihr Vater Aron schlägt jedem Freier den Kopf ab. Auf Rat des Pilgers sendet Oswald einen mit menschlicher Stimme begabten Raben als Boten. Nach einigen Abenteuern wird das Tier von Aron gefangen und in den Kerker geworfen. Von der Prinzessin losgebeten, richtet es seine Botschaft aus. Die Prinzessin nimmt den Antrag Oswalds an, das Tier fliegt zurück. Im zweiten Teil, der die Entführung zum Inhalt hat, gelingt es Oswald durch viel List, die Prinzessin aus den Händen ihres Vaters zu befreien und diesen selbst, nachdem er ihn verfolgt hat, zum Christentum zu bekehren. Ein Schlußteil schildert die Versuchung Oswalds durch Christus, der als Bettler verkleidet von dem frommen König Gabe auf Gabe erbittet, zuletzt gar sein Land und seine Frau. Oswald gibt alles widerspruchslos hin, bis Christus sich zu erkennen gibt. Er gibt ihm alles Geschenkte zurück, der König und seine Frau führen ein frommes Leben, bis zwei Jahre später die himmlischen Heerscharen ihre Seelen ins Himmelreich holen.

Diese Legende erklärt das Attribut des Raben auf den sehr zahlreichen bildlichen Darstellungen des Heiligen. Daneben hat man das Tier jedoch auch noch von einer anderen Legende ableiten wollen, die auch von anderen Heiligen erzählt wird: Bei der Königskrönung Oswalds fehlte es an Chrisam. Da schickte Gott vom Himmel einen Raben, der es herbeibrachte und dafür am Königshof gehalten wurde.

Der Heilige, einst auch Patron der Kreuzfahrer, ist besonders in den Alpenländern – u. a. ist er in Zug in der Schweiz Stadtpatron – ein hochverehrter Schutzpatron geworden und wird dort vielerorts den Vierzehn Nothelfern zugerechnet. Zu den zahlreichen Wallfahrtsorten in Bayern und Österreich, öfters mit nach ihm benannten Brunnen und Quellen, pilgerten ungezählte Menschen mit ihren meist bäuerlichen Anliegen. Oswald gilt als Wetterherr, dem man vor allem Macht über den Hagel zuschreibt. So pilgern seit

1641 die Bauern zu seiner berühmtesten Wallfahrtsstätte in Tirol, der Kapelle auf dem Ifinger, hinauf. Unterlassen sie es, fürchten sie, der Heilige würde ihnen ihr Getreide verhageln lassen.

Da sein Fest in die Zeit der Ernte fällt, ist Oswald auch zu deren hochverehrtem Beschützer geworden, worauf das Ährenattribut hinweist. Dabei hat sich in Niederbayern ein eigenartiger, urtümlicher Brauch entwickelt. Zum Abschluß der Ernte ließ man die letzte Garbe auf dem Feld stehen oder einige Halme, die man nicht schnitt. In deren Mitte wurde ein Stab gesteckt, an welchen mit Blumen geschmückte Halme gebunden wurden. Diesen »Nothalm«, wie die letzte Garbe auch hieß, umtanzte man, nachdem der Bauer ein Dankgebet für die glücklich beendete Ernte gesprochen hatte. Dieser Nothalm trug in Niederbayern nun den Namen des heiligen Oswald, weshalb man einen Zusammenhang zwischen Oswald und Wodan annehmen zu können glaubte.

Als bäuerlichem Patron empfiehlt man Oswald das Vieh, wie zahllose Votivgaben zeigen, die früher meist aus Eisen waren, in einigen Kärntener Kultstätten aber auch in Form von Speck oder Schweinshaxen dargebracht wurden.

Als fürbittemächtiger Heiliger wurde Oswald ebenso in einer Reihe anderer Anliegen angerufen. So erscheint sein Name in einem Reisesegen aus der Zeit von 1500, man hat ihm ein Patronat über die Träumer zugeschrieben, und in der Oswaldibergkirche bei Villach in Kärnten pflegten heiratslustige Mädchen ihn um einen Mann zu bitten.

Für die bedeutende Stellung des Heiligen in der Volksfrömmigkeit spricht endlich, daß sein Festtag vielerorts, besonders in Tirol, zum Feiertag wurde, der von Arbeitsverbot, Feiern und Umzügen bestimmt wurde.

PETRUS (29. Juni)

»Unsar trohtin hat farsalt sancte Petre giuualt, / daz er mac
ginerian ze imo dingenten man. / Kyrie eleison, Christe
eleyson. Er hapet ouh mit uuortun himilriches portun. / dar
in mach er skerian den er uuili nerian. Kirie eleison, Christe
eleyson. Pittemes den gotes trut alla samant uparlut, /daz er
uns firtanen giuuerdo ginaden! / Kirie eleyson, Christe
eleison.« – (Unser Herr hat dem hl. Petrus die Macht verliehen, den zu retten, der auf ihn hofft. Herr erbarme dich,
Christus erbarme dich. – Seinem Wort untersteht auch der
Eingang ins Himmelreich. Da kann er einlassen, wen er zu
retten gedenkt. Herr ... – Laßt uns alle gemeinsam Gottes
besonderen Freund mit lauter Stimme bitten, daß er sich
unser, die wir gesündigt haben, gnädig wolle erbarmen!
Herr ...)

Dieser aus dem Anfang des 10. Jahrhunderts stammende
bayrische Bittgesang nach Christi Auftrag an Petrus (vgl. Mt
16,18 f) ist ein schönes Zeugnis für die frühe Verehrung des
Apostelfürsten in unserem Lande, das wie andere Beispiele,
etwa der Heliand, die Übertragung des germanischen Ge-
folgschaftsideals auf das Christentum verdeutlicht und diesem so den Eingang in den germanischen Raum erleichtert
hat.

Eine zentrale Rolle fiel dabei dem ersten Gefolgsmann
Christi zu, dem hl. Petrus (griech. Petros; aramäisch Ke-
phas, beides = Fels), der eigentlich Simon oder Simeon hieß
(vgl. Apg 15,14; 2 Petr 1,1); er war Sohn des Jonas (vgl. Mt
16,17) oder Johannes (vgl. Joh 1,42), stammte aus Betsaida in
Galiläa (vgl. Joh 1,44) und lebte als Fischer in Kafarnaum
(vgl. Mk 1,29 ff; 1 Kor 9,5). Schon früh erscheint er als
Wortführer der Zwölf (vgl. Mk 8,29; Joh 6,68 f), und in den

Apostelverzeichnissen steht er stets an erster Stelle (vgl.
Mt 10,2; Mk 3,16; Lk 6,14; Apg 1,13). Deutlich wird seine
Auserwählung vor allem in der Verheißung Christi (vgl.
Mt 16,15–19), beim letzten Abendmahl (vgl. Lk 22,31f)
sowie in der ergreifenden Szene nach der Auferstehung
bei der Erscheinung auf dem See Tiberias (vgl. Joh
21,15–17).
Gleichwohl verschweigt die Heilige Schrift nicht seine
Schwächen. Er zeigt sich unbedacht oder aufbrausend, wie
bei der Gefangennahme Jesu (vgl. Joh 18,10), bei der Verklärung (vgl. Mk 9,5f) oder bei der Fußwaschung (vgl. Joh
13,5ff); er ist nicht frei von Überheblichkeit (vgl. Mk
14,29; Joh 13,36f) und muß von Jesus getadelt werden
(vgl. Mk 8,33). Dann aber wieder ist er »kleingläubig«,
wie Jesus ihn nennt (vgl. Mt 14,23–31), ja er verrät seinen
Herrn, wenn er es auch bitter bereut (vgl. Lk 22,62).
Dennoch ist er nach dem Tode Jesu der unbestrittene
Führer der jungen Kirche bis zu seinem Tod, den er der
Überlieferung nach als Märtyrer in der neronischen Christenverfolgung (64) erlitten hat, wobei er auf seine Bitte
mit dem Kopf nach unten im Zirkus des Nero auf dem
Vatikanischen Hügel gekreuzigt worden sein soll. Dort
wurde er auch begraben, doch wurden die Gebeine während der Verfolgung unter Kaiser Valerian (253–260) zeitweilig in die Katakombe von San Sebastiano an der Via
Appia verlegt. Danach wurden sie an ihren alten Platz
zurückgebracht, über dem Kaiser Konstantin (306–37) eine Basilika errichtete, an deren Stelle im 16. Jahrhundert
der Petersdom trat.

Schon früh wird Petrus in der römischen Kirche hoch verehrt, häufig zusammen mit dem hl. Paulus. Ihr gemeinsa-
mes Fest am 29. Juni ist seit dem Jahre 354 nachweisbar,
aber, wie man aus Konsulardaten schließen kann, bereits
früher gefeiert worden. Seit dieser Zeit wurde in Rom da-

neben am 22. Februar und später, unter gallikanischem Einfluß, auch am 18. Februar das Fest Petri Stuhlfeier in Antiochien und Rom gefeiert.

Seit 1960 fehlt die Ortsangabe beim Fest am 22. Februar, während das Fest vom 18. Februar ebenso aufgehoben wurde wie das Fest Petri Kettenfeier (1. August), das ursprünglich als Kirchweihfest der Kirche San Pietro in Vincoli in Rom begangen worden ist, später jedoch allgemein gefeiert wurde.

Die überaus große Verehrung des hl. Petrus zeigt sich in einer auffallend hohen Zahl von Patrozinien, namentlich älterer Kirchen, sowie in einer herausragenden Bedeutung in Kunst, Dichtung, Legende, Volksglauben und -brauch.

Neben Kirchen tragen bei uns viele Berge und Brunnen Petri Namen. Das Wasser dieser Brunnen wurde als heil- und segenskräftig geschätzt, so St. Peters Born auf der Hohensyburg.

Neben Maria ist Petrus der Heilige, der allein oder mit anderen Heiligen am häufigsten in volkstümlichen Segen vorkommt, in denen er angerufen wird gegen Fieber, Fallsucht, Verrenkungen, Zahnschmerzen, Würmer, gegen Wölfe und Diebe sowie für das Vieh, vor allem die Pferde.

Eine Reihe von Blumen und Heilkräutern ist nach ihm benannt. Am bekanntesten ist sicherlich die Schlüsselblume (Primula elatior). Sie ist der Legende nach entstanden, als dem hl. Petrus der Schlüssel entfiel. Dort, wo er die Erde berührte, schlug er Wurzeln und blühte auf als Schlüsselblume oder Himmelsschlüssel.

Nicht zu verwechseln damit sind die sogenannten Petrusschlüssel. Dies sind Schlüssel, in die Teile der Kette Petri eingearbeitet waren und die von Päpsten an hochgestellte Persönlichkeiten übersandt wurden, so von Papst Gregor dem Großen an Königin Theoktista, von Gregor III. an Karl Martell oder von Leo III. an Karl den Großen. Solche Petrusschlüssel wurden an einer Kette um den Hals getragen und galten als wirksamer Schutz gegen Tollwut und den Biß giftiger Tiere.

Auch ein Fisch, der Petersfisch (Meerschmied, Schmiedeknecht; Zeus faber) erinnert mit seinem Namen an den Heiligen, und zwar an die Szene in der Heiligen Schrift (vgl. Mt 17,27), in der Christus Petrus auffordert, einen Fisch zu fangen und dessen Maul den gebotenen Steuerpfennig (Stater) zu entnehmen. Und die münzenförmigen Flecke auf beiden Seiten des Fisches deutete man als die Stellen, an denen Petrus zugegriffen habe.

Endlich hat man nach dem Himmelspförtner auch Sternbilder bezeichnet, den Orion als Petersstuhl oder Petersstab und den Großen Wagen als Peterswagen.

Der hl. Petrus wurde Patron der Fischer und Schiffer, wegen des Himmelsschlüssels auch der Schlosser, weiter der Schmiede, Uhrmacher, Metzger und Steinbrucharbeiter.

Im volkstümlichen Denken gilt Petrus besonders als Wettermacher oder »Wolkenschieber«. Wenn weiße Wölkchen am Himmel stehen, heißt es, Petrus weide Schäfchen oder backe Brot; wenn es regnet, daß er den Himmel aufschließe. Bei Gewitter fährt er Unsere Liebe Frau spazieren, und der Donner rührt von seinem Kegelschieben her. Bei sehr wechselhaftem Wetter heißt es in der Uckermark: »He (der liebe Gott) is allwedder nich to Hus, Petrus is an't regéren.«

Im letzten Satz klingt bereits etwas von Schwankhaftem an, an dem die volkstümliche Überlieferung über den hl. Petrus besonders reich ist. In zahllosen Märchen, Legenden, Schwänken, Sprüchen und Volksspielen ist er die lustige oder wunderliche Person. Daher galten mancherorts alle Namensträger als schrullige und gelegentlich mit schlechten Eigenschaften behaftete Leute. Im 15. Jahrhundert erzählte man sich, daß keiner mit dem Namen Peter Bürgermeister von Erfurt werden dürfe. All dies bedeutet jedoch nicht etwa eine Mißachtung des Heiligen, sondern beweist im Gegenteil seine überaus große Beliebtheit im Volke, dem er vertraut war wie kaum ein anderer. Den Festtag teilt Petrus zwar offiziell mit dem hl. Paulus, doch ist der letztere allein nie recht volkstümlich geworden, so daß der 29. Juni oft nur Peterstag heißt.

In Glaube und Brauch trägt der Tag noch manche Züge der Sommersonnenwende. Im Fichtelgebirge wie in Schwaben, in Flandern wie in Oberösterreich und Kärnten loderten noch einmal Feuer auf. Wie andere Tage dieser Zeit gilt der Peterstag als Unglückstag. In Schwaben glaubte man, die Flüsse Enz und Jagst erforderten je ein Opfer, und im Oberland sollte der Tag je einen Klimmer und einen Schwimmer verlangen. Daher waren eine Reihe von Verboten, auch – wie an anderen Festtagen – Arbeitsverboten zu beachten.

Für Feld und Garten ist der Tag ein wichtiger Termin für das Heranreifen; besonderes Augenmerk widmete man dem Korn, das man in Böhmen mit Weihwasser besprützte. Der Tag sollte eine Wendung zum Guten bringen, aber es durfte nicht regnen, sonst »regnet's ins dritte Körnel Korn« und Hasel- und Walnüsse werden taub. Aus Sorge um das Gedeihen kamen deshalb mancherorts Hagel- und Schauerandachten mit Gebet und Prozession auf.

Dargestellt wird der heilige Petrus in der frühchristlichen Kunst mit rundem, flachen Gesicht und kurzem, krausen Barthaar. Als Attribut trägt er den Stab oder das Stabkreuz, seit dem 5. Jahrhundert auch den Schlüssel, vor allem bei der Darstellung der Gesetzesübergabe. Vieldargestellte Szenen der Frühe sind ferner der wunderbare Fischzug, die Ansage der Verleugnung und die Gefangennahme. Später folgen Darstellungen auf dem Throne (in cathedra), auf denen Petrus mit Mitra und Pontifikalgewändern angetan ist, der Verrat oder aus der Legendenüberlieferung die Kreuzigung mit dem Kopf nach unten und Petrus als Himmelspförtner. Außer den genannten Attributen eignen ihm noch Buch, Hahn, Fisch, Schiff und Ketten.

QUIRINUS VON NEUSS (30. April)

»O hymmelfurst heer sent Quiryn, / wyls ons bedruckten genedych syn. / Nu wyls du, gaidz hoechmerteler (Gottes Großmärtyrer), / syn eyn genedych beschyrmer / der dynre.«

So flehten nach Christian Wierstraits »Historij des beleegs (Belagerung) van Nuys« (Vers 1853–57) die Bürger der von Herzog Karl dem Kühnen im Jahre 1475 belagerten Stadt Neuß zu ihrem Stadtpatron. In der größten Not, als das Rheintor schon in der Hand des Gegners schien, trugen sie den Reliquienschrein an die bedrohte Stelle und gelobten, im Falle der Hilfe dieses Tor künftig Quirinustor zu nennen. Und als die Stadt wirklich von der Eroberung verschont blieb, nahmen Freund und Feind dies ganz selbstverständlich als Werk des hl. Quirinus; heißt es doch in einem Schreiben der Neußer Bürger an die Stadt Köln ein halbes Jahr später, »dass wir uns mit godz gnaden durch hilff ind bede des hogeloifften marschalcks unsz lieven patroens sent quyryns troistlich (zuverlässig, trostgebend) gewert ind gehalten haven.«

Mit dem Jahr 1475 setzte eine neue Welle der Verehrung eines Heiligen ein, über den nur wenig historisch Gesichertes bekannt ist. Nach der im 5./6. Jahrhundert entstandenen Legende war Quirinus ein römischer Tribun, der zur Zeit des Kaisers Hadrian (119–130) die Wachen der gefangengehaltenen Christen befehligte. Unter diesen waren auch Papst Alexander mit drei Gefährten, Hermes, Eventius und Theodul. Quirinus hatte eine an Kropf und Halsfisteln leidende Tochter, Balbina, die Alexander heilte. Aus Dankbarkeit ließ sich der Vater mit seiner ganzen Familie taufen und wurde, um das Jahr 130, in grausamster Weise zu Tode gemartert, wobei ihm die Zunge herausgeschnitten sowie Hände und Füße abgehauen worden sein sollen.

Als Todes- und Festtag gilt im allgemeinen der 30. März, doch wurde als Translationstag später der 30. April begangen. Die Gebeine wurden in der Prätextatuskatakombe in Rom beigesetzt, und Ausgrabungen in neuerer Zeit haben Bruchstücke einer wahrscheinlich dem 5. Jahrhundert angehörenden Grabinschrift zu Tage gefördert.

Damit scheint die historische Existenz des heiligen Quirinus gesichert, doch ergeben sich bei der Zuordnung von Quirinusbelegen insofern oft Schwierigkeiten, als es 17 Heilige mit dem im antiken Rom geläufigen Namen Quirinus gibt. Davon sind drei bekannter und werden des öfteren mit unserem Heiligen verwechselt.

Dies ist zunächst der hl. Quirinus von Tegernsee, der unter Kaiser Claudius im Jahre 269 hingerichtet worden sein soll und dessen Reliquien 761 in das Kloster Tegernsee gelangten; als zweiter ist zu nennen Quirinus, der Bischof von Sisak, südöstlich von Zagreb, der 308 in Sabaria, dem späteren Steinamanger-Szombathely sein Leben verlor; und schließlich ein Priester Quirinus, der nach der Legende mit Bischof Nikasius von Rouen im 4. Jahrhundert getötet wurde und dessen Reliquien nach einem Translationsbericht des 11. Jahrhunderts in die Abtei Malmedy überführt wurden.

Nach einer Neußer Überlieferung des 15./16. Jahrhunderts hat die Äbtissin Gepa des Benediktinerinnenklosters in Neuß die Reliquien des hl. Quirinus im Jahre 1050 in Rom vom Papst erhalten und nach Neuß übertragen. Dagegen beanspruchte auch der Ort St. Quirin in den Vogesen, bei derselben Gelegenheit die Reliquien vom Papst empfangen zu haben, wobei aus Gepa Gerberga wurde, eine Schwester des aus dem Elsaß stammenden Papstes Leos IX. († 1054). Wenn diese Überlieferungen sich auch in dieser Form als unhistorisch erwiesen haben, so bezeugen Ausgrabungsfunde und urkundliche Belege, daß Quirin bereits vor 1050 in Neuß eine hohe Verehrung genoß.

Von Neuß breitete sich der Kult aus über die Rheinlande, nach Westen über die Niederlande und Belgien bis nach Nordfrankreich, nach Süden in verschiedenen Richtungen, ins Elsaß und nach Lothringen sowie bis Nordwürttemberg und bis in die Schweiz.

Bemerkenswert ist, daß Quirinus sich an zahlreichen Kultstätten mit ganz bestimmten, landschaftlich wechselnden Heiligen zu einer festen Gruppe zusammenschloß. So bildete er im Kölner Raum vom 14. bis zum 17. Jahrhundert mit Antonius dem Einsiedler, Hubertus und Cornelius die Schar der sogenannten »Vier Marschälle«. Sie tragen diesen hohen Titel in Analogie zu dessen Bedeutung in der weltlichen Herrschaftshierarchie, und gemeinsam ist allen ein vergleichbares Patronat gegen schwere, oft pestähnliche Leiden bei Mensch und/oder Tier.

In der Schweiz bildete Quirinus im 17. und 18. Jahrhundert mit Johannes Baptist und Antonius dem Einsiedler eine Dreiergruppe, wobei die drei Heiligen ihr Patronat bei Viehseuchen verbindet.

Zu einer letzten Dreiergruppe endlich schloß Quirinus sich seit dem 17. Jahrhundert im Westtrierer Gebiet und in Luxemburg zusammen mit den Heiligen Firminus und Ferreolus, die, so in Luxemburg, bei Augenleiden und den gleich noch zu erwähnenden Greinsblattern verehrt wurden; als Opfergaben erhielten sie hier Flachs und Schweinefleisch.

Der hl. Quirinus wurde bei einer ganzen Reihe von Leiden und Notfällen angerufen, hauptsächlich jedoch bei Krankheiten – so bei Geschwüren, eiternden Wunden, Fisteln, Skrofeln, Kropf- und Hautleiden, vor allem, wenn sie bösartig waren und die Drüsen befielen. Sie wurden seit dem Mittelalter nach dem Heiligen benannt und sind überliefert unter anderem im Deutschen als St. Quirinsbuß, St. Quirinsschaden, Quirinusplag, Quirinusgnade, mundartlich Greinsblattern, Greinsplag oder Kurüssbuß, im Französischen als mal de St. Quirin oder mal St. Guelin.

Quirinus wurde jedoch auch Patron gegen Ohren-, Kopf- und Zahnweh sowie – anderen Brunnenheiligen vergleichbar – Augenleiden. Und schließlich wurde er, in einer meist bäuerlichen Welt, Patron der Pferde, des Rindviehs und der Schweine.

Für fast 70 der mehr als 450 bekannten Kultorte sind Wallfahrten überliefert mit Brunnenkult oder Wassersegnung. Mit dem geweihten Quirinuswasser kühlte oder wusch man die offenen Wunden und die kranken Augen; man nahm Wasser mit nach Hause, gab es dem Vieh am Quirinstag ein oder bewahrte es im Hause auf, um es bei einer Erkrankung dem Vieh ins Futter zu schütten. An mehreren Wallfahrtsorten entnahm man das Wasser eigenen, nach dem Heiligen benannten Brunnen, die vom Priester gesegnet wurden oder deren Wasser als ständig geweiht galt.

In Neuß war die Wasserweihe schon um 1150 üblich, und die Pilger tranken geweihtes Wasser aus einem Kelch, der später als »Kopf des heiligen Quirinus« bezeichnet wurde. In der Tat hatten Becher mit echten oder vermeintlichen Reliquien in vielen Wallfahrtsorten die Form eines menschlichen Schädels. Als in den Kriegswirren des 16. Jahrhunderts der Becher verlorenging, trat an seine Stelle der »Sarg« des hl. Quirinus, wobei das Wort Sarg einen Trog in dieser Form bezeichnete. Seltener als die Wasserweihe sind Salz- und Brotsegnungen überliefert.

In den Gegenden, in denen Quirin Pferdepatron war, ritten die Bauern und Fuhrleute mancherorts am Maiabend in einer Prozession zu den Brunnen und ließen die Pferde dort trinken. Und selbst als an einem dieser Orte der Brunnen zugeschüttet worden war, ritten die Bauern weiterhin über das Feld, wo sich der Brunnen befunden hatte, um so ihre Tiere vor Krankheit zu schützen.

Die meisten dieser Ritte sind mit dem Rückgang der Pferdebestände verschwunden. In Perl in der Diözese Trier jedoch wurde 1951 ein historisierender Quirinusritt von der Trierer Abtei St. Mattheis neu eingeführt, bei dem St. Quirin, nach Möglichkeit ein Träger dieses Namens, in römischer Rüstung mit Herold voranritt. Zur Pferdesegnung gesellte sich jedoch hier wie andernorts die Traktorenweihe.

Wenn auch der Kult des Heiligen, der meist als Ritter mit Lanze oder Banner und Schild, auch mit Habicht, Hund oder Palme dargestellt wird, heute sehr stark zurückgegangen ist, so erinnern doch zahlreiche Familiennamen an seine einst recht große Bedeutung: Corin, Grein, Greindl, Kehr(en), Kirein, Kirnen, Körrens, Koren(g), Krein(er), Kreins, Krin, Krings, Quer, Quir, Quirini oder Quoillin.

ROCHUS (16. August)

Heute nur noch ein unangenehmes Wort, war die Pest über Jahrtausende eine schwere Bedrohung, eine wahre Geißel der Menschheit, die ganze Familien ausrottete, ja Dörfer, Städte, Landschaften entvölkerte und sogar Völker bis zum Aussterben heimsuchte. Hilflos einer solchen Plage ausgesetzt, suchten die Menschen die Ursache oft im Jenseitigen. Sie erflehten übernatürliche Hilfe. So wurden im Christentum außer der Dreifaltigkeit mehrere Pestpatrone um Fürbitte und Hilfe angerufen: Antonius der Einsiedler, Sebastian, Christophorus, Karl Borromäus, die Vierzehn Nothelfer, und unter ihnen besonders Rochus.

Obwohl zuverlässige Quellen über das Leben des hl. Rochus fehlen und sein Kult von der Kirche nie offiziell anerkannt wurde, machten ihn die Beschreibung seines Lebens und Sterbens und der sich daran anschließende Kult zu dem zeitweise alle anderen Pestpatrone überragenden Nothelfer gegen die todbringende Krankheit.

In der legendenhaft ausgeschmückten Biographie von 1478 erzählt der Venezianer Franz Diedo, daß Rochus etwa 1295 in Montpellier in Südfrankreich geboren wurde, nach dem frühen Tode seiner Eltern sein großes Vermögen unter die Armen verteilte und sich 1317 auf eine Pilgerreise nach Rom begab.

In Italien wütete gerade die Pest. Und Rochus nahm sich unterwegs der hilflosen und verlassenen Kranken an, pflegte sie und heilte viele allein durch die Kraft des Kreuzzeichens, das er über sie machte. Auf der Rückreise von Rom im Jahre 1320 wurde er in Piacenza selbst von der Pest befallen. Er schleppte sich in eine verlassene Waldhütte nahe der Stadt, wo er von einem Engel gepflegt und von dem

Hund eines reichen, leichtlebigen Bürgers, der sich unter dem Eindruck dieses Erlebnisses bekehrte, mit Brot versorgt wurde. Nach seiner Genesung setzte er die Heimreise nach Montpellier fort. Dort wurde er, weil er aus Demut seinen Namen verschwieg, als Spion eingekerkert. Nach fünfjähriger Haft starb er am 16. August 1327 und wurde erst nach seinem Tode an einem Muttermal auf der Brust erkannt.

Unter dem Eindruck der furchtbaren Gewalt der Pest, die auch der »Schwarze Tod« genannt wurde, dem zwischen 1347 und 1352 ungezählte Menschen zum Opfer fielen, nahm die Rochus-Verehrung einen überaus schnellen Aufschwung und breitete sich weithin über Europa aus. Ausgangspunkt war Venedig, wo seine Reliquien seit 1485 ruhen sollen. Durch die Handelsbeziehungen dieser führenden Wirtschaftsmetropole und durch immer neue Pestepidemien wurde Rochus zeitweilig einer der meistverehrten Heiligen und einer der Vierzehn Nothelfer.

In zahlreichen Orten erinnern Kirchen, Kapellen, Altäre, Bildwerke, vor allem Pestkreuze und Pestsäulen sowie Spitäler, Prozessionen und Bruderschaften an seine Verehrung. Zu den bekanntesten Bruderschaften zählen die Erzbruderschaft von Venedig, die 1499 päpstlich bestätigte Erzbruderschaft in Rom und in Deutschland die 1754 gegründete Bruderschaft an der bekanntesten deutschen Kultstätte auf dem Rochusberg bei Bingen.

Die dort üblichen Wallfahrten schildert Goethe in einem 1816 veröffentlichten Aufsatz über das »Sankt-Rochus-Fest zu Bingen am 16. August 1814«. Aufmerksam verfolgt er die Pilgerscharen auf ihrem Weg und beschreibt dann die Hauptprozession aus Bingen:

»Die Prozession kommt bergauf, gereiht und geordnet wie die übrigen. Vorweg die kleinsten Knaben, Jünglinge und

Männer hinterdrein. Getragen der heilige Rochus, in schwarzsamtenem Pilgerkleide, dazu, von gleichem Stoff, einen langen goldverbrämten Königsmantel, unter welchem ein kleiner Hund, das Brot zwischen den Zähnen haltend, hervorschaut. Folgen sogleich mittlere Knaben in kurzen schwarzen Pilgerkutten, Muscheln auf Hut und Kragen, Stäbe in den Händen. Dann treten ernste Männer heran, weder für Bauern noch Bürger zu halten. An ihren ausgearbeiteten Gesichtern glaubte ich Schiffer zu erkennen, Menschen, die ein gefährliches bedenkliches Handwerk, wo jeder Augenblick sinnig betrachtet werden muß, ihr ganzes Leben über sorgfältig betreiben. Ein rotseidener Baldachin wankte heraus, unter ihm verehrte man das Hochwürdigste vom Bischof getragen, von Geistlichwürdigen umgeben, von österreichischen Kriegern begleitet, gefolgt von zeitigen Autoritäten. So ward vorgeschritten, um dies politisch-religiöse Fest zu feiern, welches für ein Symbol gelten sollte des wiedergewonnenen linken Rheinufers, sowie der Glaubensfreiheit an Wunder und Zeichen.«

Das rheinische Brauchtum in seinem nahtlosen Nebeneinander geistlicher Frömmigkeit und der ebenfalls geschilderten weltlichen Fröhlichkeit hat Goethe sehr beeindruckt, und noch später hat er sich des Festes erinnert und der Kapelle ein Bild geschenkt.

Aber auch über die Pestzeiten hinaus ist Rochus, der »Marschalk der Pestilentia«, ein hoch verehrter Heiliger geblieben und zum Patron für andere Anliegen geworden. Aus seinem Pestpatronat abzuleiten ist das Patronat über Wundärzte, Spitäler und Siechenhäuser wie das über Hautkrankheiten und -verletzungen. Weil er auf den bekannten Abbildungen meist ein Bein entblößt, wurde er auch Patron bei Beinleiden.

Wie bei Seuchen der Menschen wurde Rochus sehr früh auch bei Krankheiten des Viehs angerufen, vor allem im süddeutschen und österreichischen Raum. In Schlesien wurde er gar zum Hauptpatron über das Vieh. Hier opferte man dem Heiligen an seinem Festtag Jungvieh und Geflügel, das vorher um den Kultort herumgeführt oder -getragen wurde.

Dargestellt wird Rochus meist als älterer bärtiger Pilger mit Stab, Tasche und Flasche, sein Gewand hebend, um auf die Pestbeule an seinem Oberschenkel zu weisen. Attribute sind der Hund, der ihm Brot bringt, sowie ein Engel mit einem Salbgefäß.

SEBASTIAN (20. Januar)

Wenn wir den Namen des hl. Sebastian hören, so entsteht vor unseren Augen meist das Bild eines kraftvollen jungen Mannes. Von zahlreichen Darstellungen kennen wir ihn, meist als Soldaten, wie er an einen Baum gefesselt und von Pfeilen durchbohrt ist, bisweilen auch nur mit einem Lendenschurz angetan und mit den Attributen Keule und Märtyrerpalme gekennzeichnet.

Er ist der Schutzherr der an Zahl häufigsten Sebastian-Schützenbruderschaften. So sind seine Person und seine Verehrung bis heute lebendig geblieben, obwohl wir von seinem Leben nur wenig wissen. Wie der hl. Ambrosius von Mailand († 397) einmal kurz erwähnt, war er Mailänder von Geburt und hat in Rom den Märtyrertod erlitten.

Nach einer wohl im 5. Jahrhundert entstandenen und mit vielen legendären Zügen durchsetzten Lebensbeschreibung, deren Schilderung bestimmend wurde für unser Bild des Heiligen, ist Sebastian dagegen in Narbonne in Südfrankreich geboren und in Mailand erzogen worden. Sie erzählt, daß er sich als Soldat durch Mut, Umsicht und Sittenstrenge so ausgezeichnet habe, daß er die Gunst des Kaisers Diokletian gewann, der ihn zum Befehlshaber seiner Leibwache beförderte. Sebastian findet zum Christentum, wird angeklagt und verteidigt seinen Glauben vor dem Kaiser. Dieser wirft ihm Undank und Untreue vor und verurteilt ihn zum Tode. Er wird von Pfeilen durchbohrt und als tot liegen gelassen; Christen jedoch entdecken noch Leben in ihm und pflegen ihn gesund. Erneut tritt der Totgeglaubte vor den Herrscher, um das Christentum zu verteidigen und wird nun mit Keulen erschlagen. Seine

Leiche wird in die Cloaca maxima geworfen, von Christen aber an der Appischen Straße beigesetzt.

Die Verehrung des Heiligen ist zunächst vor allem in Verbindung mit seinem Hauptattribut, dem Pfeil, zu sehen. Dieser galt schon in der antiken Überlieferung (z. B. in Homers Ilias I, 44 ff), wie in der jüdischen (vgl. Ps 7,13 ff; Ijob 6,4) als das Symbol plötzlich hereinbrechender Krankheit. Da nun die Vorstellung herrschte, die Pest, die man auch »Pfeile Gottes« nannte, werde von Pestengeln durch Pfeile übertragen, wurde der hl. Sebastian, dem die tödlichen Pfeile nichts hatten anhaben können, zum Patron gegen die schrecklichste Plage des Mittelalters, die Pest, zuerst in Italien im Jahre 680, doch bald auch in Frankreich und Deutschland. Hier entstanden viele Sebastiansbruderschaften, welche die Pflege der Pestkranken und die Bestattung der Pestopfer übernahmen, die Ordnung aufrechterhielten und sich dem Gebet zur Abwendung der Pest widmeten.

Die besonders starke Verehrung des hl. Sebastian in Deutschland zeigt sich in der großen Verbreitung seines Namens als Vorname sowie darin, daß der Januar nach ihm auch Bastiansmonat hieß. Ihm zu Ehren wurden zahlreiche Kirchen, Kapellen, Altäre und Hospitäler erbaut, an seinem Festtage fanden feierliche Prozessionen und Wallfahrten statt. Sein Bild und kleine Sebastianspfeile aus Metall wurden als Amulette hochgeschätzt. Die Pfeile, die man um den Hals trug, tauchte man oft auch in den an seinem Tage geweihten Wein, um ihre Wirkung zu erhöhen. Neben der Weinweihe für das »Minnetrinken« wird auch die Segnung von Sebastiansbrot überliefert.

Als Pestpatron wurde der Heilige bald auch Patron gegen Viehseuchen. Wie die Menschen, so mußten vielerorts auch die Tiere an seinem Tage fasten. In Oberösterreich, in Tirol und im Isartal enthielt man sich auch des Obst- und

Mostgenusses, weil einem Volksglauben nach der Heilige an einem Obstbaum gemartert worden sei.

Die größte Bedeutung heute genießt der hl. Sebastian jedoch als Schutzpatron der ungemein zahlreichen Schützenbruderschaften namentlich im rheinisch-westfälischen Raum, die sich großenteils aus den von Franziskanern und Dominikanern im 13. Jahrhundert gegründeten Rosenkranz- und Skapulierbruderschaften entwickelt haben. Das hohe Alter zeigen Gründungsdaten wie 1303 (Junggesellen- und Schützenbruderschaft Kempen/Rheinland) oder 1313 (Rheinbach bei Bonn). Diese Bruderschaften lösten sich bald aus ihrer kirchlichen Bindung und entwickelten sich zu bürgerlichen Innungen.

Diese Schützenbruderschaften stellten häufig in den Städten die Wehrmannschaften dar, die später auch den Schutz der Fronleichnamsprozessionen übernahmen. Aufgrund ihrer jahrhundertealten Tradition, ihrer zahlenmäßigen Stärke und ihrer allmählichen Öffnung für alle Stände und Schichten stellen sie eine bedeutsame Gruppe im Volksganzen dar. Im Jahre 1928 schlossen sich die katholischen Schützenbruderschaften unter dem Motto »Für Glaube, Sitte und Heimat« zusammen.

In Wahrung alter Traditionen tritt heute das Brauchtümliche in den Vordergrund, wie Umzüge, kunstvolles »Fähndelschwenken« oder das Vogelschießen, eine Art der zahlreichen anderen Wettspiele, die uns für den Sebastianstag überliefert sind, wie u. a. das Möwenschießen in Schleswig, das Tonnenschlagen in Mecklenburg und Pommern oder das Ringreiten in Anhalt. Die Wettkämpfe deuten in manchen Zügen auf die ehemals oft wehrhaften Aufgaben der Bruderschaften in früherer Zeit. Auf gleicher Ebene, bezogen auf das Leben des Heiligen, liegt es, daß Sebastian – wie Georg oder Mauritius – zum Patron der Soldaten und zum Fürbitter bei Verwundungen geworden ist und allgemein als Patron der Sterbenden angerufen wird.

Die überragende Bedeutung des hl. Sebastian hat bewirkt, daß der kirchlich am selben Tage gefeierte hl. Papst Fabian (236–250) in der Volksfrömmigkeit stark zurücktritt. Er erscheint eigentlich nur in dem Wetterspruch, der den Festtag der beiden als Vorboten des kommenden Frühjahrs ausweist: »An Fabian und Sebastian fangen die Bäume zu saften an.«

STEPHANUS (26. Dezember)

Schon früh kam es in der christlichen Urgemeinde in Jerusalem zu Auseinandersetzungen zwischen den »Hellenisten«, den griechisch sprechenden Judenchristen, und den »Hebräern«, den aramäisch sprechenden Judenchristen, die für die Weitergeltung des mosaischen Gesetzes eintraten. Als eines Tages die ersteren sich bei den Aposteln beschwerten, »weil ihre Witwen bei der täglichen Versorgung übersehen würden«, ließen diese aus der Gemeinde »sieben Männer von gutem Ruf und voll Geist und Weisheit« wählen, sich »dem Dienst an den Tischen« zu widmen (vgl. Apg 6,1 ff).

An erster Stelle unter den Sieben wird Stephanus genannt, »erfüllt vom Glauben und vom Heiligen Geist«, »voll Gnade und Kraft«, der »Wunder und große Zeichen unter dem Volk tat« (vgl. Apg 6,5.8). Seine Gegner »von der sogenannten Synagoge der Libertiner und Zyrenäer ... erhoben sich, um mit Stephanus zu streiten, aber sie konnten der Weisheit und dem Geist, mit dem er sprach, nicht widerstehen« (vgl. Apg 6,9 f). Da hetzten sie das Volk, die Ältesten und die Schriftgelehrten auf, schleppten Stephanus vor den Hohen Rat und ließen durch »falsche Zeugen« aussagen, Stephanus habe gegen Mose und Gott gelästert. Stephanus antwortet auf die Beschuldigungen mit einer flammenden, rhetorisch meisterhaften Rede, die mehr theologische Unterweisung und Anklage als Verteidigung ist (vgl. Apg 7,1–53).

»Als sie das hörten, waren sie aufs äußerste über ihn empört und knirschten mit den Zähnen. Er aber, erfüllt vom Heiligen Geist, blickte zum Himmel empor, sah die Herrlichkeit Gottes und Jesus zur Rechten Gottes stehen und rief: Ich sehe den Himmel offen und den Menschensohn zur Rechten Gottes stehen. Da erhoben sie ein lautes Geschrei, hielten sich die Ohren zu, stürmten gemeinsam auf ihn los, trieben ihn zur Stadt hinaus und steinigten ihn … er aber betete und rief: Herr Jesus, nimm meinen Geist auf! Dann sank er in die Knie und schrie laut: Herr, rechne ihnen diese Sünde nicht an! Nach diesen Worten starb er« (Apg 7,54–60). Entgegen jüdischer Strafrechtsbestimmung wurde der Gesteinigte feierlich bestattet (vgl. Apg 8,2), und nun »brach eine schwere Verfolgung über die Kirche in Jerusalem herein« (vgl. Apg 8,1b), die von Saulus angeführt wurde, zu dessen Füßen die Steiniger des Stephanus ihre Kleider abgelegt hatten (vgl. Apg 7,58; 22,20) und der die Kirche zu vernichten suchte (vgl. Apg 8,3).

Die frühesten Zeugnisse für die bald einsetzende Verehrung des ersten Blutzeugen der jungen Kirche finden wir in der patristischen Literatur des Ostens wie des Westens, so unter anderem bei Tertullian, Irenäus, Eusebius, Hilarius von Poitiers, Ambrosius, Gregor von Nazianz, Prudentius und Gregor von Nyssa. Hervorgehoben wird seine einzigartige Stellung als der, welcher als erster die Krone des Martyriums errungen hat, wobei immer wieder Wortspiele auf die Bedeutung seines Namens hinweisen, denn das griechische stephanos bedeutet Kranz oder Krone. Die höchste Würde des Leidens und Sterbens des hl. Stephanus sah man jedoch in der unverkennbaren Parallelität zum Schicksal Jesu Christi: Stephanus wird wie Christus durch ein falsches Zeugnis derselben Vergehen beschuldigt, beide erleben eine ähnliche Vision, beider Leichen erfahren nach dem Tode eine gleiche Behandlung. Besonders deutlich springt die Ähnlichkeit der letzten Worte beider bis in die Wortwahl ins Auge, wie sie im Lukasevangelium und in der Apostelgeschichte erscheinen.

Frühe Beweise der liturgischen Verehrung besitzen wir, seit im Laufe des 4. Jahrhunderts das Weihnachtsfest auf den 25. Dezember gelegt wurde. In der Westkirche bildete sich, zunächst in Italien, um die Wende vom 4. zum 5. Jahrhundert eine eigene Ordnung der Folgefeste (26. Dezember Stephanus, 27. Johannes Ev., 28. Unschuldige Kinder) heraus, die bis heute Bestand hat.

Die allgemeine Verehrung des hl. Stephanus aber setzte ein, als am 3. August 415 der Priester Lucian aufgrund einer Vision die Reliquien des Erzmärtyrers in Kaphar Gamala bei Jerusalem entdeckte. Jerusalem, Konstantinopel, Nordafrika, wo der hl. Augustinus nachhaltig den Kult förderte, und Menorca wurden die ersten Zentren der Verehrung des Heiligen, dessen Reliquien bald über See die italienischen Mittelmeerhäfen Ancona und Neapel und in Frankreich die Rhonemündung erreichten. In Frankreich wurden Stephanus über zwanzig Kathedralen und eine kaum überschaubare Zahl von Pfarr- und Klosterkirchen geweiht. Nach Deutschland nahm der Stephanuskult außer über Burgund seinen Weg von der Adria über Oberitalien und Chur, und im hohen Mittelalter ging hier eine neue Welle der Stephanusverehrung von den deutschen Kaisern und Königen aus, die unter anderem den Donauraum erfaßte und über Passau und Wien bis weit nach Ungarn vordrang. Zeichen für diese Verehrung war auch die Stephansburse in Aachen, ein kostbares Reliquiar mit einer Stephanusreliquie, das während der Messe zur Königskrönung ausgestellt wurde.
In der volkstümlichen Verehrung und im Brauchtum ist der Stephanustag seit jeher stark von älteren Vorstellungen der Zwölften bestimmt. Nach dem stillen Weihnachtstag war er der »tolle Tag«, der von vielerlei ausgelassenem Treiben erfüllt war und in Westfalen den bezeichnenden Namen »Sûp-Steffens-Dach« erhielt. Verwandte, Nachbarn und Freunde besuchten sich; mancherorts wurde gemeinsam das Weihnachtsgebildbrot verzehrt, und manchmal dienten die Feste zugleich einer unauffälligen Brautschau.
Besonders hoch ging es oft in der Stephanusnacht her, die

eine der sogenannten Freinächte mit zahlreichen Freiheiten für die Burschen war. Im Pustertal in Südtirol begann man die Nacht mit Trinken, Singen und Tanz, woran sich nicht selten Raufereien anschlossen. Dann begann das »Steffeln«, bei dem die Burschen alles mögliche auf den Kirchplatz schleppten, wie Schlitten und Karren, Ackerwalzen, Leitern, Körbe, Besen, aber auch Mädchenhemden und Unterkittel. In Ostfriesland rollte man einen Burschen, der sich unbeliebt gemacht hatte, in einer Tonne so lange hin und her, bis er sich durch ein Lösegeld freigekauft und den Necknamen »Steffen ut der Tünne« angenommen hatte. Vielerorts gingen die Burschen mit den Mädchen ins Wirtshaus, um mit ihnen auf Schönheit und Stärke zu trinken, oder aber die Mädchen luden die Burschen ein und bewirteten sie. Die Trinksitten am Stephanstag, die christianisierte Form eines vorchristlichen Rauschtrunkes zu Ehren von Göttern, sind alt und waren weit verbreitet. In Schweden trank man an diesem Tag die Staffansminni oder Staffanskanna, die wir als Stephanusminne bis in die Zeit Karls des Großen zurückverfolgen können. In den Kapitularien Karls vom Jahre 796 wird bereits das Trinken, bei dem der Heilige angerufen wurde und das meist in ein Gelage ausartete, verboten. Gleichwohl hat die Stephanusminne seit dem 15. Jahrhundert Eingang in den kirchlichen Ritus namentlich Oberdeutschlands gefunden, so in Münster im Elsaß, Freiburg im Breisgau, in Niederbayern, aber auch in Essen/Ruhr. Dabei segnete der Priester den Wein mit einer besonderen Formel und reichte ihn den Gläubigen.

Länger als die Weinweihe hat sich die nur im deutschsprachigen Raum bekannte Weihe von Wasser und Salz am Stephanustag erhalten, die wir bereits 1496 im Rituale der Diözese Salzburg finden. Mit dem geweihten Wasser besprengte der Priester auf dem Kirchplatz das Vieh und der Bauer Haus, Hof und Felder gegen alle schädlichen Einwirkungen. Das Salz wurde dem Vieh, besonders dem kranken, unter das Futter gemengt und bei Gewitter ins Feuer gestreut. In den Alpen formte man es zu einer Scheibe, dem Salzstein, und ließ beim Auf- und Abtrieb das Vieh daran lecken zum Schutz gegen Krankheit.

Die größte Bedeutung jedoch kam der Weihe von Hafer zu, die in Deutschland und in Skandinavien üblich war und die wir noch im Breslauer Rituale von 1891 finden. Den geweihten Hafer mischte man unter das Futter, damit die Pferde nicht erkrankten, und im Frühjahr unter das Saatgut.

Die letzte Benediktion führt zum bedeutendsten Patronat des hl. Stephanus, dem über die Pferde. Der Stephanstag war der »große Pferdstag«, an dem mit zahlreichen Geboten, wie einem Aderlaß, oder mit Verboten, wie dem des Anspannens, alles für das Wohl dieser Tiere getan wurde. Die Pferde wurden mit geweihtem Stephanswasser gesegnet und mit geweihtem Stephanussalz gefüttert, um Kirchen geführt oder im Wettreiten um Kirchen oder über Felder getrieben. In protestantischen Gegenden wurden aus den katholischen Prozessionen und Umritten oft Reiterspiele, deren Sieger in Schleswig-Holstein Steffen hieß. Wenn Stephanus auch bereits im ältesten deutschen Tiersegen, dem Trierer Pferdesegen aus dem 10. Jahrhundert, erwähnt wird, so läßt sich aus dem Leben des Heiligen keine Beziehung zu seinem Pferdepatronat herstellen. Dieses kann nur aus der Lage des Stephanstages in den Zwölften abgeleitet werden, in denen germanischer Pferdeglaube und -brauch lange lebendig war.

Auch das weitere Brauchtum des Stephanustages ist durch den Termin des Festes zu erklären. Während manches, wie das meist für Nikolaus oder den Tag der Unschuldigen Kinder überlieferte Erscheinen des Kinderbischofs als Gabenbringer auch am 26. Dezember üblich war und Weihnachtliches nachvollzog, deutet anderes auf den Jahreswechsel. So war der Stephanstag ein beliebter Tag für den Gesindewechsel, vor allem der Pferdeknechte. In vielen Landschaften zogen die Burschen heischend von Haus zu Haus, in anderen war das »Fitzen«, ein alter Fruchtbarkeitsbrauch üblich, bei dem die Burschen die Mädchen mit grünen Ruten schlugen. Dabei sangen sie im Burgenland: »Frisch und g'sund, frisch und g'sund,/Alle Jahr immer g'sund.«

Das wichtigste Patronat des hl. Stephanus, das über die Pferde und das andere Vieh, machte ihn auch zum Patron der Pferdeknechte und Kutscher. Daneben war er Schutzherr der Maurer, Steinhauer, Schleuderer, Böttcher, Zimmerleute, Weber und Schneider und wurde bei Kopfweh, Seitenstechen, Steinleiden und für einen guten Tod angerufen.

Die überaus große Zahl der bildlichen Darstellungen zeigt den Heiligen als Diakon mit Dalmatik und Evangelienbuch und mit den Märtyrerattributen Palme und Steinen.

THOMAS (3. 7., früher 21. 12.)

»Bettstaffel, i tritt di, hl. Thomas, i bitt di, laß mir erschein'
den Allerliebsten mein.«
So lautet einer der in großer Zahl überlieferten volkstümlichen Orakelsprüche, mit denen heiratslustige junge Mädchen früher in der Thomasnacht das Bild ihres Zukünftigen
herbeirufen wollten.
Der so Angerufene bietet ein aufschlußreiches Beispiel dafür, wie die Stellung eines Heiligen im Festkalender häufig
bedeutsamer für Glaube und Brauch wurde als die historischen Daten. Thomas, aramäisch der Zwilling, einer der
zwölf Apostel, wird bei den Synoptikern lediglich mit Namen erwähnt (vgl. Mt 10,3; Mk 3,18; Lk 6,15), während
Johannes an drei Stellen über ihn berichtet. Joh 11,16 be-
kundet Thomas seine Bereitschaft, Jesus in den Tod zu
folgen: »Dann laßt uns mit ihm gehen, um mit ihm zu
sterben.« Bei der Abschiedsrede des Herrn, als dieser von
dem Weg spricht, den er gehen wolle, antwortet er im
Namen aller: »Herr, wir wissen nicht, wohin du gehst. Wie
sollen wir dann den Weg kennen?« (Joh 14,5). Am bekanntesten aber ist die Szene, die ihm den Namen »ungläubiger
Thomas« eingetragen hat. Da er bei der Erscheinung Jesu
am Abend des Auferstehungstages nicht im Kreise der Jünger anwesend gewesen war, zweifelte er zunächst an der
Richtigkeit der Nachricht und verlangte die Wundmale des
Meisters zu sehen und zu berühren, ehe er an die Auferstehung glaube. Als Jesus ihn dann acht Tage später eigens
dazu auffordert, bricht er gläubig in den Ruf aus: »Mein Herr
und mein Gott!« (vgl. Joh 20,24–29).
Während die Heilige Schrift über das weitere Schicksal des
Apostels schweigt, erzählt die Legende, daß Thomas, der

nach ihr ein Zwillingsbruder Jesu ist, als Missionar bei den Parthern, Persern und Medern gewirkt habe, Gebiete, die heute dem Irak, Iran, Afghanistan und Belutschistan entsprechen. Später habe er in Indien missioniert und dort in Kalamina durch Schwert oder Lanze den Tod als Märtyrer gefunden.

Thomas' Missionsarbeit im Reiche des indischen Königs Gundaphar, der im ersten nachchristlichen Jahrhundert regiert hat, darf als bewiesen gelten. Sehr frühe Überlieferungen sprechen von diesem Wirken wie von seinem Märtyrertod in Mailapur, einer Vorstadt des heutigen Madras, das vielleicht dem oben erwähnten Kalamina entspricht. Auf dem sogenannten Großen Thomasberg bei Mailapur als der vermutlichen Todesstätte errichtete man 1547 eine Kirche zu Ehren des Apostels, deren Altar das 1574 entdeckte Thomaskreuz aus dem 6./8. Jahrhundert schmückt.

Ein Teil der Reliquien des hl. Thomas kam im 3. Jahrhundert nach Edessa, dem heutigen Urfa in der türkischen Provinz Anatolien, von dort 1258 nach der vor der Westküste Kleinasiens gelegenen griechischen Insel Chios und endlich nach Ortona an der Adria. Als Tag der Übertragung der Reliquien nach Edessa gilt seit alters her der 3. Juli, weshalb der Festtag des Apostels bei der Kalenderreform des Zweiten Vatikanischen Konzils auf dieses Datum verlegt wurde. Ursprünglich hatte die Kirche das Fest des ungläubigen Thomas, der am längsten von den Aposteln an Jesu Auferstehung gezweifelt hatte, bewußt auf den 21. Dezember gelegt. Sein Glaubenszweifel sollte versinnbildlicht werden durch die längste Nacht des Jahres, die seinem früheren Festtag vorausging und scheinbar kein Ende nehmen wollte.

Diese Stellung des früheren Thomasfestes im Kalender hat maßgeblich Glaube und Brauch bestimmt, die wie andere Feste dieser Jahreszeit von Jahreswechselvorstellungen geprägt waren. Während für manche Landschaften am Abend und in der Nacht Arbeitsverbote galten, war die Thomasnacht in Böhmen die »Durchspinnacht« oder »Langenacht«, die mit Spiel und Tanz sowie gutem Essen und Trinken begangen wurde. Allgemein gehört zu diesen Terminen eine reichliche und gute Kost, die als günstiges Vorzeichen für das neue Jahr gewertet wird.

Wie die Andreasnacht eignete sich auch die Thomasnacht zu allerlei Orakeln, wie Schuhwerfen, Bleigießen, Horchen an Kreuzwegen und ähnlichem, sei es, um das Wetter, eine neue Dienststelle oder aber, wie eingangs erwähnt, den künftigen Ehemann in Erfahrung zu bringen.

Wer am Thomastag als letzter aufstand oder in der Schule oder am Arbeitsplatz erschien, trug für das nächste Jahr den Spottnamen »Thomasesel«, weil er selbst mit dieser so langen Nacht noch nicht genug gehabt habe.

Im Volksglauben haftete dem Tag und besonders der Nacht vorher viel Unheimliches an. In Bayern begannen die Zwölften, die in Schlesien und Böhmen bereits von Luzia an gerechnet wurden. Die Kirche hatte diese zwölf heiligen Tage vom 25. Dezember bis zum 6. Januar, also vom alten bis zum neuen Termin des Geburtsfestes des Herrn, zu einer »Hochzeit« mit zahlreichen Festen, wie Stephanus, Johannes, Unschuldige Kinder, Beschneidung des Herrn, gemacht. Im Volk jedoch galt die Zeit wie in Urzeiten noch lange als unheimlich und gefahrdrohend. Man glaubte, Tote und Geister zögen um und die Wilde Jagd brauste durch die Luft.

In Bayern und Österreich bezeichnet man die Zwölften allgemein auch als Rauchnächte, während der Name ursprünglich nur für die Vorabende von Thomas, Weihnachten, Neujahr und Dreikönige galt. An diesen Abenden räucherte früher ein Priester, später meist der Hausvater, die Räume des Hauses und die Ställe mit Weihrauch oder dem Brand des Frauendreißigerbusches, des an Mariä Himmelfahrt geweihten Kräuterstraußes, aus und besprengte sie mit Weihwasser. Dazu wurden Gebete gesprochen, um böse Geister zu vertreiben. Der Name der Rauchnächte, der oft von diesem Ausräuchern hergeleitet wird, dürfte jedoch eher auf die von dämonischem Spuk erfüllten rauhen = wilden Nächte zurückgehen.

Wie die Gestalt der Luzia erscheint auch die des Apostels Thomas in der Volksüberlieferung doppeldeutig. Während er einerseits zu den Gabenbringern zählte, an dessen Tag die Kinder mit Gebäck, sogenannten Thomasstriezeln, beschenkt wurden, galt er namentlich in Ostbayern, Böhmen, Oberösterreich und im Burgenland als Thomasnigl, Thomaswachl, Damersburzl oder Rollathama als eine Schreckgestalt, mit der man unartigen Kindern drohte, daß er sie im Sack mitnähme. Im Bayerischen Wald ging sogar in einer Reihe von Dörfern bis etwa zum Ausbruch des Zweiten Weltkrieges der blutige Thomasl um, eine vermummte Gestalt, die an die Fenster klopfte und ein blutiges Knie durch den Türspalt streckte.

Dargestellt wird Thomas, entsprechend dem Bericht der Heiligen Schrift, als Apostel mit Buch, oft zusammen mit dem auferstandenen Christus und dessen Wundmale berührend. Daneben gibt es Darstellungen im Anschluß an die Legende, die ihn entweder mit Schwert oder Lanze zeigen oder, weil er angeblich Baumeister König Gundaphars gewesen sei, mit einem Winkelmaß, wodurch er zum Patron der Architekten, Zimmerleute, Bauarbeiter und Feldmesser geworden ist.

ULRICH (4. Juli)

Ulrich, den man zu Recht als einen der bodenständigsten deutschen Heiligen bezeichnet hat, wurde 890 in Augsburg geboren als Sohn des alamannischen Edelings Hupald aus dem Geschlecht der späteren Grafen von Dillingen und seiner mit dem alamannischen Herzogshaus der Burchardinger verwandten Gemahlin Dietpirch.

Von etwa 900–908 in der Klosterschule von St. Gallen für den geistlichen Stand ausgebildet, wurde Ulrich nach seiner Rückkehr Kämmerer des Bischofs Adalbero von Augsburg, der ihn auch zum Priester weihte. Nach Adalberos Tod 909 widmete er sich 14 Jahre lang der Verwaltung seiner ausgedehnten Familiengüter. Als 923 Bischof Hiltine starb, wurde Ulrich auf Betreiben seiner Familie, besonders Herzog Burchards I., vom Augsburger Domkapitel König Heinrich I. als Bischof vorgeschlagen, von diesem akzeptiert und am 28. Dezember 923 von Erzbischof Heriger von Mainz konsekriert.

In einer sehr schweren Zeit war Ulrich seinem Lande ein tatkräftiger und umsichtiger Landesvater und Seelenhirte. Als Reichsfürst führte ihn sein Amt häufig an den Hof Heinrichs I. und seines ihm freundschaftlich verbundenen Nachfolgers Otto I. Als dessen Sohn, der Schwabenherzog Liutolf, sich 953/54 gegen seinen Vater erhob, unterstützte Ulrich den König mit einer bewaffneten Macht und vermittelte endlich den Frieden zu Illertissen zwischen Vater und Sohn.

Historische Verdienste erwarb sich Ulrich in der Abwehr der Ungarn, die mehrfach seine Bischofsstadt, die er deshalb 926 mit einer Steinmauer hatte umbauen lassen, bedrohten. Am 8./9. August 955 griffen sie Augsburg erneut an, der schon 65jährige Bischof lenkte »hoch zu Roß, in Stola, aber ohne Harnisch und Waffen«, persönlich die Verteidigung und schickte am 10. August, dem Laurentiustag, seine Leute unter der Führung seines Bruders Dietpald auf das Lechfeld, wo sie zusammen mit den königlichen Truppen einen triumphalen Sieg über die Ungarn errangen. Ulrich nahm an dieser Schlacht nicht persönlich teil, doch nach einer späteren Legende griff er selbst mit dem Schwert in den Kampf ein, und ein Engel überreichte ihm das weiter unten behandelte Siegeskreuz. Nach der Schlacht auf dem Lechfeld erhielt Ulrich als erster Augsburger Bischof das Münzrecht und ließ nach ihm Ulrichdenare genannte Münzen prägen.

Von nun an ging Ulrich ganz in der Aufgabe auf, das verwüstete Land aufzubauen und pastoral zu reformieren. Als Mittel zur Hebung der Bildung von Klerus und Volk nutzte er die Domschule. Er förderte Predigtwesen und Liturgie, hielt zweimal jährlich eine Diözesansynode, visitierte regelmäßig den Bistumsklerus und hielt alle vier Jahre das Sendgericht. Selbst klösterlich erzogen, sorgte er sich um das Klosterwesen und gründete 968 das Kanonissenstift St. Stephan in Augsburg. Er erbaute Kirchen, stellte verfallene wieder her und kümmerte sich um deren würdige Ausstattung. Um sich ausschließlich seinen pastoralen Aufgaben widmen zu können, ließ er sich 962 von Kaiser Otto I. von der Verpflichtung des Hof- und Heeresdienstes und 971 von der Verwaltung des Güterbesitzes seiner Kirche befreien.

In seiner persönlichen Lebensführung war Ulrich vorbildlich. Er lebte anspruchslos und sorgte großzügig für Bedürftige und Kranke. Er pflegte Gebet, Gesang und Gottesdienst und pilgerte viermal nach Rom. Müde und verbraucht durch sein aufopferungsvolles Wirken, bat er 972 die Reichssynode von Ingelheim um Entbindung von seinem Amt, um in einem Kloster sein Leben zu beschließen. Der Wunsch wurde ihm jedoch nicht erfüllt. Am 4. Juli 973 starb er, und sein Freund, der Bischof Wolfgang von Regens-

burg, bestattete ihn in der von ihm selbst errichteten dreige-
schossigen Krypta in St. Afra zu Augsburg.

Schon bald nach seinem Tod hoch verehrt, wurde Ulrich
bereits 20 Jahre nach seinem Tod, auf Antrag des Augsburger Bischofs Liutold, durch Papst Johannes XV. heiliggesprochen, was zugleich die erste förmliche Kanonisation
durch einen Papst bedeutete. Bischof Liutold ließ über
Ulrichs Grab, das in der Folgezeit eine vielbesuchte Wallfahrtsstätte wurde, eine Kapelle errichten, und das Kloster
St. Afra benannte sich nach einem Neubau in den Jahren
1064–71 in St. Ulrich und Afra um. Als die Klosterkirche
1183 durch Brand zerstört und wiederaufgebaut wurde,
wurden die Gebeine des Heiligen erhoben und am 6. April
1187 in einer feierlichen Prozession, bei der Kaiser Barbarossa den Sarg mittrug, in die neue Kirche übertragen.

Der Kult des hl. Ulrich breitete sich schnell über die Grenzen der Diözese Augsburg, wo ihm über 40 Kirchen geweiht
wurden, hinaus nach Bayern und Österreich, ins Allgäu, in
die Schweiz und ins Elsaß, in den norddeutschen Raum und
nach Belgien. Ulrich wurde Patron von Diözese und Stadt
Augsburg, Mitpatron des Bistums Paderborn und Schutzherr zahlreicher Bruderschaften. In der volkstümlichen Verehrung errang Ulrich eine bedeutende Stellung, namentlich
als mächtiger Fürbitter bei vielen Krankheiten.

Schon die kurz nach seinem Tode 982–992 verfaßte Lebensbeschreibung des Dompropstes Gerhard berichtet, von Ulrich am Gründonnerstag geweihtes Öl habe Kranke geheilt
und Blinde wieder sehend gemacht. An seinem Grab legte
man Stecken nieder, um von Fieber befreit zu werden. Im
Kanton Luzern wurden Kranke durch sein Meßgewand gezogen, um geheilt zu werden. In Tirol wurde Ulrich neben
dem hl. Sebastian zum berühmtesten Krankheitspatron,
besonders bei Epilepsie und Pest, später bei der Cholera.
Sogenannte Ulrichschlüssel halfen, ähnlich wie die be-

kannteren Hubertusschlüssel, gegen den Biß toller Hunde. Der Trunk aus einem Kelch im Schloß Firmian in Tirol, den Ulrich angeblich auf einer Romreise benutzt hatte, sollte von Beängstigungen befreien. Aus einem anderen Ulrichskelch tranken schwangere Frauen, um eine leichtere Geburt zu haben.

In Schwaben trank man am Ulrichstag »in der Lieb und in den Ehren« St. Ulrichs zum Segen und zum Schutz gegen Widerwärtigkeiten und den Tod durch das Schwert. Größere Gesellschaften kamen zusammen, »in der Lieb von St. Ulrich« zu trinken. Diese Ulrichsminne, von deren Wunderkraft viele Berichte zeugen, geht zurück auf Ulrichs Gewohnheit, zu Ostern dreimal einen »poculum caritatis« zu nehmen und seinen Freunden zu reichen. Wenn die Ulrichsminne auch kein Abschiedstrunk wie etwa die Johannisminne war, so erscheint Ulrich gleichwohl auch als Patron der Reisenden in einem Weingartner Reisesegen des 12. Jahrhunderts.

Seit dem 16. Jahrhundert kommen die vor allem im 17. und 18. Jahrhundert weit verbreiteten Ulrichskreuze auf. Sie gehen auf ein Kreuz zurück, das Ulrich im Jahre 954 von seiner zweiten Romreise mitbrachte und das eine Kreuzpartikel enthielt. Weil Ulrich es als Pektorale während der Schlacht auf dem Lechfeld getragen haben soll, erhielt es auch den Namen Crux victoralis S. Udalrici, Siegeskreuz des hl. Ulrich, welche Inschrift sich häufig auf den Nachbildungen dieses Kreuzes findet. Diese Ulrichskreuze, kirchlich geweiht und mit dem Original berührt, wurden zu begehrten Amuletten, die am Hals getragen als Schutz- und Heilmittel bei Anfechtungen und Krankheiten, besonders bei Pest und Cholera, ferner bei Kriegsgefahren und Gewittern Gebrauch fanden. Besonders in Verbindung mit der Ulrichserde, das ist Erde vom Grab des Heiligen, galt das Ulrichskreuz, in die Erde vergraben, an Häusern oder Ställen aufgehängt oder darin vermauert, als Schutzmittel gegen Ratten und Mäuse. Denn nach einer alten Überlieferung ist auf die Fürbitte des hl. Ulrich einst das Land zwischen Wertach und Lech von dieser Plage verschont geblieben, und auch spätere Berichte wissen von der großen Fürbittekraft des Heiligen in diesem Anliegen zu berichten. Meist allerdings benutzte man als Mittel gegen die erwähnten Schädlinge Erde von Ulrichs ältestem Grab in der Afrakirche. Diese Erde wurde daheim aufbewahrt oder auf die von Mäusen und Ratten befallenen Felder gestreut.

Eine ganz besondere Bedeutung aber kommt Ulrich als Brunnenheiligem zu. Wie alle Völker und Religionen göttliche oder heroische Spender und Schützer von Brunnen und Quellen mit ihrem lebensnotwendigen Wasser kennen, so wählten sich unsere Vorfahren dazu christliche Heilige, wie Gangolf, Wolfgang, Anna, Magdalena und, als wichtigsten, Ulrich. Der Legende nach öffnete er durch Gebet und mit seinem Bischofsstab zahlreiche Quellen oder machte durch seinen Segen ungenießbares Wasser trinkbar, wie in Dehlingen, wo er drei Holzstückchen ins Wasser geworfen habe, die noch heute darin sein sollen. Würde man sie entfernen, würde sich sogleich das Wasser trüben. Diese Ulrichsbründl, Urchbrunnen oder Ullerborne, an denen sich zuweilen steinerne Standbilder des Heiligen erheben, versiegen selbst im heißesten und trockensten Sommer, in den ja der Festtag des Heiligen fällt, nicht. Deshalb wurde Ulrich bei Wassermangel und Trockenheit angerufen, jedoch auch bei Wassergefahren und Überschwemmungen. Viele seiner Kult- und Wallfahrtsstätten sind mit Quellen verbunden – so etwa 18 von 35 in Österreich –, deren Wasser als heilkräftig gilt, besonders bei Augenleiden, aber auch bei Fieber und anderen Beschwerden.

Einige der Ulrichswallfahrten verbanden sich mit fröhlichen Volksfesten, deren bekanntestes vielleicht das in Ulrichsbrunn bei Andritz unweit der steiermärkischen Hauptstadt Graz ist. Diese Feste stehen indes in keinem ursächlichen Zusammenhang mit dem Heiligen, sondern gehören zu einer ursprünglich vierzehntägigen Begehung des Mitsommerfestes. So erklären sich die Feuer im kärntischen Lesachtal am Abend vor dem Ulrichfest, bei denen brennende Holzscheite getrieben wurden, als Abschluß dieser Sonnwendfeuer. Im österreichischen Innviertel erscheint der Name des hl. Ulrich in den Heischesprüchen, mit denen das Holz für das Sonnwendfeuer gesammelt wird, neben den Namen der Heiligen Veit, Nikolaus und Florian. Wie andere Feste der Sommersonnwendzeit galt auch der Ulrichstag als Lostag. Bei Regen sagte man in Oberösterreich, es regne ins Urbkübel oder in den Urhabkübel (Gefäß für den Sauerteig), womit man andeuten wollte, daß das Getreide schlechtes Mehl gebe.

Dargestellt wird Ulrich als reifer Mann, meist bärtig, in Pontifikalkleidung, mit einem Evangelienbuch. Als Attribute führt er daneben einen Engel, eine Ratte oder einen Fisch. Die Legende erklärt das letztere Attribut so: Einst hatte der hl. Bischof eine Nacht von Donnerstag auf Freitag in frommem Gespräch mit dem Bischof Konrad von Konstanz zugebracht, als am folgenden Morgen ein Bote des bayerischen Herzogs kam. Ohne daran zu denken, daß Freitag war, reichte Ulrich dem Boten ein Stück Fleisch, das noch vom vorigen Tag auf dem Tisch lag. Der Bote nahm das sofort zum Anlaß, die Bischöfe der Übertretungen des Fastengebotes zu bezichtigen. Als er dann allerdings das Fleischstück als Beweis aus der Tasche zog, hatte Gott es in einen Fisch verwandelt.
Diese literarische, aus dem 16. Jahrhundert stammende Legende kann das Attribut freilich ebenso wenig schlüssig erklären wie die Versuche, den Fisch als Sinnbild für die sprichwörtliche Mäßigung Ulrichs oder als Sinnbild Christi zu deuten. Es machte den Heiligen allerdings zum Patron der Fischer, die ihn ebenso anrufen wie die Winzer.

212

URBAN (25. Mai)

»Der Winzer Schutzherr Kilian beschert uns etwas Feines«
heißt es zwar in Josef Viktor v. Scheffels bekanntem Lied
»Wohlauf, die Luft geht frisch und rein«. Doch dieser Rang,
der Winzer Schutzherr zu sein, gebührt vor Kilian und
verschiedenen anderen Heiligen an erster Stelle dem hl.
Papst Urban I. (222–230).
Über das Leben des gebürtigen Römers wissen wir zwar
kaum etwas, das historisch gesichert ist. Selbst sein Märtyrertod ist nicht verbürgt. Für uns, die wir uns dem Brauchtum zuwenden, ist hier entscheidender, daß der »Liber
Pontificalis«, eine Papstgeschichte in Einzelbiographien,
die unter Papst Bonifatius II. (530–532) begonnen wurde und
namentlich im ersten Teil recht unzuverlässig ist, berichtet, Urban habe angeordnet, daß Kelch und Patene beim
Meßopfer aus Silber oder Gold verfertigt sein müßten.
Wenn sich diese Nachricht auch als unrichtig erwiesen hat,
so hat sie gleichwohl dazu geführt, daß Urban mit einem
Kelch in der Hand oder auf einem Buche dargestellt wurde.
Eben darum aber, weil im Kelch der Wein bei der Wandlung
in Christi Blut verwandelt wird, erwählten Winzer und
Küfer Urban zu ihrem Patron. Als weiteres »Amtszeichen«
erhielt er die Weintraube. Von Bedeutung für die Entwicklung dieses Patronates war ferner, daß sein Festtag in eine
für die Entwicklung der Trauben entscheidende Jahreszeit
fällt.
Das Datum der Festtage war übrigens auch der Grund dafür,
daß in einzelnen Weinbaugebieten andere Heilige Weinpa-
trone wurden, so z. B. der eingangs erwähnte Bischof Kilian
von Würzburg (8. Juli) in Teilen Frankens, an der Mosel die
Heiligen Stephanus (am 3. August mit dem früheren Fest

der Findung der Reliquien) oder Laurentius (10. August), deren Feste in die sommerliche Reifezeit der Trauben fallen.

Was jedoch Urban angeht, so muß er sein Wein- und Winzerpatronat auch noch mit einem Gleichnamigen teilen, dem hl. Urban, Bischof von Langres im 4./5. Jahrhundert, von dem die Legende erzählt, daß er sich während einer Christenverfolgung in einen Weinberg geflüchtet habe. Auch ihm dient die Traube als Zeichen. Sein Festtag ist in Langres selbst der 23. Januar, sonst der 2. oder 23. April. Viele sehen in ihm den ursprünglichen Wein- und Winzerheiligen, der erst später von Papst Urban I. verdrängt worden sei.

Bei uns verbindet sich – gleichviel, wer der ursprüngliche Weinpatron ist – das Brauchtum mit dem Heiligen des 25. Mai. An seinem Festtag ziehen mancherorts, vor allem im Fränkischen, in Württemberg und Teilen Österreichs, Prozessionen in die Weinberge, die die Fürbitte des Heiligen für eine gute Weinernte erflehen, wobei manchmal seine mit Trauben geschmückte Statue mitgeführt wird.
Neben kirchlichen Prozessionen haben sich lange Zeit volksfromme und weltliche Umzüge am Urbanstag gehalten, für die als frühes Zeugnis aus dem Fränkischen eine Schilderung der »Mores, leges et ritus omnium gentium«, der »Sitten, Gesetze und Bräuche aller Völker« des Johannes Bohemus (= Boehm) aus dem Jahre 1520 vorliegt. Danach stellten die Winzer auf dem Marktplatz auf einen mit Fahnen, Frühlingsgrün und Kräutern geschmückten Tisch die Statue des Heiligen, die sie bei schönem Wetter mit Reben bekränzten, bei Regen jedoch in den Schmutz warfen und mit Wasser begossen.
Denn damals wie heute gilt die Wetterregel, daß schönes Wetter am Urbanstag einen guten, Regenwetter dagegen einen schlechten Weinertrag bedeute.

Diese »Bestrafung« des Heiligen ist eine Weiterentwicklung des älteren Fruchtbarkeitszaubers, bei dem – wie einst ein Götterbild – eine Heiligenstatue ins Wasser getaucht wurde (wie es für Urban z. B. aus Sargans in der Schweiz überliefert ist), um ein gutes Weinjahr zu erzwingen.

Auch mit einem Minnetrinken wurde Urban an Neckar und Rhein geehrt. Bei schönem Wetter trugen die Winzer das Standbild »gen wein in das wirtshaus, setzen hinder den tisch, behenken ihn mit weinreben und vertrinckhen ihn, bringen ihm offt ein trunk und halten es von seinetwegen«. Bei Regen aber wurde der Heilige unflätig beschimpft. Diesen Minnetrunk gab es in guten Weinjahren auch im Herbst nach der Weinlese, wenn seine Statue wiederum mit ins Wirtshaus genommen und mit so viel Flaschen und Gläsern geschmückt wurde, wie Weinbauern hinter dem Tisch saßen.

Wie das einst sinnerfüllte Brauchtum allmählich zu einem possenhaften Treiben ausartete, zeigt deutlich eine Schilderung aus Vulpius' »Curiositäten« von dem besonders in Nürnberg vom 16. bis 19. Jahrhundert geübten Urbansritt: »Voran ging ein Stadtdiener, ihm folgten Musikanten mit Sackpfeifen und Schalmeien, hierauf ein roth gekleideter Mann mit rundem Hute, einen jungen Fichtenbaum tragend, der mit Spiegelchen und allerhand Glaskügelchen behangen war. Dann kam St. Urban selbst, auf seinem Rosse hin und her wankend, einem Trunkenen gleich, zuweilen rufend: Juchhei! Juchhei! Ihm zur Seite ging ein Mann, der ihn zuweilen zu stützen schien und einen silbernen Becher trug, aus welchem St. Urban zuweilen einen Schluck that. Dem Trinkpatron zur anderen Seite ging eine Frau, einen Korb auf dem Rücken gefüllt mit Spiegelchen und Glaswaren, die der Heilige theils verkaufte, theils verschenkte. Hinter ihm gingen zwei roth gekleidete Männer mit rothen Hüten, an einem Rohre über die Achsel große Flaschen tragend, in welche sie den geschenkten Wein füllten. Dem Zuge nach strömte die Volksmenge und schrie: ›Urban, Urban, du mußt in den Trog!‹ Regnete es an dem Tage des Umzugs, so wurde der Repräsentant des Heiligen in einen der Lorenzkirche gegenüber befindlichen Wassertrog geworfen.«

Dieses Eintauchen des Darstellers des Heiligen wie noch mehr seiner Statue finden wir auch in älteren Berichten aus anderen Landschaften, so dem Elsaß, aus Baden oder aus der Schweiz. Der Brauch wanderte später auch ins Kinderspiel ab, so etwa in Eßlingen, wo die Kinder der Weingärtner in einem Heischezug mit einer durch Reben und Blumen geschmückten Puppe, dem »Urbe«, einherzogen und sie bei schlechtem Wetter in den Marktbrunnen warfen, damit der Urb zur Strafe Wasser statt Wein »saufe«.

Nach dem bisher Geschilderten kann es nicht verwundern, daß Urban zum Patron gegen Trunkenheit und gegen die damit in Verbindung gebrachte Gicht, die »Urbansplag«, geworden ist, noch weniger allerdings, daß das sinnentleerte und entartete Brauchtum fast gänzlich ausgestorben ist. Denn ein lebensfähiges Brauchtum bedarf einer sittlichen Grundlage und einer Funktion, auch wenn es mit Geselligkeit verbunden wird.

So hat sich länger als das Brauchtum der Glaube an die Bedeutung des Urbanstages als eines Lostages für die Wein-, aber auch für die Heu- und Getreideernte erhalten.

VALENTIN VON TERNI (14. Februar)

»Auf morgen ist Sankt Valentins Tag / Wohl an der Zeit noch früh, / Und ich, 'ne Maid, am Fensterschlag / Will sein eur' Valentin.«

So läßt Shakespeare in seinem wohl 1601/02 entstandenen »Hamlet« (IV, 5) Ophelia singen; und gehen wir am Valentinstag durch die Straßen unserer Städte, so propagieren die Schaufenster namentlich der Blumengeschäfte eher einen Tag der Blume als den eines Heiligen.

Eine Verbindung zwischen der Person des hl. Valentin und der eben genannten »Feier« des Valentinstages wird auch durch die spärlichen und dazu noch unsicheren Nachrichten über den Heiligen keineswegs belegt. Wir finden seinen Namen zuerst unter dem 14. Februar erwähnt im Martyrologium Hieronymianum, einem Mitte des 5. Jahrhunderts zusammengestellten Verzeichnis von Kalenderheiligen mit kurzen Angaben über ihren Kult. Nach diesen Mitteilungen und den teilweise unverbürgten späteren Ergänzungen der legendären Lebensbeschreibung war Valentin Bischof von Terni, einer Stadt nördlich von Rom, und erlitt in den Jahren 268/269 den Märtyrertod. Über seinem Grab an der Via Flaminia in der Nähe von Terni wurde im 8. Jahrhundert eine Kirche errichtet.

Bildliche Darstellungen zeigen Valentin als Bischof mit einem sich zu seinen Füßen krümmenden Knaben, weil er der Legende nach ein Kind, das an einer unheilbaren Krankheit litt, geheilt hat. Da man diese Krankheit für Epilepsie hielt, wurde der Heilige zu einem hochverehrten Patron gegen die Fallsucht, wobei im deutschsprachigen Raum als verstärkender Faktor der Anklang von Valentin an »fallen« trat – eine Erscheinung, die wir auch sonst bei anderen Namen in ähnlicher Weise beobachten können.

In Deutschland, besonders im Süden, übertrug man übrigens Legende, Darstellungen und ebenso das Patronat gegen die Fallsucht auch auf einen anderen Heiligen desselben Namens, nämlich auf den hl. Valentin von Rätien, dessen Fest zwar am 7. Januar gefeiert wird, der aber in der Volksfrömmigkeit weitgehend nicht vom Tagesheiligen des 14. Februar getrennt wurde.

Dieser Missionsbischof Valentin zog in der ersten Hälfte des 5. Jahrhunderts evangelisierend durch die Provinz Rätien, die etwa das Gebiet Bayerns südlich der Donau, die Ostschweiz und Tirol umfaßte sowie weiter nach Süden bis in den Raum Meran reichte. Nach seinem Tod um das Jahr 470 wurde er zunächst beigesetzt in der Kirche von Zenoburg in Meran-Mais; später wurden seine sterblichen Überreste von den Langobarden nach Trient und dann von Herzog Tassilo III. nach Passau gebracht. Dort wurden sie im Stephansdom beigesetzt, und der Heilige wurde zum Bistumspatron von Passau gewählt.

Auf diesen weit bekannteren Valentin übertrug man nun Legende und Patronat des hl. Valentin von Terni. So ist ihre Verehrung nicht mehr voneinander zu trennen.

Das wichtigste Patronat des Heiligen, das gegen die Jahrhunderte lang gefürchteten, weil nicht zu heilenden Krankheiten wie Epilepsie und Fraisen (eine Bezeichnung für verschiedene Krankheiten, besonders für Krämpfe der Kinder, Krampfsucht), zog das über die Haustiere nach sich. Wie die frühere Heilighaltung des Valentinstages durch Arbeitsverbote im Süden, so zeigen auch zahlreiche Wallfahrtsstätten in Bayern und Österreich, wie sehr der Heilige als Fürbitter gegen Seuchen bei Mensch und Tier geschätzt wurde.

218

Im Volksglauben galt in vielen Gegenden der 14. Februar auch als Unglückstag, weil an ihm – der Legende nach – Judas Iskariot geboren sein soll. Menschen und Tiere, die an diesem Tag geboren wurden, sollten glücklos bleiben. In Schlesien, Braunschweig und Bayern setzte man deshalb keine Bruthennen, weil – so meinte man – sonst die Eier faulten, die Jungen blind oder lahm würden und stürben.

Trotz vielfältiger Bemühungen, besonders von seiten interessierter Geschäftskreise, hat sich in Deutschland der 14. Februar nicht als Tag der Liebenden oder der Freundschaft einbürgern können. Als solcher ist er in Nordfrankreich, Belgien und England seit dem späten 14. Jahrhundert bezeugt und hat sich später vor allem in den USA einen festen Platz erobert. Nach dem Zweiten Weltkrieg versuchten namentlich die Floristen den 14. Februar als »Tag der Freundschaft« auch in der Schweiz, in Österreich und Deutschland zu propagieren, allerdings nicht mit wirklich durchschlagendem Erfolg.

Die Form dieser Valentinsbräuche ist unterschiedlich. Wird, so in England und den USA, heute einem jungen Mädchen, aber auch etwa Freunden und Verwandten ein Blumenstrauß oder, ähnlich manchen Neujahrsgrüßen, eine Glückwunschkarte mit aufgemaltem Herzen oder Spruch als »Valentine Greetings« übersandt, so war es früher in Anlehnung an Gepflogenheiten der Fürstenhöfe üblich, daß junge Paare durch das Los als Valentin und Valentine füreinander bestimmt wurden und ein Jahr lang in einem verlobungsähnlichen Verhältnis verbunden waren.

In dieser Form scheint ein Anhalt für die Entstehung des Brauchtums zu liegen, dessen Ursprung man sehr verschieden gedeutet hat. Man hat es, wenig überzeugend, mit der Legende des hl. Valentin in Verbindung bringen wollen, nach der die letzten Worte des Heiligen an die Tochter des Kerkermeisters gelautet hätten: »Von deinem Valentin«.

Dann wieder hat man auf den Valentinstag als den Tag hingewiesen, an dem die Vögel Hochzeit halten, wofür die Literatur ein frühes und berühmtes Beispiel in Chaucers »Vogelparlament« (Vers 309f) von 1382 bietet.

Doch dürfte die wahrscheinlichste Erklärung die sein, daß wir es bei diesem Valentinsbrauch ursprünglich mit einer Art von »Mailehen« zu tun haben, das auch in einigen deutschen Landschaften vor dem Mai stattfand. Bis zum Verbot im Jahre 1799 z. B. fand das Mailehen im Moselfränkischen am ersten Sonntag in der Fastenzeit (Invocavit) statt und trug den Namen Valentinstag. In Oberösterreich und Salzburg hieß dieser Lehenstag, hier am 4. Sonntag in den Fasten (Lätare), »Liebstatt-Sonntag«, Sonntag der Liebesbestätigung. Und die Form etwa der bis in die jüngste Vergangenheit in vielen Teilen des Rheinlandes üblichen »Mädchenversteigerung« ähnelt sehr dem oben geschilderten höfischen Brauch. Die Burschen eines Dorfes versteigerten die heiratsfähigen Mädchen des Dorfes, und der Bursche, der ein Mädchen ersteigert hatte, mußte dieses besuchen, zum Tanz ausführen und beschenken.

Es ist also ein sehr altes Frühjahrsbrauchtum der ledigen jungen Leute, das letztlich hinter dem Brauchtum des Valentinstages steckt und dem der Heilige seinen Namen geliehen hat, weil sein Festtag ein wichtiges Datum im Frühjahr war.

VITUS (VEIT) (15. Juni)

»Sanct Vît was ain wênigiz kindelîn;/ an sîner marter bat er mînen trehtin (Herrn, Gott):/ swem wirret diu vallende suht (Fallsucht),/ die habent alle zuo im fluht;/ daz gehiez im selbe unser hêrre,/ daz die iemer mêre/ ze ainer jâres friste/ sculn haben reste.«

So schildert schon die um die Mitte des 12. Jahrhunderts in Regensburg entstandene »Kaiserchronik« (V. 6459 ff) die Fürbittgewalt des hl. Vitus bei Fallsucht, die sich auf seine um 600 in Lukanien geschriebene unhistorische und stark von der Potituslegende beeinflußte Lebensbeschreibung zurückführen läßt. Nach dieser stammt Vitus, volkstümlich Veit, aus einer reichen Familie zu Mazzara an der Westküste Siziliens. Der heidnische Vater will den siebenjährigen Sohn zum Abfall vom christlichen Glauben zwingen, worauf Vitus mit seinem Erzieher Modestus und seiner Amme Kreszentia nach Italien flieht. In Rom heilt er den besessenen Sohn des durch seine Christenverfolgungen berüchtigten Kaisers Diokletian. Dennoch wird auch er mit seinen Begleitern aufs grausamste gefoltert und nach vielfältigen und von Wunderzeichen begleiteten Martern in einen Kessel mit siedendem Blei geworfen. Ein Engel endlich befreit sie und führt sie nach Lukanien, wo sie, um das Jahr 304, in Frieden sterben.

Reliquien des hl. Vitus kamen unter anderem 756 in die Benediktinerabtei Saint-Denis bei (heute: in) Paris und 836 in das Kloster Corvey bei Höxter. Daneben erlangten Reliquien Mönchengladbach, Mainz, Bamberg, Augsburg, Passau, Regensburg, Salzburg, Wien und nicht zuletzt Prag, wo seit 929 eine Armreliquie und seit 1355 sein

Haupt verehrt werden: aus etwa 150 Orten werden Vitus-Reliquien überliefert.

Die Verehrung breitete sich im Mittelalter schnell und weit aus und strahlte von den Kultzentren Saint-Denis, Corvey und Prag in alle Richtungen aus. Mehr als 1300 Orte wählten den Heiligen zum Patron von Kirchen, Kapellen und Altären; er wurde der Schutzherr des sächsischen Kaiserhauses und damit Reichspatron sowie Landespatron von Rügen, Pommern, Sachsen, Böhmen und Sizilien.

Auch in der volkstümlichen Heiligenverehrung nimmt Vitus seit dem Mittelalter einen hohen Rang ein. Da Gott ihm der Legende nach Gebetserhörung versprach, wurde er in die Schar der Vierzehn Nothelfer aufgenommen.

Die ungewöhnlich große Zahl der Patronate weist ihn, zumindest bis in die Barockzeit, als einen der beliebtesten Volksheiligen aus. Wichtigstes Patronat ist ohne Zweifel das gegen Krankheit bei Mensch und Tier, besonders bei Besessenheit und einer Anzahl als verwandt empfundener Krankheiten, wie der Fallsucht, worunter die Epilepsie, aber auch eine Reihe von Nervenkrankheiten, gefaßt wurden.

Das Mittelalter stand dieser furchtbaren Krankheit, die es den »Jammer«, die »böse Krankheit«, die »schwere Not«, die »heilige Krankheit« oder das »heilige Weh« nannte, verängstigt und hilflos gegenüber.

Das Volk erwählte sich zahlreiche Schutzpatrone, wie die hl. Bibiana, die der Legende nach mit Epileptikern und Irren eingekerkert war; die Heiligen Drei Könige, weil sie vor dem Jesuskind »niedergefallen« waren; den hl. Cornelius, den hl. Willibrord, den hl. Valentin – wohl wegen des Anklanges seines Namens an »fallen« –, und schließlich vor allen anderen den hl. Johannes den Täufer und den hl. Vitus, nach denen die Krankheit »Johannessieche« und »Veitstanz« oder »narrische Krankheit« genannt wurde.

Groß ist die Zahl der letztlich fruchtlosen Segen und Heilmittel gegen diese Geißel, wie Amulette, Übertragung, Austreibung, Räuchern, Ausprügeln, Abzaubern, z. B. mit einem Hirschfellriemen, den man dem Kranken mit einem Segensspruch umlegte und dann mit einem Toten beerdigte.

Verhängnisvoll wurde in mancher Hinsicht der Heiltanz. Denn da sich die Krankheit im allgemeinen in krampfhaften Muskelzuckungen meist einer Körperhälfte äußerte, suchte man ihr auf homöopathische Weise (Similia similibus curantur – Gleiches wird mit Gleichem geheilt) zu begegnen, indem man tanzte.

Diese Tänze fanden vor allem zur Zeit der Sommersonnenwende statt, die, weil man die Krankheit ja Dämonen zuschrieb, als Dämonenzeit dazu besonders geeignet schien. So zogen der Veitstag als der alte und der Johannistag als der neue Sonnenwendtermin, nach dem der Veitstanz auch morbus solstitalis = Sonnenwendkrankheit hieß, diese Tänze schnell an sich. Die Kirche ersetzte das Umtanzen und Umschreiten des Feuers durch das Umschreiten des Altars, wobei dem Kranken als Segen der Eingang des Johannesevangeliums vorgelesen und er durch Hostievorzeigen, Anblasen und Weihwasserbesprengung geheilt werden sollte.

Das Verhängnisvolle dieser Heiltänze jedoch bestand darin, daß sie sich mit der sogenannten Tanzkrankheit verbanden, einer Volkskrankheit des Mittelalters, die den anderen großen Epidemien wie Aussatz oder Pest an die Seite zu stellen ist.

Außer bei dieser Krankheit wurde Vitus auch bei Schlangenbiß und Tollwut angerufen, ferner bei Unfruchtbarkeit und für die Bewahrung der Jungfräulichkeit; er wurde Patron der Jugend und zahlreicher Berufsstände, wie unter anderem der Kupferschmiede und Tänzer.

Heiter mutet das Patronat gegen das Bettnässen an, das dadurch entstand, daß man das Attribut des Kessels aus seinem Martyrium auf bildlichen Darstellungen als Nachtgeschirr mißdeutete. So beteten die Kinder zu Vitus: »Heiliger Sankt Vit,/ Weck mich zur Zit,/ Nit zu früh und nit zu spot,/ Daß es nit ins Bett nein got.«

Weitere Patronate und vieles Brauchtum knüpfen an die Stellung des Veitstages im Kalender an. Nach dem Julianischen Kalender galt der Veitstag als längster Tag des Jahres und als Sommersonnenwende. »Hier mag die sunn nit höher«, heißt es im 13. Jahrhundert, und später: »St. Veit/ Ändert sich die Zeit,/ Und die Blätter/ Wenden sich auf die andere Seit.« Als Sonnenwendbrauch haben sich lange Zeit Jahrmärkte mit Gericht und Schmaus erhalten, daneben, namentlich im Badischen, bis ins 19. Jahrhundert Feuer, deren Name Veitsfeuer dann auf die Johannisfeuer übergegangen ist. Doch hat sich der Name des Heiligen in Heischeversen beim Sammeln des Holzes für die Johannisfeuer bis heute erhalten.

Wie der Johannistag kennt auch der Veitstag neben Zukunftsorakeln zahlreiche Wetterregeln, die aus dem Wetter des Tages das der kommenden Zeit ablesen wollen. Andere Regeln beziehen sich auf die Feldbestellung, denn der Tag galt als besonders günstig für die Buchweizeneinsaat und das Pflanzen von Kohl.

Vor allem im Fränkischen war Veit Gewitterpatron, doch auch sonst wird er, der auch Winzerschutzherr ist, gegen Blitz und Unwetter, Feuers- und Wassergefahr angerufen. Auch die Schnitter baten um seinen Schutz: »Hilf mir, ich bitt dich, heiliger Veit,/ Daß ich mich nicht hack oder schneid.« Vielleicht hängt mit diesem Patronat über die ja sehr zeitig ihr Werk beginnenden Schnitter das Patronat über die Frühaufsteher zusammen, das hier noch abschließend erwähnt werden soll.

Dargestellt wird der hl. Vitus meist als Knabe oder Jüngling in vornehmer Kleidung, als Schutzpatron des sächsischen Kaiserhauses im Hermelinmantel mit Krone und Reichsapfel. Seine Attribute sind bis etwa 1400 Palme und Schwert als Zeichen für sein Martyrium, manchmal ein Buch, das auf seine Standhaftigkeit im Glauben hinweist. Danach tritt der von Flammen umzüngelte Kessel hinzu, in dem er mit Modestus und Kreszentia sein Martyrium erleidet. Später jedoch trägt er den Kessel als kleines Attribut in der Hand, der wie die anderen zahlreichen Beigaben der motivreichen Legende und späteren Zutaten entnommen sind: Hahn, Löwe, Adler, Rabe, Hund, Hase, Brot, Stock und Kirchenmodell.

WALBURGA (25. Februar; früher 1. Mai)

Wie eine Reihe anderer Heiligenfeste wurde bei der Kalenderreform des Zweiten Vatikanischen Konzils auch das der hl. Walburga verlegt. Wird es seither am 25. Februar begangen, so wurde es früher am 1. Mai gefeiert, und dieser Tag hat im volkstümlichen Glauben und Brauch das Fest geprägt.

Wohl kein Monat ist so begeistert besungen worden wie der »Wonnemond« Mai, dessen althochdeutsche Bezeichnung winne-, wunnimanot eigentlich nur Weidemonat bedeutet und der seine spätere Umdeutung dadurch erfuhr, daß in der mittelhochdeutschen Lyrik das Aufblühen der Natur im Mai gepriesen wurde. Angefangen bei Walther von der Vogelweide über die christlichen Mystiker, wie Heinrich Seuse, der den Maizweig »als den wonniglichen Ast des heiligen Kreuzes« verehrte, bis hin zu den ungezählten volkstümlichen Gedichten des 19. und 20. Jahrhunderts, klingen die Themen der Maienzeit in immer neuen Variationen auf: das Wunder der erwachenden und aufblühenden Natur und das Beglückende der aufkeimenden menschlichen Liebe.

Doch wie anderen Festzeiten geht auch dem Maibeginn im Volksglauben eine besonders unheilvolle Nacht, die nach germanischer Zählung ja zum folgenden Tag gehörte, voraus: die Walpurgisnacht.

Sie trägt ihren Namen nach der hl. Walpurgis (Walburga, Waldburg u. ä.). Diese hl. Benediktinerin, um 710 in England geboren, Tochter des hl. Richard, folgte auf Wunsch ihres Vetters, des hl. Bonifatius, ihren Brüdern Willibald und Wunibald nach Deutschland, wirkte zunächst mit der hl. Lioba als Missionarin in Tauberbischofsheim und seit 751/52 in dem von ihr gestifteten Kloster in Heidenheim. Dort starb sie am 25. Februar 779. Am 1. Mai 870 wurden ihre Gebeine nach Eichstätt, der Bischofsstadt ihres Bruders Willibald, in die nach ihr benannte Kirche St. Walburg überführt. Reliquien kamen auch nach Walberberg bei Brühl südlich von Köln, nach Monheim und Furnes, von wo ihr Kult sich über Flandern und Nordfrankreich ausbreitete.

Die Heilige wurde zu einer sehr beliebten Volksheiligen, Patronin gegen die Pest und gegen Augenleiden, Helferin der Wöchnerinnen, besonders aber Schützerin der Feldfrucht und damit Bauernpatronin. Als Mittel gegen Krankheit und Unheil gilt seit dem 9. Jahrhundert das »Walpurgisöl«, ein flüssiger Niederschlag aus dem Reliquienschrein der Heiligen, den man in Fläschchen füllte und dessen Gebrauch man Gebetserhöhungen und Heilungen zuschrieb.

Wenn auch spätere ätiologische = erklärende Legenden das Brauchtum auf die Heilige zurückführen wollen, so wurzelt es dennoch im Jahreszeitlichen. Die dem Maibeginn vorangehende Nacht ist nach altem Volksglauben erfüllt von vielgestaltigem Zauber und dämonischen Wesen, allen voran von Hexen, die sich, oft unter Führung des Teufels, an Kreuzwegen oder unter alten Linden und Eichen versammeln und auf Mulden, Böcken, Ofengabeln und besonders Besenstielen zu verschiedenen Plätzen reiten, unter denen, nicht zuletzt durch Goethes »Faust«, der Blocksberg, der Brocken im Harz, der bekannteste ist.

Zur Abwehr wurden an Haus und Hof Kreuze oder Kräuterbüschel, vor allem des Kreuz- oder Hexendorns wie des Schleh- und Schwarzdorns als besonders wirksame Mittel geheftet oder Türen und Wände mit Kreuzzeichen, der Kreuzesinschrift oder den Initialen der Heiligen Drei Könige bemalt. Daneben traten die bekannten Lärmmittel, wie Peitschenknallen, Glockenläuten, Schießen, Hörnerblasen und das lärmende Umherziehen der Jugend.

Doch bedeuten Glockenläuten und Lärmen, wie es das westfälische »den Möjedag inklappe« verdeutlicht, neben der Abwehr zugleich auch das freudige Begrüßen des Mais, was sich ebenso in den bis in die dreißiger Jahre unseres Jahrhunderts üblichen Maifeuern zeigt. Sie sind bezeugt für Schleswig-Holstein (als Biikenbrennen), Dithmarschen, Oldenburg, das Vogtland, die Oberlausitz (hier Hexenbrenne), für Teile Böhmens und für das Allgäu, wo sie Maifunken heißen. Soweit der Feuerschein reichte oder der Rauch sich hinzog, sollten Mensch, Vieh und Äcker gedeihen. Darum trugen die Burschen die Flammen weit über die Flur, indem sie alte Besen entzündeten und über die Felder liefen, was man in Nordböhmen nach der Tagesheiligen »walpern« nannte.

Das Brauchtum des eigentlichen Tages ist geprägt durch das frohe Willkommen, das man dem Mai entbietet. Der wurde früher in vielfältiger Form festlich begrüßt und unter Gesang in einem feierlichen Zug eingeholt, bei dem Zweige und Bäumchen, vor allem Birken, mitgetragen wurden. Zuerst im hohen Mittelalter für Frankreich bezeugt und zunächst von höfisch-ritterlichen und dann bürgerlichen Gemeinschaften getragen, ist dieser Brauch später allgemein aufgegriffen und ausgestaltet worden.

Beherrschendes Element des Maibrauchtums ist der Grünschmuck, mit dem sinnbildlich der Frühling eingeholt wird, und dessen segensreiche Kraft sich Mensch, Tier und Ackerflur mitteilen soll. In Form von Zweigen wird das Grün an Haus und Stall, an den Brunnen und an den Dunghaufen gesetzt. Die jungen Burschen setzen den heiratsfähigen Mädchen als Liebes- und Ehrenbezeugung eine Birke oder auch eine Fichte oder Tanne ans Fenster. Auch dem Pfarrer oder dem Bürgermeister wurde die gleiche Ehre erwiesen, was auf ein ursprünglich von der Grundherrschaft her gewährtes Recht hinweist.

Die größte Bedeutung kommt, besonders in ländlichen Gebieten, seit etwa dem 16. Jahrhundert dem Ortsmaibaum zu, einer hohen, bis auf die Wipfelkrone entästeten und entrindeten Tanne oder Fichte, die mit Bändern und Kränzen geschmückt wird. Seit dem 18. Jahrhundert finden wir, namentlich in Oberbayern, bis zu 40 Meter hohe Sprossenbäume, die auf verschiedenen Sprossen ausgeschnittene und bemalte Bilder der einzelnen Ortsgewerbe oder -baulichkeiten tragen. Der Maibaum wird oft unter besonderen Zeremonien eingeholt und aufgestellt und danach gut bewacht, weil vielerorts die Burschen des Nachbarortes darauf aus sind, den Baum zu stehlen oder wenigstens zu köpfen. Häufig bildet er den Mittelpunkt von Feiern mit Tanz, Gesang und Spiel, und am Ende des Monats wird er gefällt und versteigert.

Seit etwa 1400 werden in den Umzügen Verkörperungen des Frühlings mitgeführt. In den Hansestädten war es früher der Maigraf, der auf freiem Feld gewählt, mit einem Kranz geschmückt und feierlich in die Stadt geleitet wurde, wo ein oft mehrere Tage dauerndes großes Fest gefeiert wurde. Erst nachmittelalterlich sind die zahlreichen Entsprechungen im ländlichen Bereich, wo ein in Laub gehüllter Bursche (der Maijunge, Graskönig oder Laubmann) oder ein Mädchen (die Maibraut oder -königin) im Mittelpunkt der dörflichen Feste stand.

Verbunden mit den Umzügen war vielerorts das Maisingen der gabenheischenden Jugend und dann der Kinder. Es findet sich jedoch, wie manches andere Brauchtum des Tages, auch zu Pfingsten. So haben wir etwa einen Beleg für eine von Kindern gewählte Pfingstkönigin aus dem Jahr 1386 für Rufach und Zabern im Elsaß.

Ursprünglich häufiger zu Fastnacht, dann aber mehr am 1. Mai geübter Brauch ist, vor allem in Westdeutschland am Niederrhein und am Mittelrhein im Bergischen, an der Ahr und in der Eifel, das verbreitete Mailehen. Dabei werden die heiratsfähigen Mädchen eines Ortes unter den Burschen verlost oder versteigert, und das Mädchen, das den höchsten Preis erzielt, wird Maikönigin. Durch das Lehen werden ein Mädchen und ein Bursche für einen bestimmten Zeitraum, einen Monat oder ein Jahr, als Partner bei Tanz oder anderen Festlichkeiten miteinander verbunden, und häufig führt ein solches Lehen zu einer späteren Heirat.

Älterer Volksglaube zeigt sich in der segenspendenden Kraft, die man dem Maitau zuschrieb, mit dem man sich wusch und den man aufbewahrte als Schönheits- und Heilmittel. Das gleiche gilt für das am Maitag geschöpfte Wasser wie auch für den Regen am Maitag wie im ganzen Monat. Daran erinnert noch das bekannte Kinderlied »Rege, Rege, Tröppche, / Fall mer uff mei Köppche, / Fall mer net danebe, / Daß ich länger lebe«.

Auch das Vieh wurde wie bei anderen Festen miteinbezogen. Man bestrich es mit dem Tau, die Pferde wurden durch ihn hindurchgeritten, und zwischen dem 1. und dem 12. oder 13. Mai, dem »alten« Maitag, der in Norddeutschland und bei den Nichtkatholiken an die vorgregorianische Zeitrechnung erinnert, fand der erste Weideaustrieb statt. Nach der Hütemesse wurde das Vieh mit einem eigens dafür geweihten Weihwasser besprengt, man gab ihm geweihtes Salz und »queckte« es, d. h. man schlug es mit dem geweihten Palmzweig oder einem grünen Zweig, den man, mit Bändern und Eierschalen verziert, über der Stalltür aufhängte.

Als besonders geeignet galten Abend und Nacht vor dem 1. Mai für Liebesorakel, in denen wie im gesamten Brauchtum des Tages noch einmal die bestimmende Thematik zum Ausdruck kommt: Freude und Hoffnung für Mensch und Natur.

Dargestellt wird die hl. Walburga meist als Äbtissin mit Stab und Regelbuch, auf dem sich oft ein Ölfläschchen oder Ähren finden.

WENDELIN (20. Oktober)

Das Autokennzeichen für den Landkreis St. Wendel im Saarland ist WND. Oft werden die drei Buchstaben scherzhaft oder auch ironisch gegenüber den Einwohnern der Stadt gedeutet: Wendelin nicht da. Die volkstümliche Neckerei trifft viele empfindlich. Der Frage nach dem Vorhandensein der Gebeine des Heiligen, der der Stadt den Namen gab, begegnete übrigens oft ebensoviel Skepsis wie der Person des Heiligen.

Doch wenn die historischen Quellen auch spärlich fließen – Wendelin fand keinen zeitgenössischen Biographen –, so gilt heute als sicher, daß er eine geschichtliche Persönlichkeit ist und zur Zeit des Trierer Bischofs Magnerich († 596) als Einsiedler oder Mönch lebte. Sein Name und der Untersuchungsbefund seiner Gebeine lassen auf fränkische Herkunft schließen.

Die – erst im 15. Jahrhundert entstandene – Legende macht ihn jedoch zu einem iroschottischen Königssohn, der nach langer Vorbereitung in einer Klosterschule im Gefolge von Kolumban, Gallus und anderen Glaubensboten auszog, um im deutschen Raum zu missionieren. Im Bliestal, einige Wegstunden von Trier entfernt, baute er eine Klause und führte als Einsiedler ein Leben des Gebets, der Betrachtung und strenger Buße.

Als er bei einem Besuch der Heiligtümer in Trier einst um Brot anhielt, schalt ihn ein Edelmann einen faulen Bettler, der sein Brot selbst verdienen könne. Darauf verdingte sich Wendelin als Hirte bei ihm und versah sein Amt vorbildlich. Als er eines Tages in einer weit abgelegenen Einöde kein Wasser fand, stieß er mit seinem Hirtenstab in die Erde, und sogleich sprudelte eine Quelle hervor. Hier traf ihn auch sein Herr, ganz ungehalten, daß Wendelin das Vieh in dieser Wildnis hüte, zumal er am Abend einen Hammel dieser Herde schlachten wollte. Zornig sprengte er zu Pferde davon, doch daheim fand er Wendelin bereits samt seiner Herde vor. Ergriffen von dem Wunder, bekehrte sich der Ritter und gab Wendelin viel Geld, das dieser unter die Armen austeilte. Dann kehrte er in seine Einsiedlerzelle zurück, bis die Mönche am Schaumberg bei Tholey ihn zum Abt wählten. Um 617, schließt die Legende, sei er dort gestorben, nachdem er auf göttliches Zeichen hin seine Herkunft verraten habe.

Seine Grabstätte – damit kehren wir zur geschichtlichen Überlieferung zurück – fand Wendelin in dem seit Mitte des 11. Jahrhunderts nach ihm benannten St. Wendel an der oberen Blies. Der Ort, bereits um das Jahr 1000 in einem Kalender des Klosters Stablo erwähnt, wurde früh eine Stätte der Verehrung, vor allem vielbesuchter Wallfahrtsort, und bot als Freistatt Asylrecht.

Zunächst lokal beschränkt, breitete sich der Kult des Heiligen über das Rhein-Mosel-Gebiet und den alemannischen Raum aus, später durch Auswanderer bis nach Osteuropa und Nordamerika. Grund dafür war nicht zuletzt eine Weiterbildung der Legende, die ihn zunehmend zu einem vor allem in der bäuerlichen Welt hochverehrten Pilger-, Pest- und Seuchenpatron machte. Die lebendige volkstümliche Verehrung aufgrund seiner Patronate, mit reich entwickeltem Brauchtum, verdeutlichen ebenso seine Bedeutung und Stellung in der Liturgie wie die Zahl der Patrozinien. Fast 200 Pfarrkirchen, über 100 Nebenkirchen, mehr als 500 Kapellen, von denen etwa 160 Wallfahrtsorte wurden, waren ihm zu Ehren errichtet. Seinen Höhepunkt erreichte der Kult Mitte des 18. Jahrhunderts. Bis heute lebt er in zahlreichen Wallfahrten weiter, die in der Zeit von Pfingsten bis zum Oktavtag des Wendelinsfestes stattfinden.

Bedeutendster Wallfahrtsort ist St. Wendel, seine von Balduin von Trier (1307–1354) begonnene und 1360 geweihte Basilika eine würdige Kultstätte. In der Pfingstwoche mit dem Kirchweihfest kamen früher Abt, Mönche und Bewohner von Tholey in feierlicher Prozession mit den Reliquien des hl. Mauritius, die tags darauf durch eine Prozession von St. Wendel aus mit den Reliquien des hl. Wendelin erwidert wurde. Erlosch dieser Brauch auch mit der Französischen Revolution, so blieben bis heute die Wallfahrten aus den umliegenden Landschaften, von Hunsrück und Hochwald, von Nahe, Saar und Mosel, aus der Pfalz, aus dem Elsaß und aus Lothringen. Höhepunkt ist in der Pfingstwoche die Segnung der Pferde. Vor einer kleinen Kapelle unweit der Stadt werden während einer feierlichen Messe im Freien die Tiere gesegnet. Die zahlreichen Wallfahrer schöpfen dann aus dem heilbringenden Brunnen an der Kapelle Wasser, trinken es, waschen ihre Augen damit und nehmen davon mit heim. Das Fest der Reliquien am 5. Juni war früher der Wendelskuchentag. Auf Kosten der Kirche wurden Kuchen gebacken, auf Laken neben dem Hochaltar aufgeschüttet, beim Amt gesegnet und danach an die Leute verteilt.

Ebenso vielgestaltig ist die Überlieferung des Brauchtums an den zahlreichen anderen Wallfahrtsorten in West- und Süddeutschland, in der Schweiz und in Österreich, dort vor allem in Tirol. Allenthalben ist Wendelin Standespatron der Bauern und Schützer des Viehs und spielt auch bei kirchlichen Segnungen eine Rolle. Der Viehsegen ist oft verbunden mit Prozessionen, Umritten, Umfahrten, Salz-, Futter- und Brotweihen. Das Brot wird bei Viehkrankheiten und beim Austrieb verwendet, manchmal vermengt mit geweihtem Salz, Kreide vom Dreikönigsfest oder Palmkätzchen. Im süddeutschen Raum wurde der Wendelinstag zum Viehfeiertag, an dem das Vieh ruhte und nicht angespannt wurde. Daneben ist Wendelin als bäuerlicher Schutzherr Wetterpatron. Auch ist er Helfer in Brand- und Wassersnöten und bei zahlreichen körperlichen Leiden, unter anderem bei Gicht und Rheuma und, früher von Bedeutung, bei Besessenheit. Schließlich teilt er mit manchen anderen Heiligen die Stelle als Heiratsvermittler, wobei ihm der Namensklang zustatten kam: »Hl. St. Wendel, / Bring mir bald e Mändel, / Nicht zu groß und nit zu klein, / Aber lustig muß er sein.«

Dargestellt wird der Heilige als Pilgermönch mit Stab und Buch, dann als Pilger mit Pilgerhut, Stab, Tasche und Muschel, endlich und vor allem als Hirt mit Stab und Tasche, oft umgeben von seiner Herde oder mit einem Tier zu seinen Füßen.

WOLFGANG (31. Oktober)

Dargestellt im Benediktinerhabit mit bischöflichen Insignien oder in Pontifikalgewändern mit Bischofsstab, Buch, Kirchenmodell, Axt oder Beil und oft auch Teufel und Wolf: so ist der hl. Wolfgang ein durch zahllose Abbildungen im süddeutschen Raum und in Österreich vertrautes Bild.

Auf die Frage nach Herkunft und Bedeutung namentlich der letztgenannten Attribute finden wir wie bei vielen Heiligen keine Antwort im Leben des Verehrten selbst.

Geboren um 924 in Schwaben, vermutlich in Pfulling, wurde Wolfgang nach Studien auf der Reichenau und in Würzburg 956 Lehrer an der Domschule in Trier. 965 trat er in Einsiedeln dem Orden des heiligen Benedikt bei und empfing 968 durch Ulrich von Augsburg die Priesterweihe. 971 verließ er Einsiedeln, um in Ungarn als Missionar zu wirken.

Doch bereits im folgenden Jahr wurde er auf Vorschlag Bischof Pilgrims von Passau zum Bischof von Regensburg ernannt. Hier verzichtete er auf die Stelle eines Abtes von St. Emmeram, die sonst stets vom Bischof von Regensburg bekleidet wurde, führte die cluniazensische Reform ein und förderte in sehr segensreichem Wirken Frömmigkeit und Bildung in seinem Bistum. Er selbst führte auch als Bischof ein mönchisch-asketisches Leben. Im Jahre 976 zog er sich auf kurze Zeit wegen innerer Unruhen in Regensburg in das Kloster Mondsee in Oberösterreich zurück. Daraus entstand im 14. Jahrhundert die Überlieferung, er habe längere Zeit im Gebiet von Salzburg und im Aberseeforst als Einsiedler gelebt. Wolfgang starb am 31. Oktober 994 zu Pupping in Oberösterreich und wurde in St. Emmeram in Regensburg beigesetzt.

Wolfgangs Verehrung, die bis nach Amerika, Afrika und Asien ausstrahlte, ist besonders stark in Bayern und Österreich, wo er einer der volkstümlichsten Heiligen war und bisweilen in die Schar der Vierzehn Nothelfer aufgenommen wurde. Mittelpunkt seines Kultes wurde nicht sein Grab, sondern St. Wolfgang am Aber- oder Wolfgangsee. Der Tradition nach hat er die berühmte Wallfahrtskirche selbst erbaut, weshalb man ihm ihr Modell in die Hand gab. Neben diesem Kirchenmodell trägt der Heilige auf Bildern, die vom Kloster Mondsee ausgehen, das erwähnte Beil oder die Axt als Attribut. Dieses geht auf den langen Kampf zurück, den das Kloster um das Gebiet am Abersee, das sogenannte Wolfgangsland, gegen Salzburg und das Hochstift Regensburg führte. Daraus entstand später die Legende, Wolfgang habe bei seinem Aufenthalt als Einsiedler hier durch das Werfen eines Beils den Ort bestimmt, wo er mit eigenen Händen eine Kapelle erbauen wolle. Dadurch habe er zugleich dieses Land für sein Eigenkloster Mondsee in Besitz genommen, weil der Axtwurf nach germanischem Recht eine Besitzergreifung bedeutet. Unabhängig von diesen realen Ursprüngen des Attributs wurde das meist als Miniaturzinnguß gefertigte »Wolfgangihackl« ein geschätztes Amulett, das man am Rosenkranz oder an der Fraiskette trug gegen Schlagfluß und andere Krankheiten.

Auch die anderen Attribute, wie Teufel oder Wolf, gehen auf Legenden zurück. So wird der Teufel häufig dargestellt, wie er den Heiligen bei der Predigt oder beim Gottesdienst zu stören sucht oder aber wie er einen Wolf zerreißt, weil ihm der erste Pilger, der zur neuerbauten Kapelle komme, als Beute versprochen worden war und dies eben ein Wolf war.

Daneben fanden noch andere Legenden, die sich in sehr reichem Ausmaß um Wolfgangs Person rankten, ihren Niederschlag in der volkstümlichen Verehrung. In St. Wolfgang und in der Folge auch an anderen Verehrungsstätten, von denen die bekanntesten des Heiligen Sterbeort Pupping und St. Wolfgang am Burgholz bei Dorfen sind, werden Steine gezeigt, in denen der Legende nach Wolfgang beim Knien seine Spuren hinterlassen habe. Das führte dazu, daß Pilger Steine dieser Art zur Buße trugen. Zur Heilung von Krankheiten, namentlich der Füße und bei Kreuzschmerzen, wurde das Durchkriechen einer Felsenritze üblich, die sich wunderbarerweise auftat, als der Heilige einst vor dem Teufel flüchtete. Schwangere Frauen erhofften sich davon eine leichtere Entbindung.

Ebenfalls wie bei zahlreichen anderen Heiligen finden wir weiter an Wolfgangs Kultstätten Quellen oder Brunnen, die er mit seinem Stab aus dem Felsen geschlagen habe. Das Wasser galt als besonders wirksam bei Augenleiden, und in St. Wolfgang am Abersee nahmen es die Gläubigen in Wolfgangsfläschchen mit, die auf der Vorderseite das Bild Wolfgangs und auf der Rückseite das seiner Klause zeigten. Hier war es sonst auch Brauch, den Heiligen dadurch, daß man am Glockenseil zog, nachdrücklich auf sein Anliegen aufmerksam zu machen.

Wegen des Beilattributes wählten die Zimmerleute und Holzhauer Wolfgang zu ihrem Patron, aber auch Schiffer und Hirten unterstellten sich seinem Schutz ebenso wie die Bauern, die ihn wie den hl. Leonhard als Viehpatron mit Wallfahrten und Umritten ehren und als Wetterherren ansehen. Nimmt man dazu noch des Heiligen Feuerpatronat, so weisen ihn seine zahlreichen und vielfältigen Patronate, seine bedeutende Stellung in der volkstümlichen Überlieferung und seine vielen Kirchen-, Kapellen- und Altarpatrozinien wie eine Unzahl von Abbildungen als einen überaus volkstümlichen Heiligen aus.

HEILIGENFESTE IM JAHRESLAUF

in Anlehnung an den Regionalkalender
für das deutsche Sprachgebiet

(Die im Textteil behandelten Heiligen sind **halbfett** hervorgehoben.)

Januar

1. Maria, Gottesmutter
2. Basilius der Große
   Gregor von Nazianz
7. Valentin von Rätien
   Raimund von Penafort
8. Severin von Norikum
13. Hilarius
17. **Antonius,** Mönchsvater
20. Fabian
    Sebastian
21. Meinrad
    Agnes
22. Vinzenz, Diakon
23. Heinrich Seuse
24. Franz von Sales
25. Bekehrung des hl. Apostels Paulus
26. Timotheus und Titus
27. Angela Merici
28. Thomas von Aquin
31. Johannes Bosco

Februar

1. **Brigida von Kildare**
3. Ansgar

Blasius
4. Rabanus Maurus
5. **Agatha**
   Adelheid
6. Paul Miki und Gefährten
   Dorothea
8. Hieronymus Ämiliani
9. **Apollonia**
10. Scholastika
11. Gedenktag Unserer Lieben Frau von Lourdes
14. Cyrill und Methodius
    Valentin von Terni
17. Die hll. sieben Gründer des Servitenordens
21. Petrus Damiani
22. Kathedra Petri
23. Polykarp
24. **Matthias**
25. **Walburga**

März

4. Kasimir
6. Fridolin von Säckingen
7. Perpetua und Felizitas
8. Johannes von Gott
9. Bruno von Querfurt
   Franziska von Rom
14. Mathilde
15. Klemens Maria Hofbauer
17. **Gertrud von Nivelles**
    Patrick
18. Cyrill von Jerusalem
19. **Josef,** Bräutigam der Gottesmutter Maria
23. Turibio von Mongrovejo
26. Liudger

April

2. Franz von Paola
4. Isidor
5. Vinzenz Ferrer
   Juliana von Lüttich
7. Johannes Baptist de la Salle
11. Stanislaus
13. Martin I.
19. Leo IX.
21. Konrad von Parzham
    Anselm
23. Adalbert
    Georg
24. Fidelis von Sigmaringen
25. **Markus**
27. Petrus Kanisius
28. Peter Chanel
29. Katharina von Siena
30. Pius V.
    Quirinus von Neuß

Mai

1. Josef, der Arbeiter
2. Athanasius
3. Philippus und Jakobus
4. **Florian** und die hll. Märtyrer von Lorch
5. Godehard
12. Nereus und Achilleus
    Pankratius
16. Johannes Nepomuk
18. Johannes I.
20. Bernhardin von Siena
21. Hermann Josef
25. Beda der Ehrwürdige

Gregor VII.
Maria Magdalena von Pazzi
Urban
26. Philipp Neri
27. Augustinus von Canterbury

Juni

1. Justin
2. Marcellinus und Petrus
3. Karl Lwanga und Gefährten
5. Bonifatius
6. Norbert von Xanten
9. Ephräm der Syrer
11. Barnabas
13. Antonius von Padua
15. **Vitus (Veit)**
16. Benno
19. Romuald
21. Aloisius Gonzaga
22. Paulinus von Nola
    John Fisher und Thomas Morus
24. **Geburt des hl. Johannes des Täufers**
27. Hemma von Gurk
    Cyrill von Alexandrien
28. Irenäus
29. **Petrus** und Paulus
30. Otto
    Die ersten Märtyrer der Stadt Rom

Juli

2. Mariä Heimsuchung
3. **Thomas**
4. **Ulrich**
   Elisabeth von Portugal

5. Antonius Maria Zaccaria
6. Maria Goretti
7. Willibald
8. Kilian und Gefährten
10. Knud von Dänemark, Erich von Schweden und
    Olaf von Norwegen
11. Benedikt von Nursia
13. Heinrich II. und Kunigunde
14. Kamillus von Lellis
15. Bonaventura
16. Gedenktag Unserer Lieben Frau auf dem Berge Karmel
20. **Margareta**
21. Laurentius von Brindisi
22. **Maria Magdalena**
23. Birgitta von Schweden
24. **Christophorus**
25. **Jakobus**
26. Joachim und **Anna**
29. Marta
30. Petrus Chrysologus
31. Ignatius von Loyola

August

1. Alfons Maria von Liguori
2. Eusebius
4. Johannes Maria Vianney (Pfarrer von Ars)
5. **Oswald von Northumbrien**
7. Xystus II. und Gefährten
   Kajetan
8. Dominikus
10. **Laurentius**
11. Klara
13. Pontianus und Hippolyt
14. Maximilian Kolbe

15. Mariä Aufnahme in den Himmel
16. Stephan von Ungarn
    Rochus
18. **Helena**
19. Johannes Eudes
20. Bernhard von Clairvaux
21. Pius X.
22. Maria Königin
23. Rosa von Lima
24. **Bartholomäus**
25. Ludwig
    Josef von Calasanza
27. Monika
28. Augustinus
29. Enthauptung Johannes' des Täufers
31. Paulinus

September

3. **Gregor der Große**
6. **Magnus von Füssen**
8. Mariä Geburt
12. Mariä Namen
13. Johannes Chrysostomus
15. Gedächtnis der Schmerzen Mariens
16. Kornelius und Cyprian
17. Hildegard von Bingen
    Robert Bellarmin
18. **Lambert**
19. Januarius
21. Matthäus
22. **Mauritius** und Gefährten
24. Rupert und Virgil
25. Niklaus von Flüe
26. Kosmas und Damian

27. Vinzenz von Paul
28. Lioba
    Wenzel
29. **Michael**, Gabriel und Rafael
30. Hieronymus

Oktober

1. Theresia vom Kinde Jesus
4. Franz von Assisi
6. Bruno
7. Gedenktag Unserer Lieben Frau vom Rosenkranz
9. Dionysius und Gefährten
   Johannes Leonardi
14. Kallistus I.
15. Theresia von Avila
16. **Hedwig von Andechs**
    Gallus
    Margareta Maria Alacoque
17. Ignatius von Antiochien
18. Lukas
19. Johannes de Brébeuf und Isaak Jogues und Gefährten
    Paul vom Kreuz
20. **Wendelin**
21. Ursula und Gefährtinnen
23. Johannes von Capestrano
24. Antonius Maria Claret
28. Simon und Judas
31. **Wolfgang**

November

1. Allerheiligen
2. Allerseelen
3. **Hubert(us)**
   Pirmin

Martin von Porres
4. Karl Borromäus
6. **Leonhard**
7. Willibrord
10. Leo der Große
11. **Martin**
12. Josaphat
15. Albert der Große
    Leopold
16. Margareta von Schottland
17. Gertrud von Helfta
19. Elisabeth von Thüringen
21. Gedenktag Unserer Lieben Frau in Jerusalem
22. Cäcilia
23. Kolumban
    Klemens I.
25. **Katharina von Alexandrien**
26. Konrad und Gebhard
30. **Andreas**

Dezember

2. Luzius
3. Franz Xaver
4. **Barbara**
   Johannes von Damaskus
5. Anno
6. **Nikolaus**
7. Ambrosius
8. Hochfest der ohne Erbsünde empfangenen Jungfrau und
   Gottesmutter Maria
11. Damasus I.
12. Johanna Franziska von Chantal
13. **Odilia**
    Luzia

14. Johannes vom Kreuz
23. Johannes von Krakau
26. **Stephanus**
27. **Johannes**
28. Unschuldige Kinder
29. Thomas Becket
31. Silvester I.

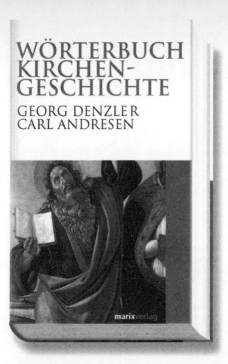

geb. mit SU, 672 Seiten • Format: 12,5 x 20,0 cm
Früher: € 15,00 • **Jetzt: € 9,95/sFr. 17,50**
Bestellnr: 626-00024, ISBN: 3-937715-23-1

Die über 700 Stichwort-Artikel vermitteln lebendig Kirchengeschichte, wobei auch die Vielfalt des kirchlichen Lebens der großen Konfessionen in der Gegenwart berücksichtigt wurde. Um die geschichtliche Entwicklung zu verdeutlichen, wurden die Ereignisse und Bewegungen jeweils in den kulturhistorischen Zusammenhang gestellt. Mit umfangreichen Quellen- und Literaturangaben.

marixverlag
www.marixverlag.de   e-mail: service@marixverlag.de

geb., 322 Seiten • Format: 12,5 x 20,0 cm
Früher: € 17,50 • **Jetzt: € 7,95/sFr. 14,20**
Bestellnr: 626-00319, ISBN: 3-937715-68-1

Das Papsttum übte auf die europäische Geschichte einen großen Einfluss aus und ist darüber hinaus die einzige Institution, die seit der Antike bis zur Gegenwart fortbesteht. Die Rolle des »Pontifex maximus« gab im Laufe der Jahrhunderte immer wieder Anlass zu innerkirchlichen Kämpfen gegen staatliche Einflussnahme. Wer waren die »Statthalter Jesu Christi«, die zusammen mit den Bischöfen der Weltkirche die oberste Leitungsgewalt der katholischen Kirche einnahmen und – nehmen?
In der chronologisch geordneten Beschreibung der Pontifikate wird ein Zugang zur Papstgeschichte, in den ausführlichen Stichworten ein zusammenhängender Überblick ermöglicht.

www.marixverlag.de   e-mail: service@marixverlag.de